Paris
1743

Pellisson, d'Olivet

Histoire de l'Académie françoise

Troisième édition, revue et augmentée

Tome 1

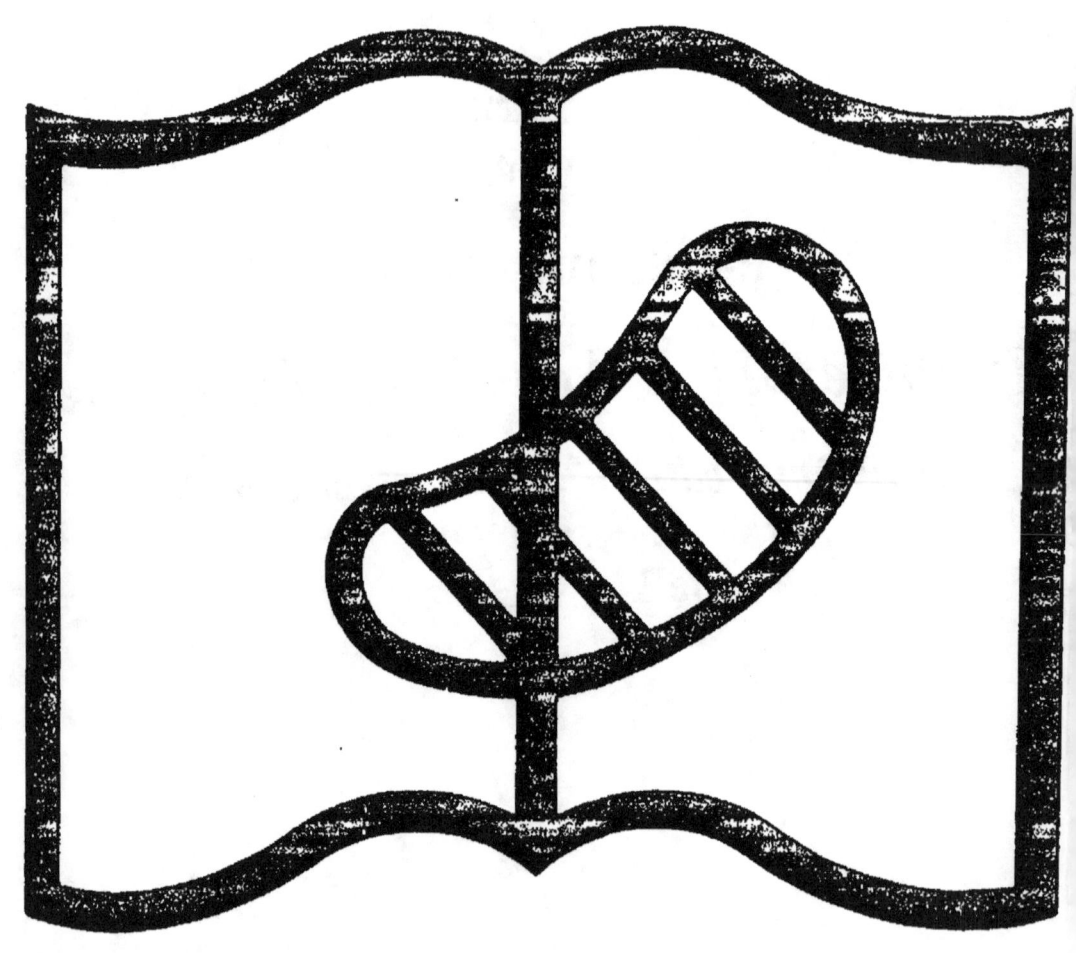

Symbole applicable
pour tout, ou partie
des documents microfilmés

Original illisible

NF Z 43-120-10

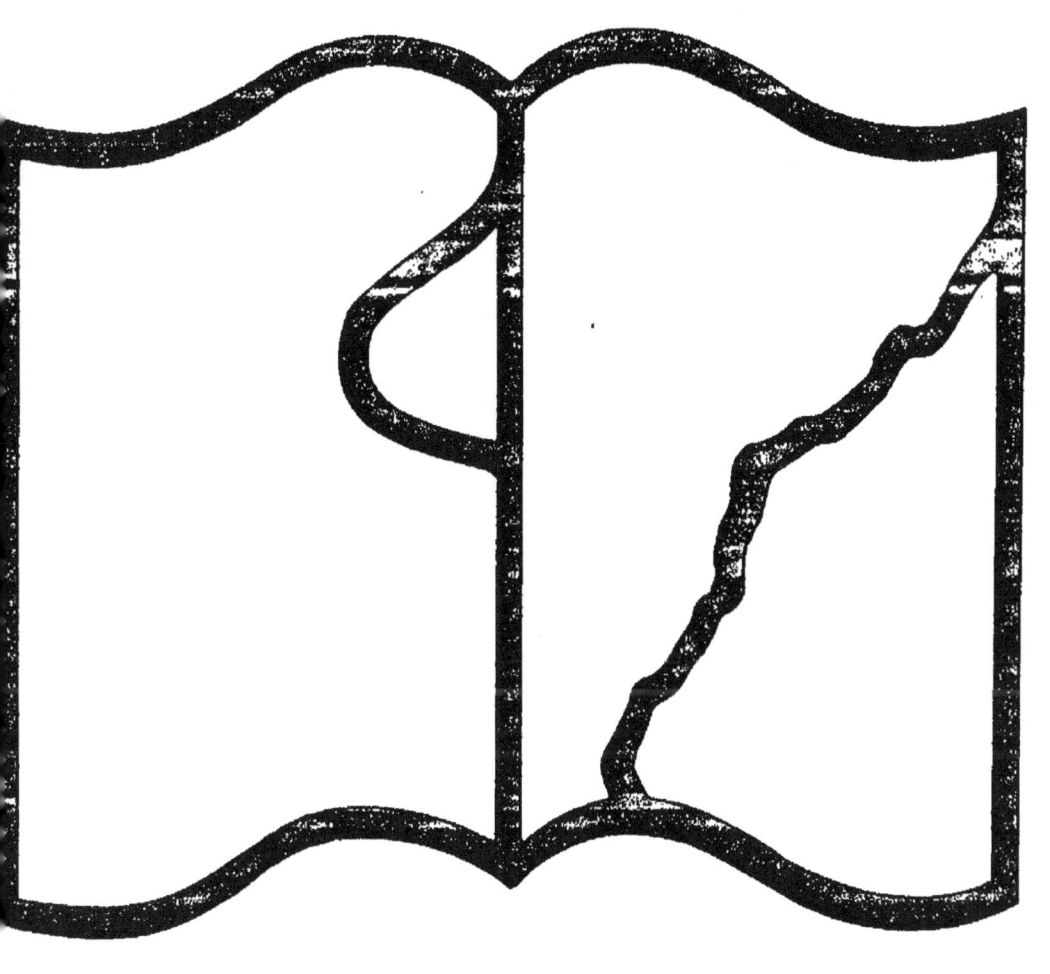

Symbole applicable
pour tout, ou partie
des documents microfilmés

Texte détérioré — reliure défectueuse

NF Z 43-120-11

Sur
207

188

HISTOIRE
DE
L'ACADÉMIE
FRANÇOISE,

Par Messieurs PELLISSON, & D'OLIVET,
de la même Académie.

TOME PREMIER.

Troisième édition, revûe, & augmentée.

A PARIS,
Chez J. B. COIGNARD, Imprimeur du Roi,
& de l'Académie Françoise.

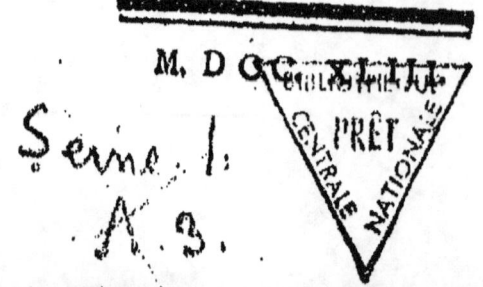

M. DCC. XLIII.

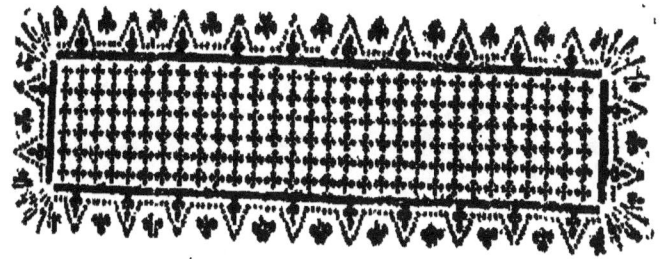

A MESSIEURS
DE
L'ACADÉMIE
FRANÇOISE.

ESSIEURS,

Pour ne point laisser de vuide dans votre Histoire, je n'avois pas seulement à la reprendre où M. Pellisson l'a finie ; mais ce qu'il en a écrit,

A ij

EPITRE.

demandoit nécessairement d'être accompagné, & de Remarques, & d'Additions.

Tantôt ce sont des usages Académiques, qui ont varié selon les temps; il étoit à propos d'en avertir. Tantôt ce sont de petits faits, sur lesquels votre premier Historien n'avoit pas eu des mémoires exacts; il y falloit quelques éclaircissemens. Voilà les deux principaux objets de mes Remarques. Je me suis étudié à n'en point faire d'inutiles : & celles-là même qui me paroissoient d'une nécessité absoluë, j'ai tâché de les faire courtes.

A l'égard des Additions, elles contiennent le peu que j'ai trouvé à recueillir touchant ceux des Académiciens reçus jusqu'en 1652, qui n'ont pas leur article particulier

EPITRE.

dans la continuation de cette Histoire. Je m'y serois volontiers étendu, si la matière ne m'avoit manqué. Mais d'où aurions-nous aujourd'hui des lumières sur des temps si éloignez du nôtre? Vous savez, MESSIEURS, quel a été le sort de nos anciens Regîtres : ils avoient été confiez à M. Pellisson, & lorsqu'il fut mis à la Bastille, ils périrent avec le reste de ses papiers.

Heureusement, sans recourir à d'autres titres, il ne faut pour faire honneur à nos Prédécesseurs, qu'indiquer les ouvrages qu'ils ont laissez. Aussi n'ai-je rien oublié de ce qui dépendoit de moi, pour en donner une liste exacte à la fin de ce volume. Mais je n'y ai fait entrer que les seuls ouvrages, dont j'ai pû voir de mes yeux un exemplaire ; ni les ouï-dire, ni les catalogues de Bibliothéques, soit manuscrits, soit imprimez, ne m'ayant paru des cautions suffisantes : & par conséquent, quelque soin que j'aie pris, il n'est pas possible que plusieurs autres productions des mêmes Auteurs n'aient échappé à mes recherches.

Je suis avec l'estime la plus parfaite, & avec le plus respectueux dévouement,

MESSIEURS,

Votre très-humble & très-obéïssant serviteur, OLIVET.

1729.

HISTOIRE
DE
L'ACADÉMIE
FRANÇOISE,

Depuis son établissement jusqu'à 1652.

Par M. PELLISSON.

A Monsieur (1) *D. F. F.*

'ENTREPRENS, puisque vous le voulez, d'écrire tout ce que j'ai pu savoir de l'A-CADÉMIE FRANÇOISE, qui est une Compagnie dont plusieurs

(1) DE FAURE FONDAMENTE. C'étoit un Gentilhomme de Languedoc, allié de M. Pellisson.

A iiij

parlent, mais que peu de personnes connoissent comme elle mérite d'être connuë. Car, soit que l'on regarde son but, qui a été de porter la langue que nous parlons à sa derniére perfection, & de nous tracer un chemin pour parvenir à la plus haute éloquence ; soit que l'on considére les personnes dont elle a été composée, de qui les noms sont célébres, & le seront vrai-semblablement à l'avenir ; soit que l'on jette les yeux sur son fondateur, le Cardinal de Richelieu ; ce fameux Ministre, dont le génie & la fortune ont été également extraordinaires ; je ne vois rien en tout cela, qui ne soit digne qu'on s'en informe, & qu'on en conserve soigneusement le souvenir.

Si quelqu'un nous avoit particuliérement laissé par écrit ce qui se passoit entre Auguste, Mécénas, & les excellens esprits de leur siecle ; je ne sais si nous en lirions l'histoire avec moins de curiosité, & de plaisir, que celle des

---

Dans tout ce volume, les Remarques & Additions, où l'on renvoie par un chifre, sont de M. l'Abbé *d'Olivet* ; & celles où l'on renvoie par une lettre italique, sont de M. *Pellisson* lui-même.

guerres, & des affaires d'Etat de ce temps-là: je ne sais même, afin que je dise quelque chose de plus, si nous la lirions avec moins d'utilité & de profit; nous, dis-je, à qui la fortune n'a donné ni armées à conduire, ni républiques à gouverner, où nous puissions montrer qui nous sommes, & à qui elle ne laisse en partage que l'étude, la conversation, & les vertus privées & domestiques.

Je ne craindrai donc point de rapporter fort exactement sur mon sujet, tout ce que j'ai recueilli, ou des Regîtres & des Mémoires très-amples, qui m'ont été communiquez, ou des longs & particuliers entretiens que j'ai eus sur cette matière avec les personnes qui m'en pouvoient le mieux instruire: & n'y oublirai pas même plusieurs petites circonstances qu'un Historien omettroit sans doute; mais qu'un ami, ce me semble, peut dire familierement à son ami. Je me dispenserai seulement de suivre toujours & pas à pas l'ordre des dates, qui sentiroit un peu trop le journal, & m'obligeroit à revenir trop souvent sur les mêmes choses. Mais rien ne m'échappera, si je ne me trompe, quand j'aurai traité, comme j'en ai le deſſein, ces cinq articles.

I. *De l'établiſſement de l'Académie Françoiſe.*

II. *De ſes ſtatuts, & en même temps des jours, des lieux, & de la forme de ſes Aſſemblées.*

III. *De ce qu'elle a fait depuis ſon inſtitution.*

IV. *De quelques choſes remarquables, qui s'y ſont paſſées.*

V. *Et enfin des Académiciens en particulier.*

I.

L'Académie Françoiſe n'a été établie par Edit du Roi, qu'en l'année 1635. Mais on peut dire que ſon origine eſt de quatre ou cinq ans plus ancienne, & qu'elle doit en quelque ſorte ſon inſtitution au haſard.

Ceux qui ont parlé (*a*) de l'Académie des Humoriſtes de Rome, diſent

---

(*a*) M. Naudé en ſon Dialogue de Maſcurat, pag. 148, où il cite *Giouan Battiſta Alberti, nel diſcorſo dell' Academie, parte ſeconda*, pag. 80.

qu'elle naquit fortuitement aux noces de Lorenzo Mancini, Gentilhomme Romain. Que plusieurs personnes de condition d'entre les conviez, pour donner quelque divertissement aux Dames, & parce que c'étoit au Carnaval, se mirent à réciter premierement sur le champ, & puis avec plus de préméditation, des Sonnets, des Comédies, des Discours; ce qui leur fit donner le nom de *Belli humori*. Qu'enfin ayant pris goût insensiblement à ces exercices, ils résolurent de former une Académie de belles lettres. Qu'alors ils changérent le nom de *Belli humori* en celui d'*Humoristi*; & choisirent pour devise une nuée, qui après s'être formée des amères exhalaisons de la mer, retombe en une pluie douce & menue; avec ces trois mots du Poëte Lucrèce, pour ame, *Redit agmine dulci*.

L'Académie Françoise n'est pas née, à la vérité, d'une rencontre comme celle-là. Mais il est certain que ceux qui la commencérent, ne pensoient presque à rien moins qu'à ce qui en arriva depuis. Environ l'année 1629, quelques particuliers logez en divers endroits de Paris, ne trouvant rien de plus incommode dans cette grande ville, que d'aller fort souvent se chercher les uns les autres sans se trouver, résolurent de se voir un jour de la semaine chez l'un d'eux. Ils étoient tous gens de lettres, & d'un mérite fort au dessus du commun : M. Godeau maintenant Evêque de Grasse, qui n'étoit pas encore Ecclésiastique, M. de Gombauld, M. Chapelain, M. Conrart, M. Giry, feu M. Habert Commissaire de l'Artillerie, M. l'Abbé de Cérisy son frère, M. de Serizay, & M. de Malleville. Ils s'assembloient chez M. Conrart, qui s'étoit trouvé le plus commodément logé pour les recevoir, & au cœur de la ville ; d'où tous les autres étoient presque également éloignez. Là ils s'entretenoient familierement, comme ils eussent fait en une visite ordinaire, & de toute sorte de choses, d'affaires, de nouvelles, de belles lettres. Que si quelqu'un de la compagnie avoit fait un ouvrage, comme il arrivoit souvent, il le communiquoit volontiers à tous les autres, qui lui en disoient librement leur avis : & leurs conférences étoient suivies, tantôt d'une promenade, tantôt d'une collation qu'ils faisoient ensemble. Ils continuérent ainsi trois ou quatre ans, & comme j'ai ouï dire à plusieurs d'entre eux, c'étoit avec un plaisir extrême, & un profit incroyable. De sorte que quand ils parlent encore aujourd'hui de ce temps-là, & de ce premier âge de l'Académie, ils en parlent comme d'un âge d'or, durant lequel avec toute l'innocence, & toute la liberté des premiers siecles, sans bruit, & sans pompe, & sans autres loix que celles de l'amitié, ils goûtoient ensemble tout ce que la société des esprits, & la vie raisonnable, ont de plus doux & de plus charmant.

Ils avoient arrêté de n'en parler à personne ; & cela fut observé fort exactement pendant ce temps-là. Le premier qui y manqua, fut M. de Malleville : car il n'y a point de mal de l'accuser d'une faute, qu'un événement si heureux a effacée. Il en dit quelque chose à M. Faret, qui venoit alors de faire imprimer son *Honnête Homme* ; & qui ayant obtenu de se trouver à une de leurs conférences, y porta un exemplaire de son livre qu'il leur donna. Il s'en retourna avec beaucoup de satisfaction, tant des avis qu'il reçut d'eux sur cet ouvrage, que de tout ce qui se passa dans le reste de la conversation. Mais comme il est difficile qu'un secret que nous avons éventé, ne devienne tout public bien-tôt après, & qu'un autre nous soit plus fidelle que nous ne l'avons été à nous-mêmes : M. des Marests, & M. de Boisrobert eurent connoissance de ces assemblées, par le moyen de M. Faret. M. des Marests y vint plusieurs fois, & y lut le premier volume de l'Ariane qu'il composoit alors. M. de Boisrobert desira aussi d'y assister, & il n'y avoit point d'apparence de lui en refuser l'entrée ; car outre qu'il étoit ami de la pluspart de ces Messieurs, sa fortune même lui donnoit quelque autorité, & le rendoit plus considérable. Il s'y trouva donc : & quand il eut vû de quelle sorte les ouvrages y étoient examinez, & que ce n'étoit pas là un commerce de complimens & de flatteries, où chacun donnât des éloges pour en recevoir, mais qu'on y reprenoit hardiment & franchement toutes les fautes jusqu'aux moindres ;

il en fut rempli de joie & d'admiration. Il étoit alors en sa plus haute faveur auprès du Cardinal de Richelieu; & son plus grand soin étoit de délasser l'esprit de son Maître, après le bruit & l'embarras des affaires, tantôt par ces agréables contes qu'il fait mieux que personne du monde, tantôt en lui rapportant toutes les petites nouvelles de la Cour & de la Ville; & ce divertissement étoit si utile au Cardinal, que son premier Médecin M. Citois avoit accoutumé de lui dire, *Monseigneur, nous ferons tout ce que nous pourrons pour votre santé, mais toutes nos drogues sont inutiles, si vous n'y mêlez un peu de Boisrobert.*

Parmi ces entretiens familiers, M. de Boisrobert qui l'entretenoit de tout, ne manqua pas de lui faire un récit avantageux de la petite assemblée qu'il avoit vûe, & des personnes qui la composoient: & le Cardinal qui avoit l'esprit naturellement porté aux grandes choses, qui aimoit sur-tout la langue Françoise, en laquelle il écrivoit lui-même fort bien; après avoir loué ce dessein, demanda à M. de Boisrobert si ces personnes ne voudroient point faire un Corps, & s'assembler régulierement, & sous une autorité publique. M. de Boisrobert ayant répondu qu'à son avis cette proposition seroit reçûe avec jôie, il lui commanda de la faire, & d'offrir à ces Messieurs sa protection pour leur Compagnie, qu'il feroit établir par Lettres Patentes ; & à chacun d'eux en particulier son affection, qu'il leur témoigneroit en toutes rencontres.

Quand ces offres eurent été faites, & qu'il fut question de résoudre en particulier ce que l'on devoit répondre, à peine y eut-il aucun de ces Messieurs qui n'en témoignât du déplaisir, & ne regrettât que l'honneur qu'on leur faisoit, vînt troubler la douceur & la familiarité de leurs conférences. Quelques-uns même, & surtout Messieurs de Serizay, & de Malleville, étoient d'avis qu'on s'excusât envers le Cardinal le mieux qu'on pourroit. Mais ces deux-là, outre les raisons générales qui leur étoient communes avec les autres, en avoient une particulière qui les regardoit. M. de Serizay étoit Intendant de la maison du Duc de la Rochefoucauld, & M. de
Malleville

Malleville étoit Secrétaire du Maréchal de Bassompierre. On consideroit ces deux Seigneurs comme ennemis du Cardinal. Le premier ne se sentant pas bien à la Cour, s'étoit retiré en son Gouvernement de Poitou ; & l'autre étoit déja prisonnier à la Bastille. Or vous savez en quelle réputation étoit alors ce Ministre : on croyoit que se voyant en une place si enviée, & si exposée aux entreprises des Grands, il n'y en avoit presque point chez qui il n'eût quelqu'un à ses gages pour lui donner avis de tous leurs desseins. Ces deux Messieurs craignoient donc que cette liaison qu'ils auroient avec lui par le moyen d'une Académie dont il seroit le fondateur & le protecteur, ne donnât à parler à beaucoup de gens, & ne les rendît suspects à leurs maîtres. Ainsi ils n'oublièrent rien pour persuader à la Compagnie ce qu'ils desiroient. A la fin pourtant il passa à l'opinion contraire, qui étoit celle de M. Chapelain : car comme il n'avoit ni passion, ni intérêt contre le Cardinal, duquel il étoit connu, & qui lui avoit même témoigné l'estime qu'il faisoit de lui, en lui donnant une

B

pension; il leur représenta, qu'à la vérité ils se fussent bien passez que leurs conférences eussent ainsi éclatté; mais qu'en l'état où les choses se trouvoient réduites, il ne leur étoit pas libre de suivre le plus agréable de ces deux partis. Qu'ils avoient affaire à un homme qui ne vouloit pas médiocrement ce qu'il vouloit, & qui n'avoit pas accoutumé de trouver de la résistance, ou de la souffrir impunément. Qu'il tiendroit à injure le mépris qu'on feroit de sa protection, & s'en pourroit ressentir contre chaque particulier. Que du moins, puisque par les loix du Royaume toutes sortes d'assemblées qui se faisoient sans autorité du Prince étoient défendues; pour peu qu'il en eût envie, il lui seroit fort aisé de faire, malgré eux-mêmes, cesser les leurs, & de rompre par ce moyen une société que chacun d'eux desiroit être éternelle. Sur ces raisons il fut arrêté, *Que M. de Boisrobert seroit prié de remercier très-humblement Monsieur le Cardinal de l'honneur qu'il leur faisoit, & de l'assûrer qu'encore qu'ils n'eussent jamais eu une si haute pensée, & qu'ils fussent fort surpris du dessein de son Eminence,* ils étoient tous résolus de suivre ses volontez. Le Cardinal reçut leur réponse avec grande satisfaction ; & donnant divers témoignages qu'il prenoit cet établissement à cœur, commanda à M. de Boisrobert de leur dire, *Qu'ils s'assemblassent comme de coûtume, & qu'augmentant leur Compagnie, ainsi qu'ils le jugeroient à propos, ils avisassent entre eux quelle forme & quelles loix il seroit bon de lui donner à l'avenir.*

Cela se passoit ainsi au commencement de l'année 1634. En ce même temps, M. Conrart chez qui les assemblées s'étoient faites jusques alors, vint à se marier. Ayant donc prié tous ces Messieurs, comme ses amis particuliers, d'assister à son contrat ; ils aviserent entre eux qu'à l'avenir sa maison ne seroit plus si propre qu'auparavant pour leurs conférences. Ainsi on commença à s'assembler chez M. des Marests, & à penser sérieusement, suivant l'intention du Cardinal, à l'établissement de l'Académie.

Si vous vous souvenez d'avoir lû dans quelque Poëte la description d'une République naissante, où les uns sont occupez à faire des loix, & à créer des Magistrats ; les autres à partager les terres, & à tracer le plan des maisons ; ceux-ci à assembler des matériaux ; ceux-là à jeter les fondemens des temples ou des murailles : imaginez-vous qu'il en fut à peu près de même en cette premiere institution de l'Académie, & qu'il s'y passa presque en même temps plusieurs choses, qui ne peuvent être rapportées que l'une après l'autre.

Une des premieres fut que ces Messieurs grossirent leur Compagnie de plusieurs personnes considérables par leur mérite, entre lesquelles il y en avoit qui l'étoient d'ailleurs par leur condition. Car comme la Cour embrasse toujours avec ardeur les inclinations des Ministres & des Favoris, sur-tout quand elles sont raisonnables & honnêtes, ceux qui approchoient le plus près du Cardinal, & qui étoient en quelque réputation d'esprit, faisoient gloire d'entrer dans un Corps dont il étoit le protecteur, & le pére. Non-seulement M. des Marests & M. de Boisrobert, qui avoient sû les premiers ces assemblées secrettes ; mais encore M. de Montmor Maître des

Requêtes, M. du Chaſtelet Conſeiller d'Etat, M. de Bautru auſſi Conſeiller d'Etat, & qui étoit en grande faveur, M. Servien alors Secrètaire d'Etat, & M. le Garde des Sceaux Seguier, maintenant Chancelier de France, voulurent être de cette Compagnie. Mais parce que je dois parler ailleurs de tous les Académiciens en particulier, je me réſerve à dire en cet endroit-là en quel temps, & en quelle occaſion chacun d'eux y fut reçu.

Pour donner auſſi quelque ordre, & quelque forme à leurs Aſſemblées, ils réſolurent de créer d'abord trois Officiers : un Directeur, & un Chancelier, qui ſeroient changez de temps en temps, & un Secrètaire, qui ſeroit perpétuel ; les deux premiers par ſort, & le dernier par les ſuffrages de l'Aſſemblée. Le Directeur fut M. de Serizay, le Chancelier M. des Mareſts, le Secrètaire M. Conrart, à qui cette charge fut donnée en ſon abſence, d'un commun conſentement, tout le monde demeurant d'accord que perſonne ne pouvoit mieux remplir cette place. Dès-lors il commença à écrire ce qui ſe paſſoit dans les Aſſemblées,

& à tenir ces Regîtres, d'où j'ai tiré la meilleure & la plus grande partie de cette Relation. Ils commencent au 13. Mars 1634.

Outre ces trois Officiers, on créa un Libraire de l'Académie, lequel devoit aussi lui servir comme d'Huissier. Cette charge fut (*a*) donnée à Camusat, qui étoit de tous ceux d'alors celui que l'on estimoit le plus habile ; car outre qu'il étoit très-entendu en sa profession, il étoit homme de bon sens, & n'imprimoit guère de mauvais ouvrages ; de sorte qu'encore lorsque nous sommes venus dans le monde vous & moi, & que nous avons commencé à lire des pièces Françoises, c'étoit presque une marque infaillible des bonnes, que d'être de son impression.

On délibéra aussi (*b*) dans ces commencemens du nom que prendroit la Compagnie, & entre plusieurs qui furent proposez, celui de L'ACADÉMIE FRANÇOISE, qui avoit déjà été approuvé par le Cardinal, fut trouvé le meilleur. Quelques-uns l'ont nom-

(*a*) Regîtres, 10. Avril 1634.
(*b*) Regîtres, 20. Mars 1634.

mée depuis, *l'Académie des beaux esprits* : quelques autres, *l'Académie de l'Eloquence*, comme M. de Boiſſat, qui lui écrivit de Dauphiné avec ce titre, par erreur, bien qu'il en fût lui-même. Pluſieurs autres ont cru qu'elle s'appeloit *l'Académie Eminente*, par une alluſion à la qualité du Cardinal ſon protecteur ; & j'avoue que je m'y ſuis auſſi trompé autrefois dans l'Epitre dédicatoire du premier livre de la Paraphraſe des Inſtitutes ; mais enfin elle ne s'eſt jamais appelée elle-même que l'Académie Françoiſe.

Au choix de ce nom qui n'a rien de ſuperbe, ni d'étrange, elle a témoigné peut-être moins de galanterie, mais peut-être auſſi plus de jugement, & plus de ſolidité, que les Académies de de-là les monts, qui ſe ſont piquées d'en prendre, ou de myſtérieux, ou d'ambitieux, ou de bizarres, tels qu'on les prendroit en un carrouſel, ou en une maſcarade : comme ſi ces exercices d'eſprit étoient pluſtôt des débauches & des jeux, que des occupations ſérieuſes. Ainſi leurs Académiciens ſe ſont (*a*) appelez à

(*a*) Voyez M. Naudé en ſon Dialogue

Sienne *Intronati*, à Florence *della Crusca*, à Rome *Humoristi*, *Lincei*, *Fantastici*, à Bologne *Otiosi*, à Gênes *Addormentati*, à Padoue *Ricovrati* & *Orditi*, à Vicenze *Olimpici*, à Parme *Innominati*, à Milan *Nascosti*, à Naples *Ardenti*, à Mantoue *Invaghiti*, à Pavie *Affidati* : & je ne sache que la seule Académie Florentine, la plus ancienne de toutes, qui ait voulu prendre un nom simple & sans affectation.

Mais peut-être traiterai-je quelque jour ailleurs, & en un discours à part, de toutes ces Académies, & de leurs noms. Pour revenir maintenant à celle dont j'ai entrepris de parler : en même temps qu'elle choisissoit le sien, elle délibéroit aussi sur les occupations qu'elle auroit, & sur les loix qu'elle devoit établir. Tous les Aca-

---

de Mascurat, pag. 147, où il nomme encore les *Offuscati* de Césène, *Disuniti* de Fabriano, *Filoponi* de Faïence, *Caliginosi* d'Ancone, *Adagiati* de Rimini, *Assorditi* de Cita de Castello, *Insensati* de Pérouse, *Raffrontati* de Ferme, *Catenati* de Macérata, *Ostinati* de Viterbe, *Immobili* d'Alessandrie, *Occulti* de Bresse, *Perseveranti* de Trévise, *Filarmonici* de Vérone, *Humorosi* de Cortone, *Oscuri* de Luques.

démiciens

démiciens eurent ordre d'y penser en particulier. M. Faret fut chargé de faire cependant un discours, qui contînt comme le projet de l'Académie, & qui pût servir de préface à ses Statuts; & M. de Serizay, de faire une lettre à M. le Cardinal, pour le supplier d'honorer la Compagnie de sa protection. Ce fut par cette lettre, & par ce projet qu'on commença.

La lettre qui est du 22. de Mars 1634, contenoit en substance, *Que si M. le Cardinal avoit publié ses écrits, il ne manqueroit rien à la perfection de la Langue, & qu'il auroit fait sans doute ce que l'Académie se proposoit de faire. Mais que sa modestie l'empêchant de mettre au jour ses grands ouvrages, ne l'empêchoit pas néanmoins d'approuver qu'on recherchât les mêmes trésors qu'il tenoit cachez, & d'en autoriser la recherche. Que c'étoit le plus solide fondement du dessein de l'Académie, & de son projet, qui seroit présenté à son Eminence avec cette lettre par Messieurs de Bautru, du Chastelet, & de Boisrobert. Qu'elle ne vouloit recevoir l'ame que de lui, & que l'espérance de sa protection l'obligeoit déjà à un extrême ressentiment.*

Tome I.   C

Ce projet étoit un discours fort étendu, plein de plusieurs beaux raisonnemens, qui se réduisoient à peu près à ces chefs. *Que de tout temps le pays que nous habitons, avoit porté de très-vaillans hommes; mais que leur valeur étoit demeurée sans réputation, au prix de celle des Romains, & des Grecs, parce qu'ils n'avoient pas possédé l'art de la rendre illustre par leurs écrits. Qu'aujourd'hui pourtant les Grecs, & les Romains ayant été rendus esclaves des autres nations, & leurs langues même si riches & si agréables, étant comptées entre les choses mortes, il se rencontroit heureusement pour la France, que non-seulement nous étions demeurez en possession de la valeur de nos ancêtres; mais encore en état de faire revivre l'Eloquence, qui sembloit être ensevelie avec ceux qui en avoient été les inventeurs & les maîtres. Qu'après les grandes & mémorables actions du Roi, c'étoit une très-heureuse rencontre, qu'il se trouvât aujourd'hui parmi ses sujets, tant d'hommes capables de faire lire avec plaisir ce que nous avions vû exécuter avec étonnement. Qu'aussi n'étoit-ce pas une des moindres pensées de ce grand Cardinal son premier Ministre, que d'embrasser comme* il faisoit, la protection des belles lettres, si nécessaires pour le bien & pour la gloire des Etats, & de les faire fleurir par sa faveur, & par son approbation. Qu'il sembloit ne manquer plus rien à la félicité du Royaume, que de tirer du nombre des langues barbares, cette langue que nous parlons, & que tous nos voisins parleroient bien-tôt, si nos conquêtes continuoient comme elles avoient commencé. Que pour un si beau dessein il avoit trouvé à propos d'assembler un certain nombre de personnes capables de seconder ses intentions. Que ces conférences étoient un des plus assurez moyens pour en venir à bout. Que notre langue plus parfaite déjà que pas une des autres vivantes, pourroit bien enfin succéder à la Latine, comme la Latine à la Grecque, si on prenoit plus de soin qu'on n'avoit fait jusqu'ici de l'élocution, qui n'étoit pas à la vérité toute l'éloquence, mais qui en faisoit une fort bonne & fort considérable partie.

Après cela il étoit ajoûté : Que pour l'ordre, la police, & les loix de cette Assemblée, on a trouvé à propos de les réduire en un Statut à part ; & de ne traiter en cet endroit, que de deux choses, qui eussent été trop contraintes & trop gênées dans la briéveté qu'affecte le style des loix. La premiere, des qualitez que devoient avoir ceux à qui on confioit cet emploi; & la seconde, quelles seroient leurs fonctions, & quelles matiéres ils auroient à traiter.

Pour la premiere, Qu'il ne suffisoit pas d'avoir une grande & profonde connoissance des sciences, ni une facilité de parler agréablement en conversation, ni une imagination vive & prompte, capable de beaucoup inventer : mais qu'il falloit comme un génie particulier, & une lumiére naturelle capable de juger de ce qu'il y avoit de plus fin & de plus caché dans l'Eloquence. Qu'il falloit enfin comme un mélange de toutes ces autres qualitez en un tempérament égal, assujéti sous la loi de l'entendement, & sous un jugement solide.

Quant à leurs fonctions, qui étoient la seconde chose dont on avoit promis de traiter : Qu'elles seroient de nettoyer la langue des ordures qu'elle avoit contractées, ou dans la bouche du peuple, ou dans la foule du Palais, & dans les impuretez de la chicane, ou par les mauvais usages des Courtisans ignorans, ou par l'abus de ceux qui la corrompent en l'écrivant, & de ceux qui disent bien dans les chaires ce qu'il faut dire, mais autrement qu'il ne faut. Que pour cet effet il seroit bon d'établir un usage certain des mots. Qu'il s'en trouveroit peu à retrancher de ceux dont on se servoit aujourd'hui, pourvû qu'on les rapportât à un des trois genres d'écrire, auxquels ils se pouvoient appliquer. Que ceux qui ne vaudroient rien, par exemple, dans le style sublime, seroient soufferts dans le médiocre, & approuvez dans le plus bas, & dans le comique. Qu'un des moyens dont les Académiciens se serviroient pour parvenir à la perfection, seroit l'examen & la correction de leurs propres ouvrages. Qu'on examineroit sérieusement le sujet, & la maniére de le traiter, les argumens, le style, le nombre, & chaque mot en particulier. Qu'après de si exactes observations on laisseroit faire ceux qui voudroient prendre la peine d'y ajoûter les leurs, peut-être avec un succès aussi ridicule, que ceux qui pensoient avoir remarqué des taches dans le Soleil. Qu'aussi-bien l'Académie ne desiroit plaire qu'au plus sage de tous les hommes, & non pas à des foux qui commençoient d'être éblouis de la gloire qu'elle recevoit d'un si grand prote-

*teur. Que si ses résolutions ne pouvoient servir de régles à l'avenir, au moins pourroient-elles bien servir de conseils, puisqu'il n'y avoit point d'apparence que tant d'hommes assemblez n'eussent pû décider des choses dont on ne pouvoit nier qu'ils n'eussent fait voir une assez heureuse pratique. Que cette Compagnie avoit pris le nom d'Académie Françoise, parce qu'il étoit le plus modeste, & le plus propre à sa fonction. Que pour le sceau dont elle se serviroit, & les priviléges dont elle jouïroit, elle s'en remettoit à son Fondateur, & à son autorité, qui seule ayant donné la forme à cette institution, la pouvoit élever sur des fondemens assez forts pour durer autant que la Monarchie.

Ce projet accompagné de la lettre dont je vous ai parlé, fut présenté au Cardinal par les trois députez de la Compagnie. Il se fit lire la lettre deux fois, l'une par le Cardinal de la Valette, qui se trouva auprès de lui; l'autre, par M. de Boisrobert même; & répondit aux députez en ces propres termes, comme je l'ai trouvé dans les * Regîtres. Qu'il estimoit toute la Compagnie en général, & chacun de ceux qui

* Regîtres, 27. Mars 1634.

la composoient, en particulier. Qu'il lui savoit gré de ce qu'elle lui demandoit sa protection, & qu'il la lui accordoit de bon cœur. Il se fit lire aussi le projet, leur marqua quelques endroits qu'il jugeoit devoir être corrigez, & promit de l'approuver, quand il auroit été mis au net.

Ce rapport ayant été fait à la Compagnie, on commit pour examiner ce discours ; premiérement (*a*) Messieurs Silhon, & Sirmond ; & depuis encore, Messieurs Chapelain, Godeau, Habert, des Marests. Enfin, comme chacun des Académiciens y trouvoit toujours quelque chose à redire, il fut résolu que chacun d'eux l'examineroit en particulier ; que pour cela on en feroit imprimer trente copies, qui leur seroient distribuées, mais qu'ils jureroient (*b*) de n'en point parler, & de ne les montrer à personne.

J'ai appris là-dessus une chose que j'estime assez remarquable : c'est qu'on prit pour avoir ces trentes copies, la voie de l'impression, non-seulement

(*a*) Regîtres, 1. Mai 1634.
(*b*) Regîtres, 8. Mai 1634.

parce qu'on la jugea la plus facile, & la plus prompte ; mais encore, parce que, suivant l'opinion commune, moins les yeux ont de peine à lire un ouvrage, plus l'esprit a de liberté pour en juger. Qu'on y voit plus clair, & qu'on en remarque mieux les graces & les défauts, quand il est écrit d'un bon caractère, que s'il l'étoit d'un mauvais ; & mieux aussi quand il est imprimé, que s'il étoit écrit à la main. Que de fait le Cardinal du Perron, qui n'épargnoit ni peine, ni soin, ni dépense pour es livres, les faisoit toujours imprimer deux fois : la première pour en distribuer seulement quelques copies à des amis particuliers, sur lesquelles ils pûssent faire leurs observations : la seconde pour les donner au Public, en la dernière forme où il avoit résolu de les mettre ; & qu'afin qu'ils ne fussent pas divulguez contre son gré, de cette première sorte, il n'y faisoit travailler que dans sa maison de Bagnolet, où il avoit une Imprimerie exprès.

Quoiqu'il en soit, les trente copies imprimées furent apportées * par les

* Regîtres, 18. Mai 1634.

Académiciens, avec leurs notes ; & ce qui est considérable d'un si grand nombre, il n'y en eut pas un qui ne gardât le secret. Le discours (a) fut examiné ensuite avec grand soin en diverses assemblées, dont il y en eut même plusieurs d'extraordinaires pour ce sujet. Enfin M. Faret le mit en état d'être présenté pour une seconde fois au Cardinal ; de quoi lui & M. de Boisrobert furent chargez. Le Cardinal retint la copie qu'ils lui en donnérent, & l'ayant approuvé pour la matiére, le renvoya bien-tôt après à la Compagnie, avec ses apostilles de la main de Charpentier son Secrètaire, qui ne regardoient que la forme & les expressions. On ordonna (b) *qu'il seroit très-humblement remercié de cette faveur, & qu'on corrigeroit suivant son intention les endroits qu'il avoit marquez.* Seulement par une liberté assez louable, en un temps où toute la Cour étoit idolâtre de ce Ministre, & où c'eût été un crime que d'oser lui contredire ; il fut arrêté sur deux de ces

(a) Regîtres. 19. Juin, 17. Juillet, 30. Octobre. 1634.
(b) Regîtres, 15. Novembre 1634.

endroits, * *Qu'il seroit supplié de dire s'il vouloit absolument qu'on les changeât, parce que son apostille étoit conçûe en termes douteux, & que les phrases sembloient assez nobles & assez françoises à toute la Compagnie.*

Je ne trouve point qu'on ait changé ces endroits depuis, & cela suffit pour croire que le Cardinal ne s'y obstina pas davantage. Or le dessein de l'Académie étoit de faire imprimer ce Projet avec ses Statuts, quand ils auroient été dressez, & qu'on en seroit demeuré d'accord : mais cela ne s'est point fait depuis, soit que cette premiere ardeur pour la gloire de la Compagnie se soit ralentie avec le temps, soit, comme je le croirois plus volontiers, qu'il arrivât alors à un Corps si judicieux, ce qui arrive tous les jours en particulier aux plus grands hommes, de ne pouvoir eux-mêmes se contenter, lorsqu'ils contentent tous les autres. Peut-être que l'Académie approuvant chaque partie de ce discours, y trouva je ne sais quoi à redire en gros pour l'ordre, & pour la conduite. J'oserois presque le soup-

* Regîtres, 27. Novembre 1634.

çonner ainsi, non-seulement parce qu'après l'avoir lû deux fois & avec beaucoup de plaisir, il m'a semblé pencher plus vers ce défaut que vers aucun autre ; mais encore parce qu'en une des conférences où il fut examiné comme je le vois (*a*) dans les Regîtres, il fut fait une règle générale pour l'avenir, qui doit aussi à mon avis servir d'une leçon générale à ceux qui écrivent, *Qu'on ne liroit plus dans la Compagnie aucun discours, sans en apporter en même temps l'analyse à part, afin que l'Académie pût juger du corps, aussi exactement que des parties.*

On n'avoit pas oublié cependant à délibérer sur la principale occupation de l'Académie, sur ses Statuts, & sur les Lettres qu'il falloit pour son établissement. Dès la seconde (*b*) assemblée, sur la question qui fut proposée de sa fonction, M. Chapelain représenta qu'*à son avis elle devoit être de travailler à la pureté de notre Langue ; & de la rendre capable de la plus haute Eloquence*, comme vous avez vû qu'il est dit dans le projet. *Que pour cet*

(*a*) Regîtres, 17. Juillet 1634.
(*b*) Regîtres, 20. Mars 1634.

effet, il falloit premiérement en régler les termes & les phrases, par un ample Dictionnaire, & une Grammaire fort exacte, qui lui donneroit une partie des ornemens qui lui manquoient ; & qu'ensuite elle pourroit acquérir le reste par une Réthorique, & une Poëtique, que l'on composeroit pour servir de règle à ceux qui voudroient écrire en vers & en prose. Cet avis qui tomboit dans le sentiment de tous les autres Académiciens, fut généralement suivi : & parce que M. Chapelain s'étoit étendu sur la maniére dont on devoit travailler au Dictionnaire, & à la Grammaire, il fut prié d'en dresser un plan, qui fut vû depuis par la Compagnie, & sur lequel il fut ordonné qu'il conféreroit avec Messieurs de Bourzeys, de Gombauld, & de Gomberville. Mais j'aurai une autre occasion de vous parler plus à propos de ce plan, & d'en rapporter même un abrégé, qui vous fera bien juger de quelle estime & de quelles louanges il étoit digne.

Quant aux Statuts de l'Académie, le premier qui travailla * sur ce sujet par ordre de la Compagnie, fut M. du

---

* Regîtres, 27. Mars 1634.

Chaſtelet Conſeiller d'Etat. Après qu'on eût vû ſon travail, il fut ordonné qu'il en conféreroit avec les mêmes Meſſieurs de Bourzeys, de Gombauld, & de Gomberville. Depuis il fut arrêté que tous les Académiciens ſeroient exhortez à donner leurs mémoires par écrit ſur cette matière. J'ai vû neuf de ces mémoires, ou avis des particuliers Académiciens, qui ſont ceux de Meſſieurs Faret, de Gombauld, Chapelain, Conrart, Sirmond, du Chaſtelet, Bardin, Colletet, & Baudoin. Je ne m'arrêterai point à vous dire ce qu'ils contiennent ; mais je crois pouvoir remarquer en paſſant deux choſes, qui n'ont point été ſuivies dans les Statuts. L'une qui eſt dans le mémoire de M. de Gombauld, & que je rapporte ici comme un témoignage de ſa piété & de ſa vertu ; c'eſt qu'il propoſoit que chacun des Académiciens fût tenu de compoſer tous les ans une pièce ou petite ou grande, à la louange de Dieu. L'autre qui m'a ſemblé fort étrange, quoiqu'elle fût demandée par M. Sirmond, homme d'ailleurs d'un jugement fort ſolide ; c'eſt qu'il vouloit que tous les

Académiciens fussent obligez par serment, à employer les mots approuvez par la pluralité des voix dans l'Assemblée : de sorte que si cette loi eût été reçuë, quelque aversion particuliére qu'on eût pu avoir pour un mot, il eût fallu nécessairement s'en servir ; & qui en eût usé d'autre sorte, auroit commis, non pas une faute, mais un péché. Tous ces mémoires furent remis (a) entre les mains de quatre Commissaires, Messieurs du Chastelet, Chapelain, Faret, & Gombauld, pour prendre de chacun ce qu'ils trouveroient de meilleur : & après leur choix M. Conrart, qui, en qualité de Secrètaire, avoit aussi assisté à toutes ces conférences particulières, digéra, & coucha par écrit les articles des Statuts. Ils furent lûs, examinez, & approuvez par la Compagnie.

Le même M. Conrart (b) avoit été chargé de dresser les Lettres Patentes pour la fondation de l'Académie ; ce qui sembloit lui appartenir doublement, puisqu'il se trouvoit, & Secrè-

_____
(a) Regîtres, 4. Décembre 1634.
(b) Regîtres, 13. Novembre 1634.

taire de l'Académie, & Secrètaire du Roi. Après qu'il les eut lûes dans l'Assemblée, Messieurs du Chastelet, de Serizay, & de Cérify, eurent ordre * de les revoir avec lui, & de les faire voir à M. le Garde des Sceaux: & M. de Boisrobert, à M. le Cardinal. Je crois que vous me saurez bon gré de les avoir ici insérées au long, puisqu'elles servent de fondement à tout le reste, & que d'ailleurs elles sont conçûes en termes fort purs & fort élégans, qui, sans s'écarter des clauses & des façons de parler ordinaires de la Chancellerie, sentent néanmoins la politesse de l'Académie & de la Cour.

LOUIS, par la grace de Dieu, Roi de France & de Navarre; à tous présens & à venir, SALUT. Aussitôt que Dieu nous eut appelez à la conduite de cet Etat, nous eumes pour but, non-seulement de rémédier aux désordres que les guerres civiles dont il a si long-temps été affligé, y avoient introduits; mais aussi de l'enrichir de tous les ornemens convenables à la plus illustre & la plus ancienne de toutes les Monarchies, qui soient au

* Regitres, 2. Janvier 1635.

jourd'hui dans le monde. Et quoique nous ayons travaillé sans cesse à l'exécution de ce dessein, il nous a été impossible jusqu'ici d'en voir l'entier accomplissement. Les mouvemens excitez si souvent dans la plûpart de nos Provinces, & l'assistance que nous avons été obligez de donner à plusieurs de nos Alliez, nous ont divertis de toute autre pensée, que de celle de la guerre, & nous ont empêchez de joüir du repos que nous procurions aux autres. Mais comme toutes nos intentions ont été justes, elles ont eu aussi des succès heureux. Ceux de nos voisins qui étoient oppressez par leurs ennemis, vivent maintenant en assurance sous notre protection; la tranquillité publique fait oublier à nos sujets toutes les misères passées; & la confusion a cédé enfin au bon ordre que nous avons fait revivre parmi eux, en rétablissant le commerce, en faisant observer exactement la discipline militaire dans nos armées, en réglant nos finances, & en réformant le luxe. Chacun sait la part que notre très-cher & très-amé cousin le Cardinal Duc de Richelieu a eue en toutes ces choses, & nous croirions faire tort à la suffisance, & à la fidélité qu'il nous a fait paroître en toutes nos affaires, depuis que nous l'a-
vons

vons choisi pour notre principal Ministre, si en ce qui nous reste à faire pour la gloire & pour l'embellissement de la France, nous ne suivions ses avis, & ne commettions à ses soins la disposition & la direction des choses qui s'y trouveront nécessaires. C'est pourquoi lui ayant fait connoître notre intention, il nous a représenté qu'une des plus glorieuses marques de la félicité d'un Etat, étoit que les Sciences & les Arts y fleurissent, & que les Lettres y fussent en honneur, aussi-bien que les Armes, puisqu'elles sont un des principaux instrumens de la vertu. Qu'après avoir fait tant d'exploits mémorables, nous n'avions plus qu'à ajoûter les choses agréables aux nécessaires, & l'ornement à l'utilité ; & qu'il jugeoit que nous ne pouvions mieux commencer que par le plus noble de tous les arts, qui est l'Eloquence. Que la langue Françoise qui jusqu'à présent n'a que trop ressenti la négligence de ceux qui l'eussent pû rendre la plus parfaite des modernes, est plus capable que jamais de le devenir, vû le nombre des personnes qui ont une connoissance particulière des avantages qu'elle possède, & de ceux qui s'y peuvent encore ajoûter. Que pour en établir des règles certaines, il avoit ordonné une Assemblée ;

dont les propositions l'avoient satisfait : si bien que pour les exécuter, & pour rendre le langage François, non-seulement élégant, mais capable de traiter tous les arts, & toutes les sciences, il ne seroit besoin que de continuer ces conférences ; ce qui se pourroit faire avec beaucoup de fruit, s'il nous plaisoit de les autoriser, de permettre qu'il fût fait des Réglemens & des Statuts pour la police qui doit y être gardée, & de gratifier ceux dont elles seront composées, de quelques témoignages honorables de notre bienveillance. A CES CAUSES, ayant égard à l'utilité que nos sujets peuvent recevoir desdites conférences, & inclinant à la prière de notredit cousin, nous avons de notre grace spéciale, pleine puissance & autorité Royale, permis, approuvé, & autorisé, permettons, approuvons, & autorisons par ces présentes, signées de notre main, lesdites assemblées & conférences. Voulons qu'elles se continuent désormais en notre bonne ville de Paris, sous le nom de l'ACADÉMIE FRANÇOISE : Que notredit cousin s'en puisse dire & nommer le Chef & Protecteur : Que le nombre en soit limité à quarante personnes : Qu'il en autorise les Officiers, les Statuts, & les Réglemens, sans qu'il soit besoin d'autres Lettres de nous que les présentes ; par lesquelles nous confirmons dès maintenant comme pour lors, tout ce qu'il fera pour ce regard. Voulons aussi que ladite Académie ait un sceau avec telle marque & inscription qu'il plaira à notredit cousin, pour sceller tous les actes qui émaneront d'elle. Et d'autant que le travail de ceux dont elle sera composée, doit être grandement utile au Public, & qu'il faudra qu'ils y emploient une partie de leur loisir ; notredit cousin nous ayant représenté que plusieurs d'entre eux ne se pourroient trouver que fort peu souvent aux assemblées de ladite Académie, si nous ne les exemptions de quelques-unes des charges onéreuses, dont ils pourroient être chargez, comme nos autres sujets, & si nous ne leur donnions moyen d'éviter la peine d'aller solliciter sur les lieux les procès qu'ils pourroient avoir dans les provinces éloignées de notre bonne ville de Paris, où lesdites assemblées se doivent faire : Nous avons à la priére de notredit cousin, exempté, & exemptons par ces mêmes présentes, de toutes tutelles & curatelles, & de tous guets & gardes, lesdits de l'ACADÉMIE FRANÇOISE, jusqu'audit nombre de quarante, à présent & à l'avenir ; & leur avons accordé & accordons le droit de Committimus de toutes leurs causes personnelles, possessoires, & hypothéquaires, tant en demandant qu'en défendant, pardevant nos amez & féaux Conseillers les Maîtres des Requêtes ordinaires de notre Hôtel, ou les gens tenans les Requêtes de notre Palais à Paris, à leur choix & option, tout ainsi qu'en jouïssent les Officiers domestiques, & commensaux de notre maison. Si donnons en mandemens à nos amez & féaux Conseillers les gens tenans notre Cour de Parlement à Paris, Maîtres des Requêtes ordinaires de notre Hôtel, & à tous autres nos Justiciers & Officiers qu'il appartiendra, qu'ils fassent lire & regitrer ces présentes, & jouïr de toutes les choses qui y sont contenues, & de ce qui sera fait & ordonné par notredit cousin le Cardinal Duc de Richelieu, en conséquence & en vertu d'icelles, tous ceux qui ont déjà été nommez par lui, ou qui le seront ci-après, jusqu'au nombre de quarante, & ceux aussi qui leur succéderont à l'avenir, pour tenir ladite ACADÉMIE FRANÇOISE : faisant cesser tous troubles & empêchemens qui leur pourroient être donnez. Et pour ce que l'on pourra avoir affaire des présentes en divers lieux, nous voulons qu'à la copie collationnée par un de nos amez & féaux Conseillers & Secrétaires, foi soit ajoûtée comme à l'original. Mandons au premier notre Huissier ou Sergent sur ce requis, de faire pour l'exécution d'icelles tous exploits nécessaires, sans demander autre permission. CAR TEL EST NOTRE PLAISIR, nonobstant oppositions ou appellations quelconques, pour lesquelles nous ne voulons qu'il soit différé, dérogeant pour cet effet à tous Edits, Déclarations, Arrêts, Réglemens, & autres Lettres contraires aux présentes. Et afin que ce soit chose ferme & stable à toûjours, nous y avons fait mettre notre scel, sauf en autres choses notre droit, & d'autrui en toutes. Donné à Paris au mois de Janvier l'an de grace 1635, & de notre règne le 25.

Signé, LOUIS. Et sur le repli: Par le Roi, DE LOMENIE. Et scellées du grand sceau de cire verte, sur lacs de soie rouge & verte.

On eût ajoûté aux autres priviléges, & en apparence facilement obtenu l'exemption des tailles: mais parce que tous les Académiciens d'alors en étoient exempts, ou par leur noblesse ou autrement, personne ne fut d'avis de la demander, de peur qu'il ne semblât en avoir besoin pour lui-même, & ils préférèrent un honneur assez imaginaire au solide & véritable intérêt de leurs successeurs.

Il ne fut pas difficile de faire sceller ces Lettres : M. le Garde des Sceaux avoit lui-même trop d'inclination à cette sorte d'exercices, pour y apporter de la résistance. C'est pourquoi dès que les Députez lui en parlérent, il leur donna (a) toutes les bonnes paroles qu'ils pouvoient souhaiter. Un peu après même il fit dire (b) à la Compagnie par M. de Cérisy, qu'il desiroit d'être compris dans le Tableau des Académiciens, qu'on avoit fait depuis peu. Vous verrez ailleurs comment cette proposition fut reçue ; maintenant il vous suffit de savoir qu'il scella les Lettres incontinent après, & qu'elles furent rapportées à l'Académie par M. de Cérisy le 29. Janvier 1635.

Il ne restoit plus que deux choses pour l'entier établissement de ce Corps : l'une, de faire autoriser ses Statuts

(a) Regîtres, 4. Décembre 1634.
(b) Regîtres, 5. Février 1635.

par le Cardinal, suivant le pouvoir que les Lettres lui en donnoient : l'autre, de faire vérifier ces Lettres au Parlement. La premiére fut fort aisée ; la seconde au contraire, accompagnée de beaucoup de difficultez & de longueurs.

Pour faire autoriser les Statuts au Cardinal, qui étoit alors à Ruel, on lui députa * les trois Officiers, avec M. de Boisrobert. J'ai ouï dire à M. Conrart, qui étoit de cette députation comme Officier, & que vous reconnoîtrez à mon avis pour juste juge de choses semblables, qu'il n'avoit jamais ouï mieux parler que fit le Cardinal en cette rencontre ; qu'il répondit à la harangue de M. de Serizay le Directeur, comme s'il l'eût vûe long-temps auparavant, & qu'il eût eu le loisir de se préparer sur tous les chefs, & presque sur tous les mots qu'elle contenoit ; qu'il parla premierement pour l'Académie en général, puis s'adressa aux quatre députez, & enfin à chacun d'eux à part ; mais si à propos, avec tant de grace, de civilité, de majesté, & de douceur, qu'il ravit en admiration tous ceux qui s'y rencontrérent:

* Regîtres, 8. Janvier 1635.

Il se fit au reste laisser les Statuts pour les voir, & les renvoya quelque temps après signez de sa main, & contresignez par Charpentier son Secrètaire, & scellez de ses armes en placard. Mais il ne faut pas oublier, que ce fut après y avoir fait changer une seule chose, qui eût semblé être trop à son avantage, & marquer en lui quelque vanité. L'article cinquiéme des Statuts portoit, *Que chacun des Académiciens promettoit de révérer la vertu, & la mémoire de Monseigneur leur protecteur.* Il desira que cet article fût ôté; & la Compagnie (*a*) ordonna qu'il le seroit, pour obeïr à son Eminence; mais qu'il en seroit fait mention dans les Regîtres.

Je serois maintenant ennuyeux, sans doute, si j'entreprenois de vous raconter par le menu, combien il fallut au contraire de temps & de peine pour faire vérifier les Lettres Patentes au Parlement. Après qu'elles eurent été signées (*b*) en commandement par M. de Loménie Secrètaire d'Etat, qu'on appeloit alors M. de la Villauclair, &

(*a*) Regîtres, 12. Février 1635.
(*b*) Regîtres, 29. Janvier 1635.

qui est aujourd'hui M. le Comte de Brienne; à quoi on ne trouva point de difficulté; elles furent mises entre les mains de M. Hennequin de Bernay, Conseiller en la Grand'Chambre, pour en faire le rapport. On ordonna diverses députations, tant à lui qu'à Messieurs les gens du Roi, & à M. le premier Président le Jay; mais elles furent toutes inutiles. Et bien que pour donner plus de force aux sollicitations, après les deux premieres on eût résolu de ne les plus faire au nom de la Compagnie, mais de la part de M. le Cardinal, qui le trouvoit bon ainsi; & qu'en son nom Messieurs des Marests, de Bautru, & de Boisrobert eussent été voir le premier Président: il leur avoit donné peu d'espérance d'obtenir ce qu'ils desiroient. Cela fut cause que le Cardinal sur la plainte qui lui en fut faite par M. de Boisrobert, de la part de la Compagnie, écrivit au premier Président la lettre suivante.

MONSIEUR, *Je ne prends pas la plume pour vous représenter le mérite des personnes dont l'Académie Françoise nouvellement établie à Paris est composée, parce que la pluspart ayant l'honneur d'être connus* de vous, vous ne l'ignorez pas à mon avis ; mais bien pour vous conjurer de vouloir en cette considération, & de l'affection que je leur porte en général & en particulier, contribuer le pouvoir que vous avez dans votre Parlement pour la vérification des priviléges qu'il a plû à sa Majesté leur accorder à ma supplication, étant utiles & nécessaires au public, & ayant un dessein tout autre que celui qu'on vous a pû faire croire jusqu'ici. Je ne doute point que vous n'apportiez en cette occasion pour leur contentement toute la facilité qu'il vous sera possible, & qu'ils ont lieu de se promettre de ma recommandation envers vous, vous assûrant qu'outre l'obligation que ces Messieurs vous auront de la faveur que vous leur départirez en ce rencontre, je prendrai part à leur ressentiment, pour vous témoigner le mien par tout où j'aurai moyen de vous servir, & de vous faire connoître par effet que je suis,

MONSIEUR,

Le 6 Décemb. 1635.   *Votre très-affectionné serviteur,* LE CARD. DE RICHELIEU.

Une copie de cette Lettre fut lûe dans (a) l'Académie ; & parce que le

(a) Regîtres, 17. Décembre 1635.

Procureur Général avoit témoigné le desirer ainsi, on obtint encore trois lettres de cachet du Roi; l'une (*a*) pour lui, & pour les Avocats Généraux; l'autre pour le Parlement; & la troisiéme, pour le premier Président le Jay. Le Procureur Général d'alors étoit ce grand homme, à qui j'ai de très-grandes obligations, M. Molé, maintenant Garde des Sceaux de France. Ces Lettres étoient toutes écrites au même sens, & il suffit de vous en rapporter une pour vous faire connoître les autres.

DE PAR LE ROI.

Nos amez et fe'aux, *Nous avons ci-devant par Lettres Patentes en forme d'Edit du mois de Janvier dernier, voulu & ordonné être fait l'établissement d'une* Acade'mie Françoise, *en notre bonne ville de Paris, laquelle n'étant composée que de personnes de grand mérite & savoir, ne peut être que beaucoup avantageuse au Public, & à la réputation & accroissement du nom François.* A ces causes, *Nous voulons & vous mandons que vous ayez à*

_____
(*a*) Regîtres, 17, 24, & 31. Décembre 1635.

procéder à l'enregîtrement des susdites Lettres, selon leur forme & teneur, & faire jouïr cette Compagnie des priviléges desquels nous l'avons voulu avantager, sans y apporter aucune longueur, restriction, ni difficulté. Si n'y faites faute. Car tel est notre plaisir. Donné à Saint Germain en Laye le 30. jour de Décembre 1635.

Signé LOUIS. Et plus bas, DE LOMENIE. *Et au dessus: A nos amez & féaux Conseillers les gens tenans notre Cour de Parlement de Paris.*

Outre tout cela, le Cardinal témoigna au Procureur Général, qui l'étoit allé voir à Conflans, qu'il desiroit absolument cette vérification, & qu'ayant donné son seing aux Statuts de l'Académie, il l'avoit jugée digne des priviléges qui lui étoient accordez. Il fit aussi entendre au premier Président, que pour peu qu'on apportât encore de longueurs ou d'obstacles à cette affaire, il feroit présenter & vérifier les Lettres au grand Conseil. On continua les sollicitations en son nom; & ceux qui les faisoient, disoient de sa part qu'il avoit (*a*) défendu à l'Académie de s'en mêler, voulant qu'elle

(*a*) Regîtres, 9. Juin 1636.

ne reçût cette grace que de lui. Enfin, le Procureur Général (a) donna ses conclusions favorables, & M. Savarre Conseiller en la grand'Chambre, entre les mains duquel les Lettres avoient passé, témoigna aussi qu'il étoit très-bien disposé, ajoûtant même, *Qu'il ne croyoit pas avoir reçu un plus grand honneur depuis qu'il étoit dans le Parlement, que de contribuer quelque chose à l'établissement de l'Académie.* Il n'eut pourtant pas cette satisfaction; car il devint malade peu de jours après; & soit qu'il y eût encore d'autres empêchemens, soit que sa maladie qui fut longue, & dont il mourut à la fin, en fût la cause; tant y a que les Lettres retournérent entre les mains de M. de Bernay, & ne furent vérifiées qu'un an après ou davantage, le 10. Juillet 1637, avec cette clause, *A la charge que ceux de ladite Assemblée & Académie, ne connoîtront que de l'ornement, embellissement & augmentation de la langue Françoise, & des livres qui seront par eux faits, & par autres personnes qui le desireront & voudront.*

L'Académie, assemblée trois jours

_____
(a) Regitres, 16. Juin 1636.

après, vouloit députer au Cardinal * pour le remercier : mais il lui fit dire par M. de Boisrobert, qu'il ne le desiroit pas, & qu'ils allassent seulement remercier M. de Bernay Rapporteur, M. le Procureur Général, & M. le premier Président ; ce qui fut fait par les trois Officiers. Ensuite M. du Tillet, Greffier du Parlement, envoya l'Arrêt de vérification à l'Académie lors assemblée, le dernier de Juillet de la même année : son Secrètaire qu'il en avoit chargé, fut introduit dans l'Assemblée, & remercié de la part du Corps par le Directeur.

Ainsi l'Académie Françoise, bien qu'elle s'assemblât cependant, & fît les mêmes conférences qu'aujourd'hui, ne fut toutefois entiérement établie que trois ans & quelques mois après qu'on eut commencé d'y travailler ; car on employa depuis le mois de Février de l'année 1634, jusqu'à celui de l'année suivante 1635, à lui donner la forme qu'elle devoit avoir, à dresser ses Statuts, & à faire sceller l'Edit de son érection ; & depuis ce mois de Février 1635, jusqu'à celui

* Regîtres, 13. Juillet 1537.

de Juillet 1637, à faire vérifier cet Edit au Parlement.

Quand vous lirez cet ouvrage, je ne doute point que vous ne cherchiez avec quelque étonnement par quelle raison, ou par quel caprice, un Corps si judicieux que le Parlement de Paris, consentoit avec tant de peine à un dessein, je ne dirai pas si innocent, je dirai même si louable. Mais pour mieux comprendre quelle étoit la disposition du Parlement, il faut se représenter quelle étoit alors celle de toute la France, où le Cardinal de Richelieu ayant porté l'autorité Royale beaucoup plus haut que personne n'avoit fait encore, étoit aimé & adoré des uns, envié des autres, haï & détesté de plusieurs, craint & redouté presque de tous. Outre donc que l'Académie étoit une institution nouvelle, qui n'eût pas manqué d'elle-même de partager les esprits, & d'avoir des approbateurs, & des ennemis tout ensemble; on la regardoit comme l'ouvrage de ce Ministre, & on en jugeoit ou bien ou mal, suivant la passion dont on étoit prévenu pour lui. Ceux qui lui étoient attachez, parloient de ce dessein avec des louanges excessives: jamais à leur dire les siecles passez n'avoient eu tant d'éloquence que le nôtre en devoit avoir. Nous allions surpasser tous ceux qui nous avoient précédez, & tous ceux qui nous suivroient à l'avenir; & la plus grande partie de cette gloire étoit dûe à l'Académie, & au Cardinal. Au contraire ses envieux & ses ennemis traitoient ce dessein de ridicule; accusoient l'Académie d'inventer des mots nouveaux; de vouloir imposer des loix à des choses qui n'en pouvoient recevoir; & ne cessoient de la décrier par des railleries & par des satires. Le peuple aussi, & les personnes, ou moins éclairées, ou plus défiantes, à qui tout ce qui venoit de ce Ministre étoit suspect, ne savoient si sous ces fleurs il n'y avoit point de serpent caché, & appréhendoient pour le moins que cet établissement ne fût un nouvel appui de sa domination: que ce ne fussent des gens à ses gages, payez pour soûtenir tout ce qu'il feroit, & pour observer les actions & les sentimens des autres. On disoit même qu'il retranchoit quatre-vingt mille livres de l'argent des boues de Paris, pour leur donner deux mille livres de pension à chacun ; & cent autres choses semblables.

Et sur ce sujet, si vous me permettez de mêler les choses plaisantes aux sérieuses, & d'oublier pour un peu de temps le Parlement de Paris, auquel je ne manquerai pas de revenir : je puis vous faire deux contes, qui serviront non-seulement à vous divertir, mais encore à vous confirmer ce que je viens de vous dire sur l'opinion que le vulgaire avoit de l'Académie.

Le premier est d'un certain Marchand de Paris, qui avoit, dit-on, fait déjà le prix d'une maison assez commode pour lui dans la rue des Cinq-diamans, où logeoit M. Chapelain, chez qui l'Académie s'assembloit alors. Il prit garde qu'à certains jours il y avoit grand abord de carrosses ; il en demanda la cause, & l'apprit, & en même temps rompit son marché, sans en rendre autre raison, sinon, qu'il ne vouloit point se loger dans une rue où il se faisoit toutes les semaines une *Cadémie de Manopoleurs*.

L'autre conte n'est peut-être pas moins plaisant. Pendant que nous étions au collége mon frére & moi, on nous permettoit d'aller passer tout le temps des vacations à la campagne, chez quelques-uns de nos parens ; tantôt à Ondes, ce séjour aimable, dont je n'oublierai jamais ni le nom, ni les douceurs ; tantôt en Gascogne auprès de M. Dubourg, dans sa belle maison de Clermont. Ce Gentilhomme, comme vous savez sans doute, avec une grande connoissance des belles lettres, & avec beaucoup d'esprit, posséde une humeur si gaie & si enjouée, qu'elle lui fait trouver presque en toutes choses quelque matiére de raillerie ; mais d'une raillerie noble & galante, qui sent son bien, & sa personne de condition, comme il l'est en effet, ayant l'honneur de compter parmi ses ancêtres le fameux Anne Dubourg Conseiller au Parlement de Pau, & Antoine Dubourg Chancelier de France sous le règne de François I. Nous étions donc chez lui, & M. de Fontrailles, son proche voisin, celui-là même que vous connoissez, & qui depuis a eu tant de part à une des plus importantes affaires de notre temps, y étoit aussi. Il y vint un jeune Gentilhomme nouvellement arrivé de la Cour ; on lui demanda (comme c'est la coûtume) ce qui s'y passoit de nouveau ; il répondit, qu'il n'y avoit rien de plus remarquable qu'une Académie établie depuis quelques années par M. le Cardinal de Richelieu, pour la réformation du style. Vous verrez, dit M. Dubourg, qui ne demandoit qu'à rire, que cet homme aura inventé quelque nouveau parti contre les Procureurs, & autres gens du Palais, pour les obliger, ou à réformer leur style, ou à financer. Le jeune Gentilhomme, qui étoit peut-être informé des mauvais bruits qu'on faisoit courir dans Paris de l'Académie, crut bonnement que son hôte pouvoit être dans quelque erreur semblable, & pour le désabuser, s'efforça de lui montrer par vives raisons, que cette réformation du style ne regardoit que les Poëtes & les Orateurs. M. Dubourg voyant la plaisante pensée qu'il avoit, poursuit sa pointe ; répond que le Cardinal étoit plus fin qu'on ne croyoit ; que depuis dix ans tous les partis qu'on avoit vûs, avoient eu ainsi de beaux commencemens & des prétextes honnêtes ; mais qu'on viendroit infailliblement des Orateurs aux Procureurs ; qu'on les condamneroit à l'amende pour chaque faute qu'ils feroient, ou que pour s'en racheter, on les contraindroit à payer de grosses taxes ; qu'un nommé * * * qui étoit le sien au Parlement de Toulouse, étoit ruiné : car, ajoûtoit-il, le moyen qu'il se réforme maintenant ; il y a trente ou quarante ans qu'il est au Palais, & lors même qu'il veut faire un compliment, il lui échappe toûjours quelque terme de chicane. Sur tout cela il prenoit M. de Fontrailles pour juge, qui ne manquoit pas d'approuver tout, & de consentir à tout, ni ce jeune Gentilhomme non plus de s'obstiner au contraire : ce qu'il fit durant une après-soupée entiére, avec tant de zéle pour la défense de la vérité, & un tel dépit de voir de si honnêtes gens dans une opinion si étrange, que ce conte, qui vous semblera peut-être froid en le lisant, ne me repasse jamais dans l'esprit encore aujourd'hui, sans me donner envie de rire.

Or, pour revenir maintenant au Parlement de Paris, & à la difficulté qu'il faisoit de vérifier l'Edit de l'Académie; vous ne croirez pas, & personne ne s'imaginera sans doute, qu'il appréhendât pour le style des Procureurs. Quant à moi, voici ce que j'en pense. Ce grand Corps, où il y a toûjours quelques personnes extraordinaires, parmi beaucoup d'autres qui ne le sont pas, étoit divisé, si je ne me trompe, sur le sujet de l'Académie, & du Cardinal de Richelieu, par les mêmes passions, & par les mêmes opinions qui divisoient tout le reste de la France, excepté peut-être qu'il y avoit en cette Compagnie moins d'affection pour lui que par tout ailleurs, & que la pluspart le considéroient en eux-mêmes comme l'ennemi de leur liberté, & l'infracteur de leurs priviléges. J'estime donc qu'il y pouvoit avoir trois partis dans le Parlement sur ce sujet. Le premier, & le moindre, de ceux qui jugeant sainement des choses, ne voyoient rien ni à blâmer, ni à mépriser dans ce dessein. Le second, de ceux qui pour être ou animez contre le Cardinal, ou trop attachez à la seule étude du Palais, & des affaires civiles, se mocquoient de cette institution, comme d'une chose puérile;

& de ceux-là il y en eut un (à ce que j'ai appris) qui opinant sur la vérification des Lettres dit, *Que cette rencontre lui remettoit* (4) *en mémoire ce qu'avoit fait autrefois un Empereur, qui après avoir ôté au Sénat la connoissance des affaires publiques, l'avoit consulté sur la sausse qu'il devoit faire à un grand Turbot qu'on lui avoit apporté de bien loin.* Je crois enfin qu'il y avoit un troisieme & dernier parti, qui peut-être n'étoit pas le moins puissant, de ceux qui tenant tout pour suspect, appréhendoient, aussi-bien que le vulgaire, quelque dangereuse conséquence de cette institution. J'en ai deux preuves presque convaincantes ; la premiere, cette lettre du Cardinal, où vous voyez qu'il assûre le premier Président, *Que les Académiciens ont un dessein tout autre que celui qu'on avoit pû lui faire croire.* La seconde, cette clause de l'Arrêt de vérification, *Que l'Académie ne pourra*

___

(4) Le Conseiller de Grand'Chambre qui tint ce discours, étoit M. Scarron, pére du fameux Poëte de ce nom. Il donna d'autres sujets de mécontentement au Cardinal de Richelieu, qui enfin l'exila, & supprima sa charge en 1641.

connoître que de la langue Françoise, & des livres qu'elle aura faits, ou qu'on exposera à son jugement : comme s'il y eût eu quelque danger qu'elle s'attribuât d'autres fonctions, & qu'elle entreprît de plus grandes choses. Et c'est là, comme je pense, la cause des obstacles qu'on apporta durant deux ans à la vérification de ces Lettres.

Je finirois en ce lieu cette premiere partie de mon travail, touchant la naissance & la fondation de l'Académie : mais il me souvient que j'ai parlé en passant des satires qu'on fit d'abord contre elle ; & que pour ne rien omettre, il est à propos de vous en dire ici quelque chose, comme d'autant de circonstances de son établissement.

Le premier qui écrivit contre l'Académie, fut l'Abbé de Saint-Germain, qui étoit alors à Bruxelles, accompagnant la Reine-Mére Marie de Médicis dans son exil. Comme il déchiroit sans cesse par ses écrits, & avec une animosité étrange, toutes les actions du Cardinal de Richelieu, il ne manqua pas de parler fort injurieusement de l'Académie Françoise, qu'il confondoit même avec cette autre Académie, que le Gazetier Renaudot avoit établie au Bureau d'Adresse ; soit qu'il voulût ainsi se méprendre, soit qu'en effet il ne fût pas bien informé de ce qui se passoit à Paris. L'Académie ne voulut point y répondre par un ouvrage exprès ; mais M. du Chastelet qui en étoit, & qui répondoit alors pour le Cardinal à la pluspart de ces libelles de Bruxelles, fut prié après la proposition qu'il en fit * lui-même dans l'Assemblée, d'ajoûter sur ce sujet quelques lignes, qui furent ensuite lûes & approuvées par la Compagnie. Les pièces de l'Abbé de Saint-Germain contre le Cardinal de Richelieu, ont été imprimées depuis à Paris en deux volumes, après la mort du feu Roi Louis XIII. Les réponses de M. du Chastelet étoient dans une pièce qu'il n'acheva point, étant prévenu par la mort, & qui n'a point été imprimée.

De toutes les autres choses qui ont été faites contre cette Compagnie, je n'en ai vû que trois qui méritent qu'on en parle. La premiere, est cette *Comédie de l'Académie*, qui après avoir couru long-temps manuscrite, a été

* Regîtres, 4 & 30 Juillet 1635.

enfin

enfin imprimée en l'année 1650, mais avec beaucoup de fautes, & fans nom, ni de l'Auteur, ni de l'Imprimeur. Quelques-uns ont voulu l'attribuer à un (5) des Académiciens même, parce que cet ouvrage ne se rapporte peut-être pas mal à son style, à son esprit, & à son humeur, & qu'il y est parlé de lui comme d'un homme qui ne fait guère d'état de ces conférences : mais quelques-autres m'ont assûré qu'elle étoit d'un Gentilhomme Normand, nommé M. de Saint-Evremont : & véritablement, si l'Auteur de cet écrit étoit de l'Académie, je dirois qu'il y auroit mis plusieurs choses à dessein, pour faire croire qu'il n'en étoit pas ; comme quand il fait M. Tristan Académicien, qui ne l'étoit point encore, & ne l'a été que plus de dix ans après ; & quand aussi il in-

(5) A Saint-Amant. Chevreau, pag. 307. de ses *Chevraana*, dit que cette Comédie est du Comte d'Etlan, fils du Maréchal de Saint Luc. Il n'y a pas à douter qu'elle ne soit de M. de Saint-Evremont, puisqu'elle a été insérée après sa mort dans le Recueil de ses autres ouvrages ; mais remaniée, & fort différente de ce qu'elle étoit dans l'édition faite en 1650.

Tome I. E

troduit le Marquis de Bréval, délibérant s'il doit aller à la guerre, ou demeurer à l'Académie : le Marquis de Bréval, dis-je, qui n'en a jamais été, & duquel je ne trouve aucune mention petite ni grande dans les regîtres, ni dans les mémoires qui m'ont été communiquez. Cette pièce, quoique sans art & sans régles, & pluftôt digne du nom de Farce, que de celui de Comédie, n'eſt pas sans esprit, & a des endroits fort plaisans.

La seconde, dont j'ai à vous parler, & qui a été moins vûe que les autres, eſt intitulée : *Rôle des préſentations faites aux grands jours de l'Eloquence Françoiſe.* C'eſt comme un regître de quelques requêtes ridicules pour la conservation, ou bien pour la suppreſſion de certains mots, ſuivies d'autant de réponſes imaginaires de l'Académie : comme par exemple, *Se ſont préſentez les Secrètaires de ſaint Innocent, requerans, qu'il ſoit déclaré que le mot de Secrètaire ne peut ſignifier en bon François le Clerc d'un Conſeiller.* Réponſe, *Seront ſur ce faites remontrances au Roi de la Bazoche. S'eſt préſenté H. Fierbras, cadet Gaſcon, ſe faiſant fort de* tous ceux de son pays, & requerant qu'on n'ôtât pas le point à leur honneur, ni l'éclaircissement à leur épée. Réponse, *Pour ce qui est du point, soit communiqué aux Professeurs des Mathématiques ; & pour l'éclaircissement, renvoyé aux Fourbisseurs.* Quelqu'un m'a dit que ce *Rôle des présentations* étoit de l'Auteur (6) du *Francion*, & du *Berger extravagant*. On l'imprima d'abord, & il a été réimprimé depuis en même volume que la Comédie ; mais fort tronqué, & changé en diverses sortes.

La derniere de ces trois pièces est cette ingénieuse *Requête des Dictionnaires*, qu'un Imprimeur a aussi publiée naguère en petit, avec beaucoup de fautes, & qui depuis a été imprimée plus correctement *in-quarto*. Tout le monde sait qu'elle a été composée par M. Ménage, homme non-seulement fort savant, & fort poli ; mais encore plein d'honneur, & d'une solide vertu.

(6) Charles Sorel, Auteur du *Francion*, nie formellement qu'il soit l'Auteur de ce Rôle des présentations, dans celui de ses Ouvrages, qui a pour titre : *Discours sur l'Académie Françoise, pour sçavoir si elle est de quelque utilité aux Particuliers & au Public.* Paris, in-12. 1654.

Il a toûjours beaucoup estimé lui-même l'Académie, & en a parlé honorablement en plusieurs de ses ouvrages; il étoit aussi ami particulier & intime, comme il l'est encore aujourd'hui, de plusieurs des Académiciens, dont il est parlé dans cette Requête; & ne l'entreprit, comme il le proteste lui-même, par aucun mouvement de haine ou d'envie; mais seulement pour se divertir, & pour ne point perdre les bons mots qui lui étoient venus dans l'esprit sur ce sujet. Aussi la supprima-t-il après l'avoir faite, & elle est demeurée plus de dix ans cachée parmi ses papiers, jusqu'à ce qu'une (7) personne qui les avoit tous en garde, se laissa dérober celui-là par quelqu'un, que nous connoissons, qui en donna bien-tôt après plusieurs copies.

Ces trois écrits, & tous les autres

---

(7) Ménage, dans son *Anti-Baillet*, chap. LXXXII, donne là-dessus de longs éclaircissemens; mais dont on peut bien se passer ici.

Une lettre non imprimée de Balzac, du 4 Juin 1646, m'apprend que de tous les Académiciens nommez dans cette *Requête burlesque*, il n'y eut que l'Abbé de Boisrobert qui s'en fâchât sérieusement.

qu'on a faits contre l'Académie, prennent pour fondement une chose qui n'est pas, & dépeignent les Académiciens comme des gens qui ne travaillent nuit & jour qu'à forger bizarrement des mots, ou bien à en supprimer d'autres, plustôt par caprice que par raison : cependant ils ne pensent à rien moins, & dès qu'une question sur la Langue se présente, ils ne font que chercher l'usage, qui est le grand maître en semblables matières, & conclure en sa faveur. Pour moi, qui ai vû fort exactement tous leurs Regîtres, je puis leur rendre ce témoignage ; que j'y ai bien rencontré plusieurs belles & raisonnables décisions, dont M. de Vaugelas a tiré une partie de ses Remarques ; mais que je n'y ai point trouvé de trace d'un seul de ces grotesques Arrêts, qui leur sont attribuez dans ces Satires. On leur faisoit donc accroire toutes ces choses : & comme vous savez que chaque particulier a quelquefois des aversions, desquelles il ne sauroit rendre raison, pour certains mots, & certaines phrases, dont il n'aime pas à se servir ; si quelqu'un de ce Corps témoignoit une de ces aversions, en riant, ou autrement, l'envie & la médisance faisoient d'abord passer cela pour une décision Académique. Il se trouva, par exemple, que M. de Gomberville n'aimoit pas à se servir du mot, *CAR*, qui à la vérité est ennuyeux, s'il est souvent répété, & qui est bien plus nécessaire dans les discours de raisonnement, que dans les Romans, & dans les Poësies. Il se vanta un jour de n'avoir jamais employé ce mot dans les cinq volumes de Polexandre, où l'on m'a dit, néanmoins, qu'il se trouve trois fois; on conclud aussi-tôt de son discours, que l'Académie vouloit bannir le *CAR*; & bien qu'elle n'en ait jamais eu la moindre pensée, on en fit mille railleries; & ce fut le sujet de cette agréable lettre de Voiture, qui commence, *Mademoiselle, CAR étant d'une si grande considération en notre langue*, &c.

L'Académie témoigna son jugement, en ce que se mettant au-dessus de la calomnie, elle ne daigna pas s'émouvoir de tous les écrits qu'on fit contre elle. Dès le commencement même, & avant qu'on en eût encore vû aucun, elle avoit comme résolu de ne point répondre à tous ceux qu'on pourroit faire sur ce sujet; & de peur que quelque particulier ne l'entreprît de son chef, elle avoit mis un article exprès dans ses Statuts, qui défendoit à tous ceux du Corps de s'en mêler, sans en avoir obtenu la permission, & sans une délibération publique.

Les Académies d'Italie semblent avoir passé plus avant, & avoir voulu non-seulement mépriser, mais encore prévenir, & (pour ainsi dire) braver la médisance, s'étant donné elles-mêmes des noms très-injurieux. Ainsi l'Académie *degl' Intronati*, si vous recherchez l'origine de ce mot, veut dire l'Académie des Hébétez ou des Stupides; car *intronato* signifie proprement un homme que le bruit du tonnerre a étourdi, & à qui il a fait perdre le jugement : & plusieurs autres de ces Académies, qui sont venues depuis; à l'imitation de celle-là, n'ont pas pris des noms plus honorables.

Mais il est temps de venir à ma seconde partie, qui sera beaucoup plus courte que la premiere, & où je dois vous entretenir des Statuts de l'Académie Françoise, & en même temps des jours, des lieux, & de la forme de ses Assemblées.

I I.

J'Ai lû autrefois avec plaisir, que cette même Académie *degl' Intronati* de Sienne, dont je viens de parler, se contenta d'établir en sa naissance six loix fondamentales fort courtes.

1. *Orare.*	1. Prier.
2. *Studere.*	2. Etudier.
3. *Gaudere.*	3. Se réjouïr.
4. *Neminem ladere.*	4. Ne faire tort à personne.
5. *Non temerè credere.*	5. Ne croire pas légérement.
6. *De mundo non curare.*	6. Ne se soucier point du monde.

Peut-être que depuis, & avec le temps, on ajoûta de nouvelles loix à ces premieres : mais quoiqu'il en soit, il est bien certain qu'à mesure qu'une Compagnie grossit, & qu'elle se composé d'un plus grand nombre de personnes, qui n'ont pas toutes un même génie, ni un même esprit, & qui en mourant doivent faire place à d'autres ; elle a besoin de quelque plus grand nombre de Statuts, pour éviter la confusion & le désordre.

Ceux de l'Académie Françoise contiennent cinquante articles, écrits d'un style, tel que doit être celui des loix, clair, brief, & simple, sans aucune affectation de raisonnement.

J'en rapporterai seulement quelques-uns des principaux, passant par-dessus les autres, dont il y en a plusieurs qui ont été, ou changez expressément par une délibération de tout le Corps, ou abrogez tacitement par l'usage, comme il est arrivé de tout temps, & comme il arrivera sans cesse, en toutes les sociétez humaines.

Par ces Statuts, l'Académie doit avoir un sceau, pour sceller en cire bleue tous les actes expédiez par son ordre. En ce sceau doit être gravée l'image de son Instituteur, avec ces mots : ARMAND CARDINAL DUC DE RICHELIEU, *Protecteur de l'Académie Françoise, établie en l'an* 1635.

Tome I.

Elle doit avoir aussi son contre-sceau, où doit être représentée une couronne de laurier, avec ces mots, *A L'IM-MORTALITÉ*.

Elle doit avoir trois Officiers, un Directeur, un Chancelier, un Secrètaire; & outre cela, un Libraire.

La fonction du Directeur est de présider aux assemblées, d'y faire garder le bon ordre, le plus exactement & le plus civilement qu'il peut, & *comme il se doit entre personnes égales*; ce qui est ainsi exprimé dans les Statuts. Il doit recueillir les avis, suivant le rang où les Académiciens se trouvent fortuitement assis, commençant par celui qui est à sa main droite, & opinant lui-même le dernier, après les deux autres Officiers, comme ceux-là après tout le reste de l'Assemblée.

La fonction du Chancelier est de garder les sceaux, & de sceller tous les actes expédiez par l'ordre de l'Académie.

La fonction du Secrètaire est d'écrire les résolutions, & d'en tenir regître, signer tous les actes, garder tous les titres & tous les papiers de l'Académie, & expédier des certificats à ceux du Corps, qui ont besoin de justifier qu'ils en sont. Il doit aussi écrire les lettres de l'Académie ; & sur ce sujet il faut remarquer, en passant, que l'Académie en fait de deux sortes. Tantôt toute la Compagnie parle dans la lettre, & alors on signe ainsi, par exemple, *Vos très-humbles serviteurs*, CONRART, *Secrétaire de l'Académie Françoise*. Tantôt il n'y a que le Secrètaire qui parle de la part du Corps en cette forme, ou quelque autre semblable, *L'Académie m'a ordonné de vous écrire*, & alors il signe de même que si c'étoit pour ses affaires particuliéres, excepté que comme il écrit pour un Corps, il est plus réservé aux termes de la souscription des lettres.

En l'absence du Directeur, le Chancelier préside aux Assemblées ; & en l'absence de tous les deux, le Secrètaire.

Le Secrètaire est perpétuel, & à vie ; mais le Directeur, & le Chancelier se doivent (8) changer de deux mois en deux mois. On a prolongé pourtant quelquefois ce terme d'un commun

―――――――――

(8) Aujourd'hui, & depuis très-long-temps, c'est seulement de trois mois en trois mois.

consentement, en diverses occasions. Messieurs de Serizay, & des Marests, qui furent les premiers dans ces deux charges au commencement de l'Académie, les exercérent jusqu'à son entier établissement, c'est-à-dire, près de quatre ans ; depuis le 13 Mars 1634, jusqu'à l'onze Janvier 1638 ; quoiqu'ils eussent, durant tout ce temps-là, prié fort souvent * la Compagnie de leur donner des successeurs. On ne trouve plus dans les Regîtres de prolongations si grandes ; mais il y en a plusieurs autres moindres, comme de quatre mois, de six mois, & d'un an entier.

Le Libraire de l'Académie est aussi perpétuel, quoiqu'il soit reçû avec cette condition, *tant qu'il plaira à la Compagnie*, qui signifie seulement, qu'elle seroit en liberté d'en prendre un autre, si bon lui sembloit. Sa charge est de se trouver aux assemblées de l'Académie, le plus souvent qu'il peut, pour recevoir ses ordres ; & d'imprimer ses ouvrages, & ceux des particuliers Académiciens, qui auront été examinez par elle, & à qui elle aura

* Regîtres, 8 Janvier 1635, & ailleurs.

donné un certificat de son approbation. Le Statut (dont on commence pourtant à se dispenser depuis peu) porte, que c'est à ces ouvrages seulement qu'il est permis de mettre, *Par un tel de l'Académie Françoise*, & qu'ils ne peuvent être imprimez par autre Libraire que celui-là, qui est obligé de n'y rien changer après l'approbation de l'Académie, à laquelle pour cet effet il prête serment, lorsqu'il est reçû en cette charge.

Le Directeur, & le Chancelier doivent être élus par sort en cette forme. On prend autant de ballotes blanches qu'il y a d'Académiciens à Paris, entre lesquelles il y en a deux, dont l'une est marquée de deux points noirs, & l'autre d'un seul : toutes ces ballottes ensemble sont mises dans une boëte : chacun des Académiciens présens en prend une : on en prend aussi pour tous les autres qui sont à Paris, encore qu'ils ne soient pas alors dans l'Assemblée : celui qui trouve la ballotte marquée du point noir, est Directeur : celui qui trouve la ballotte marquée de deux points noirs, est Chancelier.

Que si le sort tombe sur le Secrètaire pour l'une de ces charges, il peut la remplir, comme je le trouve dans les regîtres, & elle n'est pas incompatible avec la sienne.

On a remarqué, comme un caprice de la fortune, que depuis le commencement de l'Académie jusques à maintenant, M. Chapelain, qui est sans doute des plus considérables de la Compagnie, ne s'est jamais trouvé Directeur, ni Chancelier.

Quant à la charge de Secrètaire, on n'y peut parvenir que par le suffrage des Académiciens assemblez au nombre de vingt pour le moins.

Le même nombre de vingt est nécessaire pour élire, ou pour destituer (9) un Académicien. Ces élections

(9) Dans certaines conjonctures, comme dans des temps de vacances, lorsqu'il n'est presque pas possible qu'on se trouve vingt Académiciens, l'usage est qu'une élection se puisse faire à dix-huit : pourvû, néanmoins, que des dix-huit présens, il n'y en ait pas un seul qui réclame pour la loi, c'est-à-dire, qui demande que l'élection soit renvoyée à un autre jour où il y ait espérance d'être vingt.

Que si l'on ne se trouve pas vingt à la seconde convocation, cependant on ne laisse pas d'élire, quelque nombre que l'on soit.

& destitutions se font par ballottes blanches & noires. Pour élire il faut que le nombre des blanches passe de quatre celui des noires : pour destituer il faut que celui des noires passe de quatre celui des blanches.

Il y a un article, par lequel personne ne peut être élu, qu'il ne soit agréable au Protecteur. Voilà pourquoi quand il y a une place vacante dans l'Académie, on y procéde en cette sorte. Le Directeur d'ordinaire, ou quelqu'autre des Académiciens, propose celui qui se présente pour la remplir ; ou s'il y en a plusieurs, on les propose (1) tous ensemble. Ensuite on charge quelqu'un de la Compagnie, de savoir si le Protecteur agrée qu'on délibére sur la réception de cette personne, ou de ces personnes ; & après qu'il a donné son consentement, on fait l'élection par les ballottes, à la premiere assemblée. Je trouve * dans le regître, que les Académiciens qui sont dans Paris, & qui sont malades,

―――――
(1) On verra, ci-dessous, que l'usage d'opiner de vive voix sur les élections, cessa dès 1634, à la réception de M. Laugier.

* Regîtres, 10 Mai 1650.

peuvent envoyer (2) leur suffrage par écrit à la Compagnie.

Quand un Académicien est reçu, on doit lui faire lecture des Statuts, qu'il est exhorté de garder; & lui faire signer sur le regître (3) l'acte de sa réception.

(2) Aujourd'hui, & depuis un temps immémorial, cet usage est aboli. Il faut, pour pouvoir donner son suffrage, être présent à l'Assemblée, dans le temps que l'on procéde à l'élection.

On y procéde ainsi. Chaque Académicien apporte un billet, où il a écrit le nom de celui qu'il juge à propos d'élire. Tous les billets sont mis entre les mains du Directeur & des autres Officiers, lesquels, avec l'un de la Compagnie, qui aura été tiré au sort, ouvrent ces billets hors du lieu de l'Assemblée, examinent pour qui est la pluralité des suffrages, le déclarent ensuite à la Compagnie, & tiennent secrets les noms des concurrens, qui ont eu moins de voix pour eux.

Que si l'un des trois Officiers n'étoit pas présent à l'Assemblée, on tire au sort, non pas un seul Académicien, mais deux, pour assister à l'ouverture des billets; en sorte qu'il y ait toujours quatre témoins, qui autorisent le rapport fait à la Compagnie.

(3) Aujourd'hui, en conséquence d'une Délibération du 2 Janvier 1721, tout Académicien nouvellement reçu doit signer sur le Regître, Qu'il promet *sur son honneur* de ,, n'avoir aucun égard pour les sollicitations, ,, de quelque nature qu'elles puissent être.

Hors de ces élections, & en toutes les autres choses, les avis se doivent dire tout haut : & il est porté que ce doit être sans interruption, ni jalousie ; sans reprendre avec chaleur, ou mépris, les avis de personne ; sans rien dire que de nécessaire, & sans répéter ce qui a été dit. Les partages sont renvoyez à d'autres assemblées suivantes. Je trouve dans les regîtres, que quelquefois la décision en a été renvoyée au Protecteur : comme, par exemple, s'agissant * de savoir si on feroit l'Oraison funèbre du Cardinal de Richelieu, en public ou en particulier, & la Compagnie n'ayant pû en demeurer d'accord, on s'en remit à M. le Chancelier.

Ces mêmes Statuts contiennent beaucoup de choses touchant l'occupation de l'Académie, desquelles j'aurai occasion de parler ailleurs. Seulement je remarque ici, Que les matières de Re-

„ Qu'il n'engagera jamais sa parole, & con‑
„ servera son suffrage libre, pour ne le don‑
„ ner le jour d'une élection, qu'à celui qui
„ lui en paroîtra le plus digne. Et il est dit
„ qu'en ce cas la signature d'un Académicien
„ lui tiendra lieu de *serment*.

* Regîtres, 16 Décembre 1642.

ligion en sont bannies, & que si elle examine des pièces de Théologie, ce ne doit être que pour les termes, & pour la forme des ouvrages. Que pour les matières Politiques & Morales, il est dit qu'elles n'y seront traitées que conformément à l'autorité du Prince, à l'état du Gouvernement, & aux loix du Royaume.

Ceux qui ne sont pas de l'Académie, ne peuvent être admis (4) dans les assemblées ordinaires ou extraordinaires, sous quelque prétexte que ce soit : & quand il s'est trouvé quelqu'un qui a voulu présenter un livre à la Compagnie, ou lui faire quelque autre compliment, tout l'avantage qu'il a eu, a été d'être introduit dans le lieu de l'Assemblée pour être ouï, & pour recevoir le remerciment qu'on lui faisoit, sans assister ensuite à la conférence de ce jour-là.

Les Académiciens qui ne peuvent as-

(4) Il y a eu quelques exemples du contraire, lorsque des Académies de Province ont envoyé des Députez à l'Académie Françoise. Si c'est dans une assemblée publique, ces Académiciens étrangers siégent, comme les Récipiendaires, au bout du Bureau, par délibération du 20 Mai 1675.

sister aux assemblées, sont obligez d'envoyer s'excuser, & cela fut observé exactement durant quelque temps : maintenant si quelqu'un néglige absolument de s'y trouver, il a été reçû par l'usage, qu'en cas qu'il ait besoin d'un certificat, pour faire voir qu'il est de l'Académie ; ou de quelque autre acte semblable, il peut * lui être refusé.

Si un Académicien fait quelque faute indigne d'un homme d'honneur, il peut être ou destitué, comme je l'ai déjà remarqué, ou interdit pour quelque temps, suivant l'importance de sa faute.

Cette loi vous semblera d'abord de mauvais augure, & vous direz peut-être qu'il n'en falloit point dans l'Académie sur ce sujet, non plus que dans la République d'Athènes sur le patricide ; mais ce qui est arrivé depuis, & que je vous dirai ailleurs, vous fera voir que cette prévoyance n'étoit pas entierement inutile.

Pour délibérer sur la publication d'un ouvrage de l'Académie, il faut être vingt pour le moins, qui est le nom-

* Regîtres, 17 Janvier 1651.

bre que les Statuts demandent presque en toutes les affaires de la plus grande conséquence. Mais pour donner l'approbation à un ouvrage de quelque particulier, il suffit d'être au nombre de douze. Au dessous de ce nombre, on ne peut rien résoudre, ni en cela, ni en autre chose. Cette approbation de l'Académie doit être expédiée en parchemin, signée du Secrètaire, & scellée du sceau de l'Académie. Elle doit être simple & sans éloge, suivant un formulaire toujours semblable. Il est défendu de la faire imprimer au devant du livre; mais on peut seulement mettre au livre, comme j'ai déjà dit, *Par un tel de l'Académie Françoise*. Il y a plusieurs beaux réglemens sur ce sujet; mais les difficultez & les longueurs qu'on trouvoit à obtenir cette sorte d'approbation, ont fait que les Académiciens ne les ont point recherchées.

Pour finir, j'ajoûterai seulement deux articles des Statuts. Le premier, par lequel l'Académie s'impose cette loi, de ne juger que des ouvrages de ceux dont elle sera composée. Avec cette clause, Que si par quelque raison importante elle se trouve obligée d'en examiner d'autres, elle en dira simplement son avis, sans en faire aucune censure, & sans en donner aussi son approbation.

L'autre article, est celui dont je vous ai parlé ailleurs, & qui me semble si judicieux : par lequel il est défendu aux particuliers de rien écrire de leur chef pour la défense de l'Académie, sans en avoir obtenu la permission de la Compagnie assemblée au nombre de vingt pour le moins.

Tels sont les Statuts de l'Académie Françoise : ajoûtons maintenant un mot des jours, des lieux, & de la forme de ses Assemblées.

Les jours de ces Assemblées ont changé fort souvent. Elles se faisoient au commencement tous les Lundis après dîner, comme il est même porté par un des articles des Statuts. Depuis, sans que j'en voie la cause, on (*a*) prit le Mardi au lieu du Lundi, auquel néanmoins on revint (*b*) quelque temps après. Depuis encore, lorsque M. le Chancelier fut fait Protecteur de l'Aca-

─────────

(*a*) Regîtres, 11 Décembre 1637.
(*b*) Regîtres, Mars 1638.

démie; sur la demande qui en (*a*) fut faite de sa part, & afin qu'il pût se trouver plus souvent aux Assemblées, on les transféra au Samedi, & incontinent après au Mardi. Il y a eu (*b*) divers autres changemens de jour, qu'il n'importe pas de remarquer; il vous suffit de savoir que l'Académie se doit assembler régulierement une après-dînée de chaque semaine; que si le jour ordinaire se trouve être un jour de fête, on en prend un autre, & le plus souvent celui qui précéde, ou celui qui suit; que lorsqu'il s'est agi de quelque chose d'extraordinaire, on s'est assemblé extraordinairement: comme quand il a été question de travailler au plan, ou aux Statuts de l'Académie, & aux sentimens sur le Cid. Lors même qu'on a voulu presser le travail du Dictionnaire, on s'est assemblé à divers jours, & en divers bureaux, comme vous verrez en son lieu. Maintenant que j'écris ceci, on s'assemble deux fois la semaine, le Mercredi & le Samedi, pour le seul dessein d'avancer cet ouvrage, & de

(*a*) Regîtres, 14 Décembre 1643.
(*b*) Regîtres, 19 Décembre 1643.

réparer (5) le temps perdu. L'Académie prend d'ordinaire (6) des vacations sur la fin du mois d'Août, qui durent jusques à la Saint-Martin; mais cela n'a rien de réglé, & il n'y en a point d'article dans les Statuts.

Le lieu des Assemblées a changé encore plus souvent que le jour. Car, sans parler de celles qui se faisoient au commencement chez M. Conrart entre ce petit nombre d'amis, je trouve qu'elles se sont tenues depuis en divers temps, chez M. des Marests, à la rue Clochepetce, à l'Hôtel de Pellevé; chez M. Chapelain, à la rue des Cinq-diamans; chez M. de Montmor, à la rue Sainte-Avoie; après quoi elles revinrent chez M. Chapelain, & ensuite chez M. des Marests; puis elles se tinrent chez M. de Gomberville, proche l'Eglise Saint-Gervais; chez M. Conrart, à la rue Saint-Martin; chez M. de Cérisy, à l'Hôtel

(5) Par la même raison, il fut arrêté en 1675, qu'on s'assembleroit trois fois la semaine; & depuis ce temps-là, c'est l'usage que les trois jours ordinaires d'assemblée soient le Lundi, le Jeudi, & le Samedi.

(6) L'Académie Françoise ne prend plus de vacances, en quelque temps que ce soit.

Seguier ; chez M. l'Abbé de Boisrobert, à l'Hôtel de Mélusine.

Ces divers changemens de lieu venoient tantôt d'une maladie, ou d'une absence ; tantôt des affaires des particuliers, qui avoient donné leur maison. Mais enfin en l'année 1643, le 16 Février, après la mort du Cardinal de Richelieu, M. le Chancelier fit dire à la Compagnie, qu'il desiroit qu'à l'avenir elle s'assemblât chez lui ; ce qu'elle a fait toujours depuis. Et certes, quand je considére les différentes retraites qu'eut cette Compagnie durant près de dix ans, tantôt à une extrémité de la Ville, tantôt à l'autre, jusqu'au temps de ce nouveau Protecteur : il me semble que je vois cette île de Délos des Poëtes, errante & flottante, jusques à la naissance de son Apollon. Il y a véritablement de quoi s'étonner, que le Cardinal de Richelieu, qui l'avoit formée, ne prît un peu plus de soin de la loger. S'il est vrai ce que disent les Jurisconsultes, que les Temples, les Places, les Théatres, les Stades, & en un mot tous les lieux publics, sont comme autant de puissans liens de la société civile

civile, qui nous joignent & nous unissent étroitement tous ensemble ; il ne pouvoit pas douter qu'un lieu certain assigné à l'Académie, & commun à tous ceux qui la composoient, n'étreignît en quelque sorte cette douce société, & ne pût contribuer beaucoup à sa durée : & si d'ailleurs il cherchoit en toutes choses la grandeur & l'immortalité de son nom, le seul terme d'*Académie* sembloit l'avertir qu'une dépense médiocre, en une occasion de cette nature, feroit plus parler de lui à l'avenir, que mille autres plus superbes édifices. Car s'il m'est permis de faire cette digression avec vous, combien pensez-vous qu'il y a eu de Grands, & de Rois, dont nous ne savons pas même s'ils ont été, qui ont pourtant bâti des temples, & des palais magnifiques ? Académus, au contraire, n'étoit qu'un petit bourgeois d'Athènes ; mais il s'avisa de donner aux Philosophes de son temps un jardin de quelques arpens de terre au faubourg de cette fameuse ville : ce lieu fut appelé l'*Académie* : & de-là est venu ce mot si connu aujourd'hui par toute la terre, qui fera vivre à jamais le nom & la mémoire de ce Héros. Ainſi l'appelle poſitivement l'Hiſtoire Grecque, quoique nous ne voyons point qu'il ait rien fait d'ailleurs qui ſoit remarquable.

Toutes ces choſes qui n'étoient pas ignorées du Cardinal de Richelieu, peuvent faire croire ce que pluſieurs ont dit, qu'ayant projeté depuis long-temps de faire dans le Marché aux chevaux, proche la porte Saint-Honoré, une grande place qu'il eût appelée *Ducale*, à l'imitation de la *Royale*, qui eſt à l'autre extrémité de la Ville, il y vouloit marquer quelque logement (7) commode pour l'Académie,

____

(7) M. de la Meſnardiére, dans le Diſcours qu'il fit à l'Académie pour ſa réception, nous apprend plus en détail quelles étoient les vûes du Cardinal de Richelieu.

„ J'eus de ſon Eminence, dit-il, de lon-
„ gues & glorieuſes audiences vers la fin de
„ ſa vie durant le voyage de Rouſſillon, dont
„ la ſérénité fut troublée pour lui de tant
„ d'orages. Il me mit entre les mains des Mé-
„ moires faits par lui-même, pour le plan
„ qu'il m'ordonna de lui dreſſer, de ce magni-
„ fique & rare Collége, qu'il méditoit pour
„ les belles ſciences, & dans lequel il avoit
„ deſſein d'employer tout ce qu'il y avoit de
„ plus éclatant pour la Littérature dans l'Eu-

DE L'ACADÉMIE.

& qu'il lui auroit même établi quelque revenu ; mais que ce dessein, & plusieurs autres qu'il réservoit pour un temps plus calme & plus tranquille, furent interrompus par sa mort.

Quant à la forme des Assemblées de l'Académie, elle est telle. Elles se font en hiver dans la salle haute, en été dans la salle basse de l'Hôtel Seguier, & sans beaucoup de cérémonie. On s'assied autour d'une table ; le Directeur est du côté de la cheminée ; le Chancelier, & le Secrètaire sont à ses côtez ; & tous les autres, comme la fortune, ou la simple civilité les range. Le Directeur préside. Le Secrètaire tient le regître. Ce regître se tenoit

„ rope. Ce Héros, MESSIEURS, votre célé-
„ bre Fondateur, eut alors la bonté de me
„ dire la pensée qu'il avoit de vous rendre
„ Arbitres de la capacité, du mérite, & des
„ récompenses de tous ces illustres Professeurs
„ qu'il appeloit ; & de vous faire Directeurs
„ de ce riche & pompeux Prytanée des belles
„ lettres, dans lequel, par un sentiment di-
„ gne de l'immortalité, dont il étoit si amou-
„ reux, il vouloit placer l'Académie Fran-
„ çoise le plus honorablement du monde, &
„ donner un honnête & doux repos à toutes
„ les personnes de ce genre, qui l'auroient
„ mérité par leurs travaux.

autrefois fort exactement jour par jour; mais aujourd'hui que le travail du Dictionnaire est la seule occupation de l'Académie, on n'en tient point que des Assemblées où il arrive quelque chose d'extraordinaire, & d'important. Quand le Protecteur s'y trouve, il se met à la place du Directeur, lequel, avec les deux autres Officiers, est à sa main gauche. Il recueille les voix, & prononce les délibérations, comme feroit le Directeur lui-même. Le Cardinal n'y entra jamais ; mais M. le Chancelier y assiste souvent, & fait tout ce que je viens de dire. Ce qui est de plus remarquable, c'est qu'il a honoré cette Compagnie de sa présence, non pas durant son loisir, & lors qu'il a été éloigné des affaires ; comme beaucoup d'autres, qui font de l'étude des belles lettres leur pis-aller ; mais au milieu même de sa faveur, & de ses plus grandes occupations. Je trouve particulierement dans les regîtres, qu'il y assista le 19 Décembre 1643, après qu'on l'eut fait Protecteur ; & le 20 Avril 1651, un peu après qu'on lui eut rendu les Sceaux, qui avoient été donnez à M. de Châteauneuf. Qu'alors même ce fut lui qui proposa de s'assembler deux fois la semaine, pour avancer le travail du Dictionnaire, comme je vous ai dit qu'on fait encore aujourd'hui. On lui rend aussi ce témoignage, qu'en ces rencontres il est impossible d'en user plus civilement qu'il fait avec tous les Académiciens ; & qu'il préside avec la même familiarité que pourroit faire un d'entre eux ; jusqu'à prendre plaisir qu'on l'arrête, & qu'on l'interrompe, & à ne vouloir point être traité de *Monseigneur*, par ceux-là même de ces Messieurs, qui sont ses domestiques.

III.

JE viens maintenant aux occupations de l'Académie depuis son institution. Vous avez vû dans son projet qu'elle se proposoit de donner, non-seulement des règles, mais encore des exemples, & d'examiner très-sévérement ses propres ouvrages, pour parvenir la première à la perfection, où elle vouloit amener les autres. Ainsi, après le dessein du Dictionnaire, de la Grammaire, de la Rhétorique, & de la Poëtique ; dès le second jour du mois de Janvier 1635, avant même que les Lettres de l'établissement fussent scellées, on fit par sort avec des billets un tableau des Académiciens ; on ordonna que chacun seroit obligé de faire à son tour un discours sur telle matiere, & de telle longueur qu'il lui plairoit ; qu'il y en auroit un pour chaque semaine, commençant par la premiere du mois de Février suivant ; que ceux qui se défieroient de leur mémoire, pourroient lire ce qu'ils auroient composé ; qu'on écriroit aux absens, afin que s'ils ne pouvoient venir prononcer leurs discours, ils les envoyassent. Mais la bizarrerie du sort ayant mis aux premiers rangs quelques personnes absentes, ou qui n'étoient pas en état de s'attacher à ces exercices, on changea l'ordre du tableau en cela, & on mit en leur place d'autres Académiciens présens, de ceux qui y témoignoient le plus d'inclination. Ainsi, au lieu de M. Maynard, qui étoit le premier dans le catalogue, on mit M. du Chastelet : au lieu de M. de l'Estoile, qui étoit le second, M. de Bourzeys : au lieu de

M. Bardin, qui étoit le troisieme, M. Godeau, maintenant Evêque de Grasse : & au lieu de M. de Colomby, qui étoit le sixieme, M. de Gombauld. Il y eut vingt de ces discours (*a*) prononcez de suite dans l'Académie.

Le premier, de M. du Chastelet, *Sur l'Eloquence Françoise.*

Le second, de M. de Bourzeys, *Sur le dessein de l'Académie, & sur le different génie des Langues.* C'est celui-là même dont notre commun ami M. de Saint-Alby, qui nous promet depuis si long-temps une rélation de ce qu'il a vû dans l'Académie *della Crusca*, a gardé durant plusieurs années une copie sans en savoir l'Auteur, & qui, à mon avis, n'est pas un des moindres.

Le troisieme est de M. Godeau, *Contre l'Eloquence.*

Le quatrieme est de M. de Boisrobert, *Pour la défense du Théatre.*

Le cinquieme, de M. de Montmor, Maître des Requêtes, *De l'utilité des Conférences.*

Le sixieme est de M. de Gombauld, *Sur le je ne sais quoi.*

(*a*) Depuis le 5 Février 1735, jusqu'au 10 Mars 1736.

Le septieme, de M. de la Chambre, *Que les François sont les plus capables de tous les peuples, de la perfection de l'Eloquence.*

Le huitieme, de M. de Porchéres-Laugier, *à la louange de l'Académie, de son Protecteur, & de ceux qui la composoient.*

Le neuvieme, de M. de Gomberville, *Que lors qu'un siecle a produit un excellent Héros, il s'est trouvé des personnes capables de le louer.*

Le dixieme est de M. de l'Estoile, *De l'excellence de la Poësie, & de la rareté des parfaits Poëtes,* où, entre autres choses, il déclame fort agréablement contre la servitude de la rime, & se vange de tout le mal qu'elle lui a jamais fait souffrir.

L'onzieme est de M. Bardin, *Du style Philosophique,* où il prétend montrer que la Philosophie, suivant les divers sujets, est capable de toutes les sortes d'éloquence; que sur-tout elle n'a pas besoin des termes barbares, dont on l'embarrasse dans les écoles; & pour en donner un exemple, il explique en un langage fort pur & fort naturel, deux propositions fort subtiles

les de Métaphysique : *Qu'il y a quelque chose qui est plus que tout, & quelque chose qui est moins que rien.* Par la première, il entend *Dieu*; & par la seconde, *le Péché.* Il prononça ce discours, qui est fort beau, huit jours avant sa mort.

Le douzieme est de M. de Racan, *Contre les Sciences*, qui a été imprimé depuis peu, avec quelques-unes de ses Poësies : étant absent il l'envoya de chez lui à l'Académie : la lecture en fut faite par M. de Serizay.

Le treizieme est de M. de Porchères-Laugier, *Des différences, & des conformitez qui sont entre l'Amour & l'Amitié.*

Le quatorzieme, de M. Chapelain, *Contre l'Amour*, où par des raisons ingénieuses, dont le fonds n'est pas sans solidité, il tâche d'ôter à cette passion la divinité que les Poëtes lui ont attribuée.

Le quinzieme, de M. des Marests, *De l'Amour des Esprits*, où il entreprend de faire voir que si l'amour dont M. Chapelain a parlé, doit être blâmé & méprisé, celui-ci est non-seulement estimable, mais encore a quelque chose de divin.

Tome I.

Le seizieme est de M. de Boissat, *De l'Amour des Corps*, où par des raisons physiques, prises des sympathies, & des antipathies, & de la conduite du monde, il veut faire voir que l'amour des corps n'est pas moins divin que celui des esprits.

Le dix-septieme fut envoyé par feu M. de Méziriac, & lû dans l'assemblée par M. de Vaugelas : il est intitulé, *De la Traduction*. En ce discours l'Auteur qui étoit estimé très-savant aux belles lettres, & sur-tout en la langue Grecque, après avoir loué l'esprit, le travail, & le style d'Amyot en sa version de Plutarque, &, comme il semble, avec assez d'ingénuité, prétend montrer qu'en divers passages qu'il a remarquez jusques au nombre de deux mille, ce grand Traducteur a fait des fautes très-grossiéres, de diverses sortes, dont il donne plusieurs exemples. J'ai appris que tout le reste de ses remarques (8) avec sa nouvelle tra-

---

(8) Il n'en a paru jusqu'à présent, que le peu qui s'en trouve dans le Plutarque de M. Dacier : mais le Manuscrit original de Méziriac, où sont généralement toutes les notes de cet Auteur, tant sur la Traduction d'A-

duction de Plutarque, sont entre les mains de Madame de Méziriac sa veuve, & en état d'être bien-tôt publiées; alors on jugera mieux si ce qu'il prétend est vrai, ou non : mais quand il le seroit même, je ne sais si cet exemple doit plus rebuter, qu'encourager ceux qui s'adonnent à traduire : car si d'un côté c'est une chose déplorable, qu'un aussi excellent homme qu'Amyot, après tout le temps & toute la peine que chacun sait qu'il employa à cet ouvrage, n'ait pû s'empêcher de faillir en deux mille endroits; c'est de l'autre une grande consolation, que malgré ces deux mille fautes, par un plus grand nombre de lieux où il a heureusement rencontré, il n'ait pas laissé de s'acquerir une réputation immortelle. Mais je reviens aux discours (9) prononcez dans l'Académie. Les

myot, que sur le Texte de Plutarque, se conserve dans la Bibliothèque du Roi.

(9) Des vingt discours, dont M. Pellisson nous apprend ici les sujets, il n'y en a eu que cinq d'imprimez : savoir ceux de Godeau, la Chambre, Racan, Méziriac, & Colletet; mais on a encore des copies de plusieurs autres. Quoique ces Discours aient été faits à la hâte, & que la plûpart ne renfer-

trois derniers, pour aller jusqu'au nombre de vingt, sont :

Celui de M. Colletet, *De l'Imitation des Anciens.*

Celui de M. l'Abbé de Cérisy, *Contre la pluralité des Langues.*

Et celui de M. de Porchéres-d'Arbaud, *De l'amour des Sciences.*

Ces discours étoient prononcez de huit en huit jours, si ce n'étoit quand ceux qui les devoient faire, avoient une excuse légitime, ou qu'il survenoit quelque autre sorte d'empêchement. On les donnoit à examiner ensuite à deux ou trois Académiciens, commis par l'Assemblée, qui lui en faisoient un rapport exact. Mais parce que cet examen occupoit trop de temps, & emportoit tout celui des conférences ; il fut résolu que ces Commissaires pourroient passer outre aux choses dont ils seroient d'accord, sans rapporter à la Compagnie, que les plus importantes, & celles où ils auroient été partagez.

Je trouve que trois Académiciens

ment pas beaucoup d'érudition, je ne sais pourtant si les Curieux n'en verroient pas avec plaisir le Recueil.

se dispensérent de faire de cette sorte de discours à leur tour, quoiqu'ils en fussent très-capables.

Premierement (*a*) M. de Serisay, qui pria la Compagnie d'agréer que M. de Porchéres-Laugier haranguât en sa place; & voilà pourquoi vous trouverez dans le catalogue que je viens de faire, deux discours de cet Académicien : le premier au rang de M. de Serisay ; & le second au sien propre.

M. de Balzac, comme on le peut voir par une de ses lettres imprimées, se contenta d'envoyer à M. du Chastelet quelques ouvrages de sa façon, le priant de les lire à l'Académie, & de les accompagner de quelques-unes de ses paroles, qui suffiroient, disoit-il, pour le tenir quitte envers elle, non-seulement du remerciment, mais encore de la harangue qu'il lui devoit.

M. de Saint-Amant aussi, demanda, & obtint (*b*) d'en être exempt, à la charge qu'il feroit, comme il s'y étoit offert lui-même, la partie comique du Dictionnaire, & qu'il recueilleroit les termes *Grotesques*, c'est-à-dire, comme

(*a*) Regitres, 30 Avril 1635.
(*b*) Regitres, 14 Décembre 1637.

nous parlerions aujourd'hui, *Burlesques*; mais ce mot de *Burlesque*, qui étoit depuis long-temps en Italie, n'avoit pas encore passé les monts; & M. Ménage remarque fort bien en ses Origines, qu'il fut premierement employé par M. Sarasin long-temps après. Alors on peut dire, non-seulement qu'il passa en France, mais encore qu'il s'y déborda, & qu'il y fit d'étranges ravages. Ne sembloit-il pas toutes ces années derniéres, que nous jouassions à ce jeu, où qui gagne perd? Et la pluspart ne pensoient-ils pas que pour écrire raisonnablement en ce genre, il suffisoit de dire des choses contre le bon sens & la raison? Chacun s'en croyoit capable en l'un & en l'autre sexe, depuis les Dames & les Seigneurs de la Cour, jusques aux femmes de chambre & aux valets. Cette fureur de *Burlesque*, dont à la fin nous commençons à guérir, étoit venue si avant, que les Libraires ne vouloient rien qui ne portât ce nom : que par ignorance, ou pour mieux débiter leur marchandise, ils le donnoient aux choses les plus sérieuses du monde, pourvû seulement qu'elles fussent en petits vers : d'où vient que durant la guerre de Paris en 1649, on imprima une pièce assez mauvaise, mais sérieuse pourtant, avec ce titre, qui fit justement horreur à tous ceux qui n'en lûrent pas davantage, *La Passion de Notre-Seigneur en vers Burlesques*; & le savant M. Naudé, qui fut sans doute de ce nombre, l'a comptée dans son Dialogue entre les ouvrages Burlesques de ce temps.

Je vous demande pardon de cette digression, qu'un juste dépit contre cet abus insupportable m'a arrachée. Pour rentrer dans mon sujet, l'Académie consumoit tout le temps de ses conférences à écouter, ou à examiner ces discours. Cette occupation étoit bien du goût de quelques-uns des Académiciens; mais la plûpart s'ennuyoient d'un exercice, qui après tout tenoit un peu des déclamations de la Jeunesse: & le Cardinal témoignoit aussi qu'il attendoit de ce Corps, quelque chose de plus grand & de plus solide. On commençoit donc à parler du Dictionnaire & de la Grammaire, quand la fortune suscita à l'Académie un autre travail qu'on n'attendoit pas.

Comme il ne faut bien souvent pour

donner le branle à tout un Royaume, qu'un seul homme, quand il est élevé aux premiers rangs ; la passion que le Cardinal avoit pour la Poësie Dramatique, l'avoit mise en ce temps-là parmi les François, au plus haut point où elle eût encore été. Tous ceux qui se sentoient quelque génie, ne manquoient pas de travailler pour le Théatre : c'étoit le moyen d'approcher des Grands, & d'être favorisé du premier Ministre, qui, de tous les divertissemens de la Cour, ne goûtoit presque que celui-là. Il importe, avant que de passer outre, que vous compreniez combien il s'y attachoit. Non-seulement il assistoit avec plaisir à toutes les Comédies nouvelles ; mais encore il étoit bien aise d'en conférer avec les Poëtes, de voir leur dessein en sa naissance, & de leur fournir lui-même des sujets. Que s'il connoissoit un bel esprit, qui ne se portât pas par sa propre inclination à travailler en ce genre, il l'y engageoit insensiblement par toute sorte de soins & de caresses. Ainsi voyant que M. des Marests en étoit très-éloigné, il le pria d'inventer, du moins, un sujet de Comédie, qu'il vouloit donner, disoit-il, à quelque autre, pour le mettre en vers. M. des Marests lui en porta quatre bien-tôt après. Celui d'Aspasie, qui en étoit l'un, lui plut infiniment; mais après lui avoir donné mille louanges, il ajoûta, *Que celui-là seul qui avoit été capable de l'inventer, seroit capable de le traiter dignement*, & obligea M. des Marests à l'entreprendre lui-même, quelque chose qu'il pût alléguer. Ensuite ayant fait représenter solennellement cette Comédie devant le Duc de Parme; il pria M. des Marests de lui en faire tous les ans une semblable. Et lorsqu'il pensoit s'en excuser sur le travail de son Poëme héroïque de Clovis, dont il avoit déjà fait deux livres, & qui regardoit la gloire de la France, & celle du Cardinal même; le Cardinal répondoit qu'il aimoit mieux jouir des fruits de sa Poësie, autant qu'il seroit possible, & que ne croyant pas vivre assez long-temps pour voir la fin d'un si long ouvrage, il le conjuroit de s'occuper pour l'amour de lui à des pièces de Théatre, dans lesquelles il pût se délasser agréablement de la fatigue des grandes affaires. De cette sorte, il lui fit composer l'inimitable Comédie des Visionnaires, la Tragi-comédie de Scipion, celle de Roxane, Mirame, & l'Europe. Il est certain même qu'une partie du sujet & des pensées de Mirame étoient de lui : & de-là vint qu'il témoigna des tendresses de pére pour cette pièce, dont la représentation lui coûta deux ou trois cents mille écus, & pour laquelle il fit bâtir cette grande salle de son Palais, qui sert encore aujourd'hui à ces spectacles. Personne ne doute aussi qu'il n'eût lui-même fourni le sujet de trois autres Comédies, qui sont *les Tuileries, l'Aveugle de Smirne, & la grande Pastorale.* Dans cette derniére il y avoit jusques à cinq cents vers de sa façon ; mais elle n'a point été imprimée comme les deux autres, & en voici la raison. Lors qu'il fut dans le dessein de la publier, il voulut que M. Chapelain la revît, & qu'il y fît des observations exactes. Ces observations lui furent rapportées par M. de Boisrobert, & bien qu'elles fussent écrites avec beaucoup de discrétion & de respect, elles le choquérent & le piquérent tellement, ou par leur nombre, ou par la connoissance qu'elles lui donnoient de ses fautes, que sans achever de les lire, il les mit en pièces. Mais la nuit suivante, comme il étoit au lit, & que tout dormoit chez lui, ayant pensé à la colére qu'il avoit témoignée, il fit une chose sans comparaison plus estimable que la meilleure Comédie du monde, c'est qu'il se rendit à la raison. Car il commanda que l'on ramassât, & que l'on collât ensemble les pièces de ce papier déchiré ; & après l'avoir lû d'un bout à l'autre, & y avoir fait grande réflexion ; il envoya éveiller M. de Boisrobert, pour lui dire qu'il voyoit bien que Messieurs de l'Académie s'entendoient mieux que lui en ces matières, & qu'il ne falloit plus parler de cette impression. Il faisoit composer les vers de ces pièces, qu'on nommoit alors *les Pièces des cinq Auteurs*, par cinq personnes différentes, distribuant à chacun un acte, & achevant par ce moyen une Comédie en un mois. Ces cinq personnes étoient Messieurs de Boisrobert, Corneille, Colletet, de l'Estoile, & Rotrou, auxquels, outre la pension ordinaire qu'il leur donnoit, il faisoit quelques libéralitez considérables, quand ils avoient réussi à son gré. Ainsi M. Colletet m'a assûré, que lui ayant porté le Monologue des Tuileries, il s'arrêta particuliérement sur deux vers de la description du Quarré d'eau en cet endroit,

La cane s'humecter de la bourbe de l'eau,

D'une voix enrouée, & d'un battement d'aîle,

Animer le canard qui languit auprès d'elle,

& qu'après avoir écouté tout le reste, il lui donna de sa propre main (1) cinquante pistoles, avec ces paroles obligeantes, *Que c'étoit seulement pour ces deux vers qu'il avoit trouvez si beaux, & que le Roi n'étoit pas assez riche pour payer tout le reste.* M. Colletet ajoûte encore une chose assez plaisante. Dans ce passage que je viens de rapporter, au lieu de *La cane s'humecter de la bourbe de l'eau*, le Cardinal voulut lui per-

(1) Soixante, suivant cette Epigramme de Colletet lui-même.

Armand, qui pour six vers m'as donné six cents livres,
Que ne puis-je à ce prix te vendre tous mes livres!

suader de mettre, *Barbotter dans la bourbe de l'eau*. Il s'en défendit, comme trouvant ce mot trop bas; & non content de ce qu'il lui en dit sur l'heure, étant de retour à son logis, il lui écrivit une lettre sur ce sujet, pour lui en parler peut-être avec plus de liberté. Le Cardinal achevoit de la lire, lorsqu'il survint quelques-uns de ses Courtisans, qui lui firent compliment sur je ne sais quel heureux succès des armes du Roi, & lui dirent, *Que rien ne pouvoit résister à son Eminence. Vous vous trompez*, leur répondit-il en riant, *& je trouve dans Paris même des personnes qui me résistent*. Et comme on lui eut demandé quelles étoient donc ces personnes si audacieuses, *Colletet*, dit-il, *car après avoir combattu hier avec moi sur un mot, il ne se rend pas encore, & voilà une grande lettre qu'il vient de m'en écrire*. Il faisoit, au reste, représenter ces Comédies des cinq Auteurs, devant le Roi, & devant toute la Cour, avec de très-magnifiques décorations de théatre. Ces Messieurs avoient un banc à part, en un des plus commodes endroits: on les nommoit même quelquefois avec éloge, comme on fit à la représentation des Tuileries, dans un Prologue fait en prose, où, entre autres choses, l'invention du sujet fut attribuée à M. Chapelain, qui pourtant n'avoit fait que le réformer en quelques endroits; mais le Cardinal le fit prier de lui prêter son nom en cette occasion, ajoûtant, *Qu'en récompense, il lui prêteroit sa bourse en quelque autre.*

Or ce fut environ ce temps-là que M. Corneille, qu'on avoit considéré jusques alors comme un des premiers en ce genre d'écrire, ayant fait représenter son Cid, fut mis, du moins par l'opinion commune, infiniment au dessus de tous les autres. Il est malaisé de s'imaginer avec quelle approbation cette pièce fut reçûe de la Cour & du Public. On ne se pouvoit lasser de la voir, on n'entendoit autre chose dans les compagnies, chacun en savoit quelque partie par cœur, on la faisoit apprendre aux enfans : & en plusieurs endroits de la France, il étoit passé en proverbe, de dire, *Cela est beau comme le Cid.* Il ne faut pas demander, si la gloire de cet Auteur donna de la jalousie à ses concurrens;

plusieurs ont voulu croire que le Cardinal lui-même n'en avoit pas été exempt; & qu'encore qu'il estimât fort M. Corneille, & qu'il lui donnât pension, il vit avec déplaisir le reste des travaux de cette nature, & sur-tout ceux où il avoit quelque part, entièrement effacez par celui-là. Pour moi, sans examiner si cette ame, toute grande qu'elle étoit, n'a point été capable de cette foiblesse, je rapporterai fidellement ce qui s'est passé sur ce sujet, laissant à chacun la liberté d'en croire ce qu'il voudra, & de suivre ses propres conjectures.

Entre ceux qui ne purent souffrir l'approbation qu'on donnoit au Cid, & qui crurent qu'il ne l'avoit pas méritée, M. de Scudéry parut le premier, en publiant ses Observations contre cet ouvrage, ou pour se satisfaire lui-même, ou, comme quelques-uns disent, pour plaire au Cardinal, ou pour tous les deux ensemble. Quoiqu'il en soit, il est bien certain qu'en ce différent, qui partagea toute la Cour, le Cardinal sembla pencher du côté de M. de Scudéry, & fut bien aise qu'il écrivît, comme il fit, à l'Académie

Françoise, pour s'en remettre à son jugement. On voyoit assez le desir du Cardinal, qui étoit qu'elle prononçât sur cette matière; mais les plus judicieux de ce Corps témoignoient beaucoup de répugnance pour ce dessein. Ils disoient *Que l'Académie, qui ne faisoit que de naître, ne devoit point se rendre odieuse par un jugement, qui peut-être déplairoit aux deux partis, & qui ne pouvoit manquer d'en désobliger pour le moins un, c'est-à-dire, une grande partie de la France. Qu'à peine la pouvoit-on souffrir sur la simple imagination qu'on avoit qu'elle prétendoit quelque empire en notre langue; que seroit-ce, si elle témoignoit de l'affecter, & si elle entreprenoit de l'exercer sur un ouvrage qui avoit contenté le grand nombre, & gagné l'approbation du peuple ? Que ce seroit d'ailleurs un retardement à son principal dessein, dont l'éxécution ne devoit être que trop longue d'elle-même. Qu'enfin M. Corneille ne demandoit point ce jugement; & que par les Statuts de l'Académie, & par les Lettres de son érection, elle ne pouvoit juger d'un ouvrage que du consentement & à la prière de l'Auteur.* Mais le Cardinal avoit ce dessein en tête, & ces

raisons

raisons lui paroissoient peu importantes, si vous en exceptez la derniére, qu'on pouvoit détruire, en obtenant le consentement de M. Corneille.

Pour cet effet M. de Boisrobert, qui étoit de ses meilleurs amis, lui écrivit diverses lettres, lui faisant savoir la proposition de M. de Scudéry à l'Académie. Lui qui voyoit bien qu'après la gloire qu'il s'étoit acquise, il y avoit vrai-semblablement en cette dispute beaucoup plus à perdre qu'à gagner pour lui ; se tenoit toujours sur le compliment, & répondoit, *Que cette occupation n'étoit pas digne de l'Académie. Qu'un libelle, qui ne méritoit point de réponse, ne méritoit point son jugement. Que la conséquence en seroit dangereuse, parce qu'elle autoriseroit l'envie à importuner ces Messieurs, & qu'aussitôt qu'il auroit paru quelque chose de beau sur le Théatre, les moindres Poëtes se croiroient bien fondez à faire un procès à son Auteur pardevant leur Compagnie.* Mais enfin, comme il étoit pressé par M. de Boisrobert, qui lui donnoit assez à entendre le desir de son maître : après avoir dit dans une lettre du 13 Juin 1637, les mêmes paroles que je viens de rapporter, il lui échappa d'ajoûter celles-ci : *Messieurs de l'Académie peuvent faire ce qu'il leur plaira ; puisque vous m'écrivez que Monseigneur seroit bien-aise d'en voir leur jugement, & que cela doit divertir son Eminence, je n'ai rien à dire.* Il n'en falloit pas davantage, au moins suivant l'opinion du Cardinal, pour fonder la jurisdiction de l'Académie, qui pourtant se défendoit toujours d'entreprendre ce travail : mais enfin il s'en expliqua ouvertement, disant à un de ses domestiques : *Faites savoir à ces Messieurs que je le desire, & que je les aimerai, comme ils m'aimeront.* Alors on crut qu'il n'y avoit plus moyen de reculer ; & l'Académie s'étant assemblée le 16. Juin 1637, après qu'on eut lû la lettre de M. de Scudéry pour la Compagnie, celles qu'il avoit écrites sur le même sujet à M. Chapelain, & celles que M. de Boisrobert avoit reçûes de M. Corneille ; après aussi que le même M. de Boisrobert eut assûré l'assemblée, que M. le Cardinal avoit agréable ce dessein ; il fut ordonné que trois Commissaires seroient nommez pour examiner le Cid, & les Observations contre le Cid; que cette nomination se feroit à la pluralité des voix par billets, qui ne seroient vûs que du Secrètaire. Cela se fit ainsi, & les trois Commissaires furent M. de Bourzeys, M. Chapelain, & M. des Marests. La tâche de ces trois Messieurs n'etoit que pour l'examen du corps de l'ouvrage en gros; car pour celui des vers, il fut résolu qu'on le feroit dans la Compagnie. Messieurs de Cérisy, de Gombauld, Baro, & l'Estoile, furent seulement chargez * de les voir en particulier, & de rapporter leurs observations: sur lesquelles l'Académie ayant délibéré en diverses conférences, ordinaires & extraordinaires, M. des Marests eut ordre d'y mettre la derniére main. Mais pour l'examen de l'ouvrage en gros, la chose fut un peu plus difficile. M. Chapelain présenta premierement ses mémoires; il fut ordonné que Messieurs de Bourzeys & des Marests y joindroient les leurs; & soit que cela fût exécuté ou non, de quoi je ne vois rien dans les regîtres, tant y a que M. Chapelain fit un corps, qui fut

* Regîtres, 30. Juin 1637.

présenté au Cardinal, écrit à la main. J'ai vû avec beaucoup de plaisir ce manuscrit apostillé par le Cardinal, en sept endroits, de la main de M. Citois son premier Médecin. Il y a même une de ces apostilles, dont le premier mot est de sa main propre : il y en a une aussi qui marque assez quelle opinion il avoit du Cid. C'est en un endroit, où il est dit que la Poësie seroit aujourd'hui bien moins parfaite qu'elle n'est, sans les contestations qui se sont formées sur les ouvrages des plus célébres auteurs du dernier temps, la Jérusalem, le Pastor Fido ; en cet endroit il mit à la marge : *L'applaudissement & le blâme du Cid n'est qu'entre les doctes & les ignorans, au lieu que les contestations sur les autres deux pièces ont été entre les gens d'esprit.* Ce qui témoigne qu'il étoit persuadé de ce qu'on reprochoit à M. Corneille, que son ouvrage péchoit contre les règles. Le reste de ces apostilles n'est pas considérable ; car ce ne sont que de petites notes, comme celle-ci, où le premier mot est de sa main, *Bon, mais se pourroit mieux exprimer*, & cette autre, *Faut adoucir cet exemple.* D'où on recueille pourtant qu'il examina cet écrit avec beaucoup de soin & d'attention. Son jugement fut enfin, que la substance en étoit bonne, *mais qu'il falloit* (car il s'exprima en ces termes) *y jeter quelques poignées de fleurs*. Aussi n'étoit-ce que comme un premier crayon qu'on avoit voulu lui présenter, pour savoir en gros s'il en approuveroit les sentimens. L'ouvrage fut donc donné à polir, suivant son intention, & par délibération (*a*) de l'Académie, à Messieurs de Serizay, de Cérisy, de Gombauld, & Sirmond. M. de Cérisy, comme j'ai appris, le coucha par écrit : & M. de Gombauld fut nommé par les trois autres, & confirmé par l'Académie, pour la derniére révision du style. Tout fut lû & examiné par la Compagnie en diverses assemblées, ordinaires & extraordinaires, & donné enfin à l'Imprimeur. Le Cardinal (*b*) étoit alors à Charonne, où on lui envoya les premieres feuilles; mais elles ne le contentérent nullement : & soit qu'il en jugeât bien, soit qu'on le prît en mauvaise humeur,

(*a*) Regîtres, 17 Juillet 1637.
(*b*) Regîtres, 31 Juillet 1637.

soit qu'il fut préoccupé contre M. de Cérisy, il trouva qu'on avoit passé d'une extrêmité à l'autre, qu'on y avoit apporté trop d'ornemens & de fleurs, & renvoya à l'heure même en diligence, dire qu'on arrêta l'impression. Il voulut enfin que Messieurs de Serizay, Chapelain, & Sirmond le vinssent trouver, afin qu'il pût leur expliquer mieux son intention. M. de Serizay s'en excusa, sur ce qu'il étoit prêt à monter à cheval pour s'en aller en Poitou. Les deux autres y furent. Pour les écouter, il voulut être seul dans sa chambre, excepté Messieurs de Bautru, & de Boisrobert, qu'il appela, comme étant de l'Académie. Il leur parla fort long-temps très-civilement, debout, & sans chapeau. M. Chapelain voulut, à ce qu'il m'a dit, excuser M. de Cérisy, le plus doucement qu'il put; mais il reconnut d'abord que cet homme ne vouloit pas être contredit. Car il le vit s'échauffer & se mettre en action, jusque-là que s'adressant à lui, il le prit & le retint tout un-temps par ses glands, comme on fait sans y penser, quand on veut parler fortement à quelqu'un, & le convaincre de quelque chose. La conclusion fut, qu'après leur avoir expliqué de quelle façon il croyoit qu'il falloit écrire cet ouvrage, il en donna la charge à M. Sirmond, qui avoit en effet le style fort bon, & fort éloigné de toute affectation. Mais M. Sirmond ne le satisfit point encore; il fallut enfin que M. Chapelain reprît tout ce qui avoit été fait, tant par lui, que par les autres, de quoi il composa l'ouvrage tel qu'il est aujourd'hui, qui ayant plû à la Compagnie, & au Cardinal, fut publié bien-tôt après, fort peu différent de ce qu'il étoit dès la première fois qu'il lui avoit été présenté écrit à la main, sinon que la matiére y est un peu plus étendue, & qu'il y a quelques ornemens ajoûtez.

Ainsi * furent mis au jour, après environ cinq mois de travail, *les Sentimens de l'Académie Françoise sur le Cid*, sans que durant ce temps-là, ce Ministre qui avoit toutes les affaires du Royaume sur les bras, & toutes celles de l'Europe dans la tête, se lassât de ce dessein, & relâchât rien de ses soins pour cet ouvrage. Il fut reçû diverse-

* Registres, 23 Novembre 1637.

ment de M. de Scudéry, de M. Corneille, & du Public.

Pour M. de Scudéry, quoique son adversaire n'eût pas été condamné en toutes choses, & eût reçû de très-grands éloges en plusieurs, il crut avoir gagné sa cause, & écrivit * une lettre de remerciment à la Compagnie, avec ce titre, *A Messieurs de l'Illustre Académie*, où il leur rendoit graces avec beaucoup de soumission, *& des choses qu'ils avoient approuvées dans ses écrits, & de celles qu'ils lui avoient enseignées en le corrigeant*, & témoignoit enfin d'être entièrement satisfait de la justice qu'on lui avoit rendue. Le Secrétaire fut chargé de lui faire une réponse. Le sens en étoit qu'il l'assûroit, *Que l'Académie avoit eu pour principale intention de tenir la balance droite, & de ne pas faire d'une chose sérieuse un compliment, ni une civilité. Mais qu'après cette intention, elle n'avoit point eu de plus grand soin que de s'exprimer avec modération, & de dire ses raisons, sans blesser personne ; qu'elle se réjouissoit de la justice qu'il lui faisoit, en la reconnoissant juste ; qu'elle se revancheroit à l'avenir de*

* Regîtres, 21 Décembre 1637.

son équité, & qu'aux occasions où il lui seroit permis d'être obligeante, il n'auroit rien à desirer d'elle.

Quant à M. Corneille, bien qu'il se fût soûmis avec répugnance à ce jugement; s'y étant pourtant résolu pour complaire au Cardinal, il témoigna au commencement d'en attendre le succès avec beaucoup de déférence. En ce sens il écrivit à M. de Boisrobert dans une lettre du 15. Novembre 1637. *J'attens avec beaucoup d'impatience les sentimens de l'Académie, afin d'apprendre ce que dorénavant je dois suivre : jusque-là je ne puis travailler qu'avec défiance, & n'ose employer un mot en sureté.* Et en une autre du 3 Décembre, *Je me prépare à n'avoir rien à répondre à l'Académie, que par des remercimens, &c.* Mais lorsque les sentimens sur le Cid étoient presque achevez d'imprimer, ayant sû par quelque moyen, que ce jugement ne lui seroit pas aussi favorable qu'il eût espéré, il ne put s'empêcher d'en témoigner quelque ressentiment, écrivant par une lettre, dont je n'ai vû qu'une copie sans date, & sans souscription : *Je me résous, puisque vous le voulez, à me* laisser condamner par votre illustre Académie. Si elle ne touche qu'à une moitié du Cid, l'autre me demeurera toute entiére. Mais je vous supplie de considérer qu'elle procéde contre moi avec tant de violence, & qu'elle emploie une autorité si souveraine, pour me fermer la bouche, que ceux qui sauront son procédé, auront sujet d'estimer que je ne serois point coupable, si l'on m'avoit permis de me montrer innocent. Il se plaignoit ensuite, comme si on eût refusé d'écouter la justification qu'il vouloit faire de sa pièce, de vive voix, & en présence de ses Juges : de quoi pourtant je n'ai trouvé aucune trace, ni dans les regîtres, ni dans la mémoire des Académiciens que j'ai consultez. Il ajoûtoit à cela : *Après tout, voici quelle est ma satisfaction ; je me promets que ce fameux ouvrage, auquel tant de beaux esprits travaillent depuis six mois, pourra bien être estimé le sentiment de l'Académie Françoise, mais peut-être que ce ne sera point le sentiment du reste de Paris ; au moins j'ai mon compte devant elle, & je ne sais si elle peut attendre le sien. J'ai fait le Cid pour me divertir, & pour le divertissement des* honnêtes gens, qui se plaisent à la Comédie. J'ai remporté le témoignage de l'excellence de ma piéce, par le grand nombre de ses représentations, par la foule extraordinaire des personnes qui y sont venues, & par les acclamations générales qu'on lui a faites. Toute la faveur que peut espérer le sentiment de l'Académie, est d'aller aussi loin; je ne crains pas qu'il me surpasse, &c. Et un peu après: Le Cid sera toujours beau, & gardera sa réputation d'être la plus belle pièce qui ait paru sur le Théatre, jusques à ce qu'il en vienne un autre qui ne lasse point les spectateurs à la trentieme fois, &c.

Enfin, lorsqu'il eut vû les sentimens de l'Académie, je trouve qu'il écrivit une lettre à M. de Boisrobert du 23 Décembre 1637, dans laquelle après l'avoir remercié du soin qu'il avoit pris de lui faire toucher *les libéralitez de Monseigneur*, c'est-à-dire, de le faire payer de sa pension, & après lui avoir donné quelques ordres pour lui faire tenir cet argent à Rouen, il disoit: *Au reste, je vous prie de croire que je ne me scandalise point du tout de ce que vous avez montré, & même donné ma lettre à Messieurs de* l'*Académie*. *Si je vous en avois prié, je ne puis m'en prendre qu'à moi : néanmoins si j'ai bonne mémoire, je pense vous avoir prié seulement par cette lettre de les assurer de mon très-humble service, comme je vous en prie encore, nonobstant leurs sentimens. Tout ce qui m'a fâché, c'est que Messieurs de l'Académie s'étant résolus de juger de ce différent, avant qu'ils sussent si j'y consentois ou non, & leurs sentimens étant déjà sous la presse, à ce que vous m'avez écrit, avant que vous eussiez reçû ce témoignage de moi; ils ont voulu fonder là-dessus leur jugement, & donner à croire que ce qu'ils ont fait n'a été que pour m'obliger, & même à ma priére, &c.* Et un peu après : *Je m'étois résolu d'y répondre, parce que d'ordinaire le silence d'un Auteur qu'on attaque, est pris pour une marque du mépris qu'il fait de ses censeurs : j'en avois ainsi usé envers M. de Scudéry ; mais je ne croyois pas qu'il me fût bien-séant d'en faire de même envers Messieurs de l'Académie, & je m'étois persuadé qu'un si illustre Corps méritoit bien que je lui rendisse compte des raisons sur lesquelles j'avois fondé la conduite & le choix de mon dessein : & pour cela je forçois extrême-*

ment mon humeur, qui n'est pas d'écrire en ce genre, & d'éventer les secrets de plaire, que je puis avoir trouvez dans mon art. Je m'étois confirmé en cette résolution, par l'assurance que vous m'aviez donnée, que Monseigneur en seroit bien-aise, & me proposois d'adresser l'épître dédicatoire à son Eminence, après lui en avoir demandé la permission. Mais maintenant que vous me conseillez de n'y répondre point, vû les personnes qui s'en sont mêlées, il ne faut point d'interpréte pour entendre cela ; je suis un peu plus de ce monde qu'Héliodore, qui aima mieux perdre son Evêché que son livre, & j'aime mieux les bonnes graces de mon maître, que toutes les réputations de la terre : je me tairai donc, non point par mépris, mais par respect, &c. Cette lettre contenoit encore beaucoup d'autres choses sur la même matière, & au bas il avoit ajoûté par apostille : *Je vous conjure de ne montrer point ma lettre à Monseigneur, si vous jugez qu'il me soit échappé quelque mot qui puisse être mal reçû de son Eminence.*

Or, quant à ce qui est porté par cette lettre, que l'Académie avoit commencé de travailler à ses Sentimens, & même à les faire imprimer avant le consentement de M. Corneille, comme M. de Boisrobert lui avoit écrit; je ne sais pas ce qui s'étoit passé entre eux, ni ce que M. de Boisrobert pouvoit lui avoir mandé, pour l'obliger peut-être avec moins de peine de consentir à ce jugement, comme à une chose déjà résolue, & commencée, que sa résistance ne pouvoit plus empêcher. Mais je sais bien par les regîtres de l'Académie, qui sont fort fidelles, & fort exacts en ce temps-là, qu'on ne commença d'y parler du Cid, que le 16 Juin 1637. Que ce fut après qu'on y eut lû une lettre de M. Corneille. Que cette première dont je vous ai parlé, & où il disoit, *Messieurs de l'Académie peuvent faire ce qu'il leur plaira*, &c. est datée de Rouen du 13 du même mois. Qu'ainsi elle pouvoit être arrivée à Paris, & montrée à l'Académie le 16, & qu'enfin on ne donna cet ouvrage à l'Imprimeur qu'environ cinq mois après. M. Corneille, qui depuis a été reçû dans l'Académie, aussi-bien que M. de Scudéry, avec lequel il est tout-à-fait réconcilié, a toûjours crû que le Cardinal, &

une autre personne de grande qualité, avoient suscité cette persécution contre le Cid. Témoin ces paroles qu'il écrivit à un de ses amis, & des miens, lors qu'ayant publié l'Horace, il courut un bruit qu'on feroit encore des observations, & un nouveau jugement sur cette pièce. *Horace*, dit-il, *fut condamné par les Duumvirs ; mais il fut absous par le Peuple.* Témoin encore ces quatre vers qu'il fit après la mort du Cardinal, qu'il consideroit d'un côté comme son bienfaicteur, & de l'autre comme son ennemi.

Qu'on parle mal ou bien du fameux Cardinal,
Ma prose ni mes vers n'en diront jamais rien :
Il m'a fait trop de bien pour en dire du mal,
Il m'a fait trop de mal pour en dire du bien.

Tels étoient les sentimens des parties les plus intéressées, touchant ce travail de l'Académie Françoise. Le Public le reçut avec beaucoup d'approbation & d'estime. Ceux-là même qui n'étoient pas de son avis, ne laissérent pas de la louer : & l'envie qui attendoit depuis si long-temps quelque ouvrage de cette Compagnie, pour le mettre en pièces, ne toucha point à celui-ci. Pour moi, je ne sais si les plus fameuses Académies d'Italie ont rien produit de meilleur, ou d'aussi bon, en de pareilles rencontres. Je compte en premier lieu pour beaucoup, que sans sortir des bornes de la justice, ces Messieurs pûssent satisfaire un premier Ministre, tout-puissant en France, & leur Protecteur, qui certainement, quelle qu'en fût la cause, étoit animé contre le Cid. Car je sais fort bien qu'il eût souhaité qu'on le traitât plus rudement, si on ne lui eût fait entendre avec adresse, qu'un Juge ne devoit pas parler comme une partie, & qu'autant qu'on témoigneroit de passion, autant perdroit-on d'autorité. Que si ensuite vous examinez ce livre de plus près, vous y trouverez un jugement fort solide, auquel il est vrai-semblable que la postérité s'arrêtera ; beaucoup de savoir, & beaucoup d'esprit, sans aucune affectation de l'un, ni de l'autre ; & depuis le commencement jusqu'à la fin une liberté, & une modération tout ensemble, qui ne se peuvent assez louer.

Au reste, ceux qui se sont figuré que l'Académie n'étoit qu'une troupe d'esprits bourrus, qui ne faisoient autre chose que de combattre sur les syllabes, introduire des mots nouveaux, en proscrire d'autres; pour tout dire, gâter & affoiblir la langue Françoise, en voulant la réformer & la polir: ceux-là, dis-je, pour se desabuser, n'ont qu'à lire cette pièce; ils y verront un stile mâle & vigoureux, dont l'élégance n'a rien de gêné ni de contraint; des termes choisis, mais sans scrupule, & sans enflûre; le *Car*, & plusieurs autres de ces mots, qu'on accusoit l'Académie de vouloir bannir, fort souvent employez. Ils verront même que bien loin d'en introduire de nouveaux, elle en a gardé quelques-uns qui sembloient vieillir, & dont peut-être plusieurs personnes eussent fait difficulté de se servir. Ainsi elle a employé le mot *Dautant*, pour dire, *parce que*, & celui d'*Aucunement*, pour dire, *en quelque sorte*, qui ne se disent que rarement aujourd'hui en ce sens-là. Page 185. *Dautant que les unes ont été faites devant les règles*, &c. P. 14. parlant de l'Académie, *& s'est aucunement consolée*, &c. Page 89. *nous serions aucunement satisfaits.* Page 113. *Rodrigue retourne chez Chimène, non plus de nuit, que les ténèbres favorisoient aucunement sa témérité*, &c.

Après que l'Académie eut cessé de travailler sur le Cid, on délibéra (a) de nouveau quelle occupation elle auroit. On ordonna que les Discours seroient continuez, & que M. Sirmond, qui étoit le premier en ordre, seroit prié d'apporter le sien ; ce qu'il ne fit pourtant que six mois après. Je n'ai point vû ce discours, & n'en ai pu savoir le sujet, qui n'est pas exprimé dans le regître.

Mais la principale pensée de l'Académie en ce temps-là fut le dessein du Dictionnaire, auquel on se proposa de travailler sérieusement. M. de Vaugelas, qui avoit fait depuis long-temps plusieurs belles & curieuses observations sur la Langue, les offrit à la Compagnie, qui les accepta, & ordonna

(a) Regîtres, 7 Décembre 1637.

qu'il en conféreroit avec M. Chapelain, & que tous deux ensemble ils donneroient des mémoires pour le plan, & pour la conduite de ce travail. M. de Vaugelas (*a*) donna les siens, qui étoient fort courts, & ne touchoient que le gros de ce dessein, auquel il offroit de nouveau de contribuer ses Remarques, & il divisoit ces remarques en trois espèces. *La première, qui appartenoit proprement au Dictionnaire, ne regardant que les mots simples : la seconde, pour la construction, qui appartenoit à la Grammaire : la troisième, consistant en certaines régles, qui n'étoient pas proprement du ressort du Dictionnaire, ni de la Grammaire, parce qu'elles ne regardoient ni le barbarisme, ni le solécisme, les deux matières sur lesquelles la Grammaire & le Dictionnaire emploient toute l'étendue de leur jurisdiction ; qui néanmoins,* disoit-il, *étoient très-nécessaires pour la netteté, l'ornement, la grace, l'élégance, & la politesse du style ; & d'autant plus nécessaires, qu'il y avoit moins de personnes qui les sûssent, que de ceux qui savent écrire sans barbarisme, & sans solécisme, desquels un style peut être af-*

(*a*) Regîtres, 18 Janvier 1638.

franchi, & ne laisser pas d'être extrêmement imparfait.

Quant à M. Chapelain, dès le premier établissement de l'Académie, il avoit fait un ample projet du Dictionnaire, qui avoit été vû par la Compagnie. Il le lui présenta de nouveau : & parce qu'il descend fort au particulier, & que c'est sur ce même plan, qu'on travaille encore aujourd'hui à cet ouvrage, peut-être ne sera-t-il pas hors de propos de rapporter ici à peu près ce qu'il contenoit, comme je l'ai promis en un autre endroit. Ce projet donc disoit,

Que le dessein de l'Académie étant de rendre la Langue capable de la dernière éloquence, il falloit dresser deux amples traitez, l'un de Rhétorique, l'autre de Poëtique. Mais que pour suivre l'ordre naturel, ils devroient être précédez par une Grammaire, qui fourniroit le corps de la Langue, sur lequel sont fondez les ornemens de l'oraison, & les figures de la Poësie. Que la Grammaire comprenoit, ou les termes simples, ou les phrases reçûes, ou les constructions des mots les uns avec les autres. Qu'ainsi, avant toutes choses, il falloit dresser un Dictionnaire, qui fût comme le trésor & le magasin des termes simples, & des phrases reçûes ; après lequel il ne resteroit pour achever la Grammaire, qu'un traité exact de toutes les parties de l'oraison, & de toutes les constructions régulières & irréguliéres, avec la résolution des doutes qui peuvent naître sur ce sujet. Que pour le dessein du Dictionnaire, il falloit faire un choix de tous les Auteurs morts, qui avoient écrit le plus purement en notre Langue, & les distribuer à tous les Académiciens, afin que chacun lût attentivement ceux qui lui seroient échus en partage, & que sur des feuilles différentes, il remarquât par ordre alphabétique les dictions & les phrases qu'il croiroit Françoises, cottant le passage d'où il les auroit tirées. Que ces feuilles fussent rapportées à la Compagnie, qui jugeant de ces phrases & de ces dictions, recueilleroit en peu de temps tout le corps de la Langue, & inséreroit dans le Dictionnaire les passages de ces Auteurs, les reconnoissant pour originaux dans les choses qui seroient alléguées d'eux, sans néanmoins les reconnoître pour tels dans les autres, lesquelles elle désapprouveroit tacitement si le Dictionnaire ne les contenoit. Et parce qu'il y pourroit avoir des phrases & des mots en usage, dont on ne trouveroit point d'exemples dans les bons Auteurs, qu'en cas que l'Académie les approuvât, on les marqueroit avec quelque note, qui témoigneroit que l'usage les autorise. Que ce Dictionnaire se feroit en un même corps, en deux manières différentes : la première, suivant l'ordre alphabétique des mots simples, soit Noms, soit Verbes, soit autres, qui méritent le nom de racines, qui peuvent avoir produit des composez, des dérivez, des diminutifs, & qui d'ailleurs ont des phrases dont ils sont le fondement. Qu'en cette manière, après avoir mis chaque mot simple avec une marque, pour faire connoître quelle partie d'oraison il seroit, on mettroit tout de suite les composez, les dérivez, les diminutifs, & les phrases qui en dépendent, avec les autoritez, lesquelles on pourroit néanmoins omettre pour les mots simples, comme étant hors de doute, & assez connus de tout le monde. Qu'on y pourroit ajoûter l'interprétation latine, en faveur des étrangers. Qu'on y marqueroit le genre Masculin, Féminin, ou Commun de chaque mot, avec des notes. Qu'il y en auroit d'autres pour distinguer les termes des Vers, d'avec ceux de la Prose ; d'autres pour faire connoître ceux du genre sublime, du médiocre, & du plus bas. Qu'on y observeroit les accens aux syllabes longues. Qu'on y marqueroit aussi la différence des é ouverts, & des fermez pour la prononciation. Qu'on se tiendroit à l'orthographe reçûe, pour ne pas troubler la lecture commune, & n'empêcher pas que les livres déjà imprimez ne fussent lûs avec facilité. Qu'on travailleroit pourtant à ôter toutes les superfluitez, qui pourroient être retranchées sans conséquence. Qu'en la seconde manière, tous les mots simples, ou autres seroient mis en confusion dans l'ordre alphabétique, avec le seul renvoi à la page du grand Dictionnaire, où ils seroient expliquez. Que là même on pourroit marquer tous les mots, toutes les phrases hors d'usage, avec leur explication, pour l'intelligence des vieux livres où on les trouve, avec cet avis, que ces mots ou phrases sont de la Langue, mais qu'il ne faut plus les employer. Qu'enfin, pour la commodité des étrangers, on pourroit encore, si on vouloit, ajoûter un troisieme corps des seuls mots Latins simples, avec le renvoi à la page du grand Dictionnaire, où ils expliqueroient les mots François. Que pour éviter la grosseur du volume, on excluroit du Dictionnaire tous les noms propres des Mers, Fleuves, Villes, Montagnes, qui se trouveroient pareils en toutes les langues, comme aussi tous les termes propres qui n'entrent point dans le commerce commun, & ne sont inventez que pour la nécessité des arts, & des professions, laissant à qui voudroit la liberté de faire des Dictionnaires particuliers, pour l'utilité de ceux qui s'adonnent à ces connoissances spéciales.

Tel fut le projet du Dictionnaire que M. Chapelain dressa, & qui fut approuvé par l'Académie. Il est vrai que quelque temps après, M. Silhon, qui se trouvoit * Directeur, proposa s'il ne seroit pas meilleur pour en venir bien-tôt à bout, de suivre les Dictionnaires communs, en y ajoûtant seulement ce que l'on jugeroit à propos. Mais je ne vois pas que cette proposition, qui fut alors renvoyée à la prochaine assemblée, ait été ni reçûe, ni mise même en délibération depuis. Il est vrai aussi qu'on n'a pas suivi

* Regitres, 1 Mars 1638.

ponctuellement

ponctuellement tout ce qui est dans ce projet, comme on le peut voir en ce qui regarde les citations. Il fut bien résolu d'abord qu'on suivroit le projet en cela, & on commença un catalogue des livres les plus célèbres en notre langue. On y mit à diverses fois, à mesure qu'on s'en avisoit : pour la prose, *Amyot, Montagne, du Vair, Desportes, Charron, Bertaud, Marion, de la Guesle, Pibrac, Despeisses, Arnauld, le Catholicon d'Espagne, les Mémoires de la Reine Marguerite, Coeffetau, du Perron, de Sales* Evêque de Genève, *d'Urfé, de Moliéres, Malherbe, du Plessis-Mornay*; ce qu'il y avoit en lumiére de M. *Bardin*, & de M. *du Chastelet*, deux Académiciens qui étoient déjà morts; le Cardinal *d'Ossat, de la Nouë, de Dammartin, de Refuge, & Audiguier*; auxquels on en auroit sans doute ajoûté d'autres, comme, par exemple, *Bodin*, & *Etienne Pasquier*, qui ne méritoient pas d'être oubliez. Pour les vers, on mit dans le catalogue, *Marot, Saint-Gelais, Ronsard, du Bellay, Belleau, du Bartas, Desportes, Bertaud*, le Cardinal *du Perron, Garnier, Regnier, Malherbe, Deslingendes, Motin*, Tou-

Tome I. M

vant, *Monfuron*, *Théophile*, *Passerat*, *Rapin*, *Sainte-Marthe*. Le Libraire de l'Académie fut aussi chargé de rapporter de son chef, un mémoire de tous les principaux Auteurs de la Langue, & des différentes pièces qu'on avoit d'eux. Mais un peu après l'Académie commença d'appréhender le travail, & la longueur des citations; & ayant délibéré plusieurs fois sur cette matière, elle résolut, par l'avis même de M. Chapelain, qui avoit * donné le premier cette pensée, qu'on ne marqueroit point les autoritez dans le Dictionnaire : si ce n'est qu'en y travaillant on trouvât bon de citer sur les phrases qui seroient douteuses, quelque Auteur célèbre, qui en auroit usé.

Il fut aussi résolu, pour avancer cet ouvrage, qu'on feroit entendre à M. le Cardinal, qu'il seroit fort à propos de choisir dans la Compagnie une personne ou deux, qui s'y attachassent particuliérement, & qui en eussent la principale charge. M. de Boisrobert fut prié de lui en parler, & de lui proposer Messieurs de Vaugelas &

* Regîtres, 8 Mars 1638.

Faret, comme très-propres à cet emploi, & très-capables de s'en acquitter dignement, s'ils se trouvoient déchargez des soins de leur fortune, & qu'ils pussent y donner tout leur temps. Le Cardinal, comme je le vois * par le rapport qu'en fit M. de Boisrobert à l'Académie, ne répondit rien à cette proposition, soit qu'il ne la goûtât pas, soit qu'il eût l'esprit rempli de quelque autre chose. Cependant il ne se trouvoit personne dans l'Académie, qui s'offrît volontairement à prendre sur soi la conduite de ce travail : chacun avoit ses affaires & ses pensées particuliéres, dont il ne vouloit point se détourner. Ainsi ce dessein, pour lequel on venoit de témoigner tant d'ardeur, commença à languir, & l'on fut huit ou dix mois sans parler du Dictionnaire : l'Académie s'amusant cependant à d'autres choses, dont je vous parlerai tantôt.

Enfin le Cardinal s'étant souvent plaint qu'elle ne faisoit rien d'utile pour le Public, & s'en étant fâché, jusques à dire *qu'il l'abandonneroit*, ces Messieurs résolurent qu'on lui feroit pour

* Regîtres, 15 Mars 1638.

une seconde fois la même proposition. M. de Boisrobert donc exhorté par tous les Académiciens, & en particulier par M. Chapelain, & par quelques autres de ses plus familiers amis, témoigna au Cardinal, que l'unique moyen de venir bien-tôt à bout du Dictionnaire, étoit d'en donner la charge principale à M. de Vaugelas, & de lui faire rétablir pour cet effet par le Roi une pension de deux mille livres, dont il n'étoit plus payé ; exagérant là-dessus sa capacité pour ce qui regardoit cette entreprise, sa naissance illustre, & son mérite, qui étoit connu depuis long-temps de toute la Cour. Le Cardinal reçut alors favorablement cette ouverture, & répondit, qu'il étoit prêt de donner même la pension du sien, s'il étoit besoin, mais qu'il desiroit de voir comment M. de Vaugelas s'y voudroit prendre. On lui présenta les deux projets ; il goûta fort le plus long, que je vous ai rapporté presque tout entier : la pension de deux mille livres fut rétablie à M. de Vaugelas ; il en fut remercier le Cardinal ; & comme il avoit l'esprit fort présent & fort poli, avec une longue pratique de la Cour, & des belles conversations, ce fut alors qu'il fit cette heureuse repartie, dont sans doute vous avez ouï parler. Car on dit que le Cardinal le voyant entrer dans sa chambre, s'avança avec cette majesté douce & riante, qui l'accompagnoit presque toûjours, & s'adressant à lui, *Hé bien, Monsieur*, lui dit-il, *vous n'oublierez pas du moins dans le Dictionnaire le mot de Pension*: sur quoi M. de Vaugelas, lui faisant une révérence fort profonde, répondit, *Non, Monseigneur, & moins encore celui de reconnoissance.*

Dès-lors * M. de Vaugelas commença à dresser les cahiers du Dictionnaire, qu'il rapportoit ensuite à la Compagnie; & il fut arrêté qu'à la fin de chaque assemblée, on liroit les mots qu'on devoit examiner dans la suivante, afin qu'on eût le loisir d'y penser. On proposa de nouveau une distribution des meilleurs Auteurs à tous les Académiciens, pour en tirer les phrases & les élégances de la Langue; mais on ne l'exécuta pas. On commença d'examiner la lettre *A* : où, pour le remarquer en passant, il arriva une

* Regîtres, 7 & 29 Février 1639.

chose assez plaisante, c'est que le mot d'*Académie* (*a*) fut omis en sa place, sans qu'on y prît garde que quelque temps après. On résolut depuis, qu'outre les assemblées ordinaires, il s'en feroit (*b*) le Mercredi d'extraordinaires pour ce sujet, en deux bureaux, qui se tiendroient en même temps, l'un chez M. le Chancelier, l'autre chez M. d'Ablancourt, en l'absence duquel on le transféra depuis chez M. Sirmond. Avec tout cela ce travail étoit extrêmement long : & la lettre *A*, commencée le 7 Février 1639, ne fut achevée que le 17 d'Octobre, environ neuf mois après. On crut (*c*) donc qu'outre ces deux bureaux, il en falloit établir deux autres, l'un le Vendredi chez M. de Bourzeys, l'autre le Mercredi chez M. Conrart ; & à chacun certains Académiciens avoient ordre de se trouver. Mais ce soin a été presque inutile ; car comme on ne travailloit pas en ces quatre lieux, ni avec même assiduité, ni avec même génie, & même force, il a fallu repasser sur

(*a*) Regîtres, 11 Avril 1639.
(*b*) Regîtres, 11 Juillet 1639.
(*c*) Regîtres, 19 Mai 1642.

plusieurs choses, que ces bureaux particuliers avoient décidées; à quoi on travailloit encore, lorsque j'écrivois cette Relation.

Deux morts sont survenues depuis, qui ont apporté beaucoup de retardement au dessein du Dictionnaire. La premiere est celle du Cardinal de Richelieu, qui, malgré les soins & les diligences du nouveau Protecteur, relâcha beaucoup de cette ardeur, avec laquelle on s'y étoit pris au commencement. L'autre est celle de M. de Vaugelas, qui avoit, comme je vous ai déjà dit, la conduite de cet ouvrage. Ce n'est pas qu'on n'ait donné la même charge à M. de Mézeray, qui s'en acquitte très-dignement : mais comme M. de Vaugelas avoit eu moins de fortune que de mérite, après sa mort les cahiers du Dictionnaire, avec le reste de ses écrits, furent saisis parmi d'autres choses par ses créanciers, qui prétendoient d'en tirer une somme considerable de quelque Imprimeur ; de sorte que l'Académie n'a pû retirer ce qui lui appartenoit qu'en plaidant, & après une Sentence du Châtelet du 17 Mai 1651. Maintenant tout a été mis entre les mains du Secrètaire de la Compagnie, sur la demande qu'il en a faite: mais on a ordonné qu'il en seroit fait une copie, qui demeureroit chez M. le Chancelier. On s'assemble deux fois la semaine, pour avancer ce Dictionnaire; mais sans compter qu'il faut repasser sur une partie de ce qui a été fait dans ces petits bureaux, il n'a été conduit jusques-ici qu'environ la lettre *I*: & cette longueur, avec l'incertitude de la fortune que l'Académie doit avoir à l'avenir, peut faire douter s'il s'achèvera jamais.

Plusieurs ne peuvent assez s'étonner, que tant d'hommes illustres par leur mérite, & capables des plus grandes choses, comme leurs ouvrages particuliers le font assez voir, s'amusent depuis si long-temps après un travail, qui semble n'avoir rien de noble, & dont pas un d'eux peut-être n'espére de voir la fin. Pour moi, je ne défendrai point l'Académie Françoise par l'exemple vulgaire de celle *della Crusca*, qui employa près de quarante ans à son Vocabulaire, dont à la fin elle a tiré beaucoup de gloire, & la langue Italienne beaucoup de profit. Mais j'oserai j'oserai dire, qu'à considérer les choses de près, ce dessein & la constance qu'on apporte à l'exécuter, ne méritent que des louanges. Je sais bien qu'en cet endroit je passe les bornes de l'Histoire, qui se contentant de faire un rapport fidelle, doit laisser le jugement au Lecteur, & demeurer toûjours neutre parmi les partis contraires; mais si je manque en cela, vous pardonnerez cette faute, je m'assure, au desir que j'ai de vous expliquer ce que j'ai pensé plusieurs fois sur ce sujet, & d'éclaircir une vérité qui ne me semble pas assez connue. Premierement donc, on ne me niera pas à mon avis que le projet d'une Rhétorique, & d'une Poëtique, dont je vous ai déjà parlé, ne fût très-digne de cette Compagnie. On m'accordera aussi, ce me semble, que pour en venir là, un Dictionnaire & une Grammaire étoient deux choses, ou nécessaires, ou pour le moins fort utiles, suivant ce que j'ai rapporté ci-dessus. Ainsi, posé que ces quatre ouvrages, le Dictionnaire, la Grammaire, la Rhétorique, & la Poëtique, eussent été achevez, je ne dis pas dans quatre ans, je dis même dans vingt, ou trente ; qui est-ce qui n'en parleroit à l'avantage de l'Académie ? Maintenant si vous voulez louer son dessein, & blâmer la longueur de l'éxécution, c'est louer ce qui lui appartient proprement, & blâmer ce qui semble n'être point d'elle, & ne devoir pas lui être imputé. Car si le Cardinal, qui l'avoit formée, eût eu plus de soin de l'entretenir, & s'il eût rendu cette occupation la plus importante, & la principale affaire de chaque Académicien, ou de plusieurs ; je ne doute point que ces quatre ouvrages n'eussent déjà vû le jour, & n'eussent été même suivis de beaucoup d'autres. Que si d'ailleurs, comme je le dis toûjours, la véritable gloire consiste à bien servir le Public, en quelque manière qu'on le serve ; un Dictionnaire de cette sorte, soit que vous le regardiez comme un moyen pour parvenir à la Rhétorique, & à la Poëtique, soit que vous le regardiez en lui-même, ne peut que faire beaucoup d'honneur à ses Auteurs. Si quelqu'un plein de pensées plus hautes, prétend ici superbement méprifer toute cette étude des mots, & du langage, je n'en disputerai point avec lui; je lui permets volontiers de suivre son inclination, de s'attacher tout entier, ou aux affaires du monde, ou aux sciences les plus sublimes; mais qu'il prenne garde, que poursuivant de faux biens peut-être, ou recevant des opinions pour des véritez, & des conjectures pour des démonstrations, lorsqu'il pensera s'attacher seul aux choses solides, il n'embrasse du vent comme les autres. Je parle en ce lieu, à ceux qui joignant à des connoissances en effet plus importantes, celle des belles lettres, en font un de leurs plus grands plaisirs; qui s'ennuieroient au monde sans cet agréable amusement; qui y trouvent de quoi se consoler dans la mauvaise fortune, & de quoi se chatouiller dans la bonne; de quoi s'entretenir avec leurs amis, & de quoi se contenter dans la solitude; de quoi même se rendre plus propres à tout ce que le Public, & que la société civile peut exiger d'eux. Je ne doute point que ceux-là ne reçûssent le Dictionnaire de l'Académie avec joie, qu'ils n'en fissent beaucoup d'estime, & n'y trouvassent une merveilleuse commodité. Quel soulagement ne seroit-ce point pour ceux qui écrivent, lors que dans la fougue, & dans la chaleur de la composition, ils seroient travaillez de quelqu'un de ces importuns & fâcheux scrupules sur la Langue ; de ces petites rémores qui arrêtent tout court les plus grands vaisseaux en haute mer, lors même qu'ils vont à pleines voiles : quel soulagement, dis-je, ne leur seroit-ce point, de s'en délivrer à l'instant, pour passer à d'autres choses plus importantes, & d'avoir une Compagnie si célébre pour garant de ce qu'ils auroient écrit ? Je sais bien que les esprits des François ne sont pas nez à la servitude ; je ne voudrois pas même défendre à ceux qui se sentent quelque génie, de ne rien donner à leur goût, quand il n'est pas tout-à-fait extravagant, & qu'il ne choque pas directement celui du Public ; mais après tout, en des choses indifférentes, & qui dépendent purement de l'institution, le témoignage de quarante personnes des plus intelligentes en ces matières, a beaucoup de poids & d'autorité ; & tous ceux qui sont un peu raisonnables, ne fut-ce que pour avoir la paix, aiment beaucoup mieux céder que combattre. Les Remarques de M. de Vaugelas nous en fournissent un exemple : elles ont été choquées de plusieurs : il n'y a presque personne qui n'y trouve quelque chose contre son sentiment : cependant on connoît bien qu'elles s'établissent peu à peu dans les esprits, & y acquièrent de jour en jour plus de crédit. Ce n'est là que l'ouvrage d'un Académicien ; si celui de l'Académie étoit publié, non-seulement il nous résoudroit une infinité de doutes ; mais encore il est vrai-semblable qu'il affermiroit, & fixeroit en quelque sorte le corps de la Langue, & l'empêcheroit, non pas de changer du tout, ce qu'il ne faut jamais espérer des langues vivantes, mais pour le moins de changer si souvent, & si promptement qu'elle fait. Toutes les autres nations reprochent cette inconstance à la nôtre ; nos Auteurs les plus élégans & les plus polis deviennent barbares en peu d'années ; on se dégoûte de la lecture des plus solides, & des meilleurs, dès qu'ils commencent à vieillir ; & c'est un mal, dont si nous devons jamais guérir, ce ne peut être à mon avis que par ce remède. Ne compterons-nous aussi pour rien l'avantage que ce Dictionnaire nous donneroit, de trouver en un même lieu les sources de tous les mots dérivez, un avis judicieux s'ils sont bas, ou nobles, propres aux vers, ou à la prose, en quel genre d'écrire ils peuvent être employez plus à propos, une décision presque indubitable de la longueur, ou de la briéveté des syllabes pour la prononciation, & des é ouverts, ou fermez, qui sont les écueils où choquent si rudement, non-seulement tous les étrangers, mais encore tous ceux qui ne sont pas de l'île de France ? Certes, qu'on en dise aujourd'hui ce qu'on voudra, la Postérité, si elle voit ce Dictionnaire, ou ne s'informera point du temps qu'on aura été à le composer, ou si elle s'en informe, en louera d'autant plus les Auteurs, & s'en croira d'autant plus redevable à l'Académie. Je passe plus avant : quand ce Dictionnaire ne s'acheveroit jamais, puisqu'après tout on y travaille sans cesse, qui peut douter que cet exercice de considérer exactement les mots en leur source, d'en remarquer les divers usages, d'observer toutes les phrases qu'on en peut former, ne fût très-propre à un Corps, qui se propose pour but l'embellissement de la Langue, ne fût très-utile aux particuliers Académiciens pour leur instruction, & par conséquent très-avantageux au Public, à qui tous les jours ils font part de leurs ouvrages ?

J'ai parlé des trois principales occupations de l'Académie depuis son institution : les Discours ou Harangues, les Sentimens sur le Cid, & le Dictionnaire. Mais durant tout ce temps-là, & à divers intervalles, elle s'est fort souvent occupée à examiner des pièces qu'on lui présentoit, de ceux de la Compagnie. Je trouve qu'on y a lû (*a*) en divers temps, des Poësies de Messieurs de Gombauld, & de l'Estoile; la Préface des conjectures sur la digestion de M. de la Chambre; quelque chose du Prince de M. de Balzac, qu'il nommoit (2) alors *Le Ministre d'Etat*; un

(*a*) Regîtres, Janvier & Avril 1636. Mai 1638. Janvier 1639.

(2) Bayle, dans son Dictionnaire, article BALZAC, observe que M. Pellisson se trompe ici. Mais la remarque de Bayle demande un plus grand éclaircissement. Le Prince de Bal-

Discours politique de M. Silhon, pour la justification de l'administration du

zac étoit imprimé dès l'année 1631. Ce qu'il lut à l'Académie en 1636, c'étoient des fragmens d'un autre ouvrage, qui devoit faire la suite de son *Prince*, & qu'il appeloit alors le *Ministre d'Etat*, mais qui depuis a paru sous le titre d'*Aristippe*. En voici la preuve dans une de ses lettres non imprimées, à Chapelain, du 21 Janvier 1644.

,, Je vous supplie de savoir en quelle dis-
,, position est pour moi le Cardinal Mazarin.
,, S'il est galant homme, & qu'il me veuille
,, obliger, j'ai de quoi n'être pas ingrat. Je
,, lui adresserois mon *Aristippe*, c'est-à-dire,
,, tout ce que vous avez vû des Ministres &
,, des Favoris. Mais je ne veux point faire
,, d'avances sans être assuré du succès de ma
,, dévotion. Si vous trouviez quelque sarba-
,, cane propre pour lui faire porter de ma
,, part le desir que j'ai de le servir, peut-être
,, qu'avec toute sa haute faveur, il ne rejet-
,, teroit pas la bonne volonté d'un artisan,
,, qui peut, aussi-bien que Michel-Ange,
,, mettre en Enfer ou en Paradis un Cardinal.

Apparemment Chapelain voulut employer Voiture pour sonder les intentions du Cardinal : & Voiture prit les choses trop litéralement, à en juger par cette autre lettre de Balzac à Chapelain, du 22 Février 1644.

,, Je reçois un billet du cher M. de Voi-
,, ture, où c'est avec plaisir qu'*agnosco veteris*
,, *vestigia flammæ*. Mais je vous prie, faites-
,, moi souvenir des paroles de mes lettres,

Cardinal de Richelieu ; un autre de M. de Sirmond, pour la justification de la guerre contre les Espagnols ; le Prologue de l'Europe de M. des Marests ; des vers de M. de Racan, & plusieurs autres choses moins importantes. Tout ce qu'on y présentoit de cette sorte,

„ Ai-je voulu faire un si sale marché que
„ celui qu'il me reproche ? Savoir d'un hom-
„ me s'il a agréable qu'on parle de lui ; est-
„ ce lui dire en langage Suisse, *Point d'ar-*
„ *gent, point de louanges ?* L'Empereur Augu-
„ ste, qui étoit bien aussi grand Seigneur,
„ & d'aussi bonne maison que M. le Cardi-
„ nal Mazarin, écrivoit néanmoins en ces
„ termes à un de nos amis. *Irasci me tibi scito,*
„ *quòd non in plerisque ejusmodi scriptis mecum*
„ *potissimum loquâris. An vereris, ne apud po-*
„ *steros infame tibi sit, quòd videaris familia-*
„ *ris nobis esse ?* Ce sera donc à Auguste,
„ Monsieur, à qui j'adresserai mon *Aristippe*,
„ ou à quelque autre homme de ce siecle-
„ là, puisque les gens de celui-ci se tiennent
„ si roides sur le point d'honneur.

Par d'autres lettres de Balzac, on voit que ce qu'il auroit voulu obtenir du Cardinal Mazarin, c'étoit que sa pension de deux mille livres sur l'Epargne, dont il étoit mal payé, fût placée sur quelque bénéfice. Mais il ne l'obtint pas ; & son *Aristippe*, entrepris pour le Cardinal de Richelieu, destiné ensuite au Cardinal Mazarin, fut enfin dédié à Christine Reine de Suéde.

étoit examiné avec tant de soin, & avec tant de rigueur, que le Cardinal se crut obligé plusieurs fois d'exhorter l'Académie à en avoir un peu moins. Peut-être vous ferai-je plaisir d'insérer ici ce que j'ai trouvé sur ce sujet dans le regître du Lundi 12 Novembre 1634, qui vous fera voir aussi quelle est la forme de ces regîtres.

Sur ce que M. de Boisrobert a encore dit à la Compagnie, que M. le Cardinal la prioit de n'affecter pas une sévérité trop exacte, afin que ceux dont les ouvrages seront examinez, ne soient point rebutez par un travail trop long & trop pénible, d'en entreprendre d'autres, & que l'Académie puisse produire le fruit que son Eminence s'en est promis, pour l'embellissement & la perfection de notre langue. Après que les voix ont été recueillies, il a été arrêté, que M. le Cardinal seroit très-humblement supplié de trouver bon que la Compagnie ne relâchât rien de la sévérité qui est nécessaire pour mettre les choses qui doivent porter son nom, ou recevoir son approbation, le plus près qu'il se pourra de la perfection. Et en expliquant la nature de cette sévérité, il a été dit qu'elle n'auroit rien d'affecté, ni d'aigre, ni de pointilleux; qu'elle seroit seulement sincere, solide, & judicieuse; que l'examen des ouvrages se feroit exactement par ceux qui seroient nommez Commissaires; & par toute la Compagnie, lorsqu'elle jugeroit leurs observations. Que les Auteurs des pièces examinées, seroient obligez de corriger les lieux qui leur seroient cottez, suivant les résolutions de la Compagnie. M. de Gombauld ayant supplié l'Assemblée de délibérer si un Académicien faisant examiner un ouvrage, seroit tenu de suivre toûjours les sentimens de la Compagnie, en toutes les corrections qu'elle feroit, bien qu'elles ne fussent pas entiérement conformes aux siens. Il a été résolu que l'on n'obligeroit personne à travailler au-dessus de ses forces, & que ceux qui auroient mis leurs ouvrages au point qu'ils seroient capables de les mettre, en pourroient recevoir l'approbation, pourvû que l'Académie fût satisfaite de l'ordre de la pièce en général, de la justesse des parties, & de la pureté du langage.

En lisant ces ouvrages, l'Académie faisoit fort souvent des décisions sur la langue, dont ses regîtres sont pleins; elle en faisoit aussi quelquefois de semblables sur la simple proposition de quelque Académicien; & lors qu'à la Cour, comme il arrive souvent, un mot avoit été le sujet de quelque longue dispute, on ne manquoit pas d'ordinaire d'en parler dans l'Assemblée. Telle fut, par exemple, cette plaisante contestation, née à l'Hôtel de Rambouillet, s'il falloit dire *Muscardins*, ou *Muscadins*, qui fut jugée à l'Académie (b) en faveur du dernier, & dont j'ai voulu parler, parce qu'elle sert d'explication à une raillerie que fit M. de Voiture contre ceux qui vouloient dire *Muscardins*, & qui n'a point été imprimée.

Au siecle des vieux Palardins,
Soit Courtisans, soit Citardins,
Femmes de Cour, ou Citardines;
Prononçoient toûjours Muscardins,
Et Balardins, & Balardines;
Même l'on dit qu'en ce temps-là
Chacun disoit rose muscarde;
J'en dirois bien plus que cela,
Mais par ma foi je suis malarde,
Et même en ce moment voilà
Que l'on m'apporte une panarde.

Ainsi en l'année 1651, M. Naudé fit

(b) Regîtres, 1 Février 1638.

consulter cette Compagnie sur le mot *Rabougri*, qui signifie proprement une plante qui n'est pas venue à sa perfection & à sa juste grandeur, auquel sens on lit dans les anciennes Ordonnances, *des arbres rabougris*. Il se servit à un procès qu'il avoit au Parlement, de la réponse que lui firent deux de ces Messieurs, après en avoir demandé avis à tout le Corps, & fit même imprimer leurs lettres à la fin d'un petit livre qu'il publia alors contre ses parties. Les étrangers, parmi lesquels notre Langue se répand insensiblement, ont aussi quelquefois reconnu l'autorité de l'Académie en de pareilles rencontres. Ainsi en cette année 1652, elle a été obligée de prononcer sur une gageure de conséquence, qui avoit été faite en Hollande, touchant le mot de *température*. Mais comme elle ne fait ces décisions qu'en passant, je ne crois pas m'y devoir arrêter davantage.

Parfois aussi quand l'Académie n'avoit plus rien à faire, elle lisoit & examinoit quelque livre François; & pour cet effet (c) il fut ordonné qu'il y

(c) Regîtres, 16 Juillet 1638.

en auroit toûjours dans le lieu de l'Assemblée. J'ai pris plaisir à lire dans les regîtres l'examen des *Stances* de Malherbe *pour le Roi allant en Limosin* : car s'il y a rien qui fasse voir ce qu'on a dit plusieurs fois, que les vers n'étoient jamais achevez, c'est sans doute cette lecture. A peine y a-t-il une Stance, où, sans user d'une critique trop sévére, on ne rencontre quelque chose, ou plusieurs, qu'on souhaiteroit de changer, si cela se pouvoit, en conservant ce beau sens, cette élégance merveilleuse, & cet inimitable tour de vers qu'on trouve par tout dans ces excellens ouvrages. J'ai dit, sans user d'une critique trop sévére : car pour en donner quelques exemples, dans cette première Stance ;

O Dieu ! dont les bontez de nos larmes touchées,
Ont aux vaines fureurs les armes arrachées,
Et rangé l'innocence aux pieds de la raison;
Puisqu'à rien d'imparfait ta louange n'aspire,
Achève ton ouvrage au bien de cet Empire,

Et nous rends l'embonpoint comme la guérison.

Ces Messieurs (*d*) remarquèrent bien que *La bonté touchée de nos larmes*, seroit mieux que *les bontez*; que le troisième vers, *Et rangé l'innocence aux pieds de la raison*, n'avoit point de sens raisonnable; qu'au quatrième vers, *Ta louange n'aspire à rien d'imparfait*, n'étoit pas bien François; mais ils ne remarquèrent pas comme une faute, qu'il eût dit à la fin, *Et nous rends l'embonpoint comme la guérison*; quoiqu'à y regarder de près, ce me semble, & dans l'ordinaire façon de parler, on puisse bien dire en notre langue, *rendre la santé*, & *rendre la vie*, mais non pas *rendre la guérison*. Or quant à ces vers, *Et rangé l'innocence aux pieds de la raison*, l'Académie n'a point de tort, & il est vrai qu'on n'y sauroit trouver un sens raisonnable; mais cela vient d'une faute d'impression, où on est tombé dans toutes les éditions que j'ai pû voir des Oeuvres de Malherbe, & dont personne que je sache, ne s'est aperçû jusques-ici.

(*d*) Regîtres, 19 Avril 1638.

Au lieu de *l'innocence*, il faut mettre *l'insolence*. Je l'ai crû d'abord par conjecture ; mais je n'en doute plus, depuis que j'ai vû le vers imprimé de cette sorte en trois recueils de Poësies Françoises, qui sont ceux de 1615, 1621, & 1627. *Ranger l'insolence aux pieds de la raison*, fait un sens non-seulement fort bon, mais encore fort beau, & fort poëtique.

Il y a une seule Stance, qui est la XVI, sur laquelle je ne vois rien dans les regîtres, si-non qu'elle a été * admirée de tout le monde, & qu'on n'y a rien trouvé à redire.

> *Quand un Roi fainéant, la vergogne*
>   *des Princes,*
> *Laissant à ses flatteurs le soin de ses*
>   *Provinces,*
> *Entre les voluptez indignement s'endort;*
> *Quoique l'on dissimule, on n'en fait*
>   *point d'estime,*
> *Et si la vérité se peut dire sans crime,*
> *C'est avecque plaisir qu'on survit à sa*
>   *mort.*

Cependant dans cette Stance, certai-

* Regîtres, 26 Janvier 1638.

nement

nement admirable, il a employé le mot de *vergogne*, dont plusieurs feroient difficulté de se servir aujourd'hui, & que de moindres juges n'auroient jamais manqué de condamner. Je pourrois ajoûter plusieurs autres choses semblables, si je ne craignois d'être trop long. Mais il y a deux endroits dont je juge à propos de parler, parce que l'Académie (*e*) a remarqué que Malherbe y avoit manqué lui-même contre ses propres règles. Le premier est en la troisiéme Stance.

> *Certes, quiconque a vû pleuvoir dessus nos têtes,*
> *Les funestes éclats des plus grandes tempêtes,*
> *Qu'excitérent jamais deux contraires partis,*
> *Et n'en voit aujourd'hui nulle marque paroître;*
> *En ce miracle seul, il peut assez connoître,*
> *Quelle force a la main qui nous a garantis.*

Malherbe vouloit que les sixains eussent

(*e*) Regîtres, 26 Avril 1638.

Tome I. O

un repos à la fin du troisième vers. Ici cependant il va jusques à la fin du quatrième sans se reposer ; mais vous ne vous en étonnerez pas, quand vous saurez ce que l'Académie elle-même ignoroit alors, à mon avis, & que j'ai appris depuis peu dans quelques mémoires que M. de Racan a donnez pour la vie de cet excellent Poëte. C'est qu'il avoit fait ces Stances, & plusieurs autres de ses pièces, avant que de s'être imposé cette loi. Et de-là vient qu'il y a quelques-uns de ses ouvrages, où elle n'est pas exactement observée, comme, par exemple, en la Consolation à Caritée, en cette Stance.

Pourquoi donc si peu sagement,
Démentant votre jugement,
Passez-vous en cette amertume,
Le meilleur de votre saison,
Aimant mieux pleurer par coûtume,
Que vous consoler par raison ?

Mais je parlerai ci-après plus amplement de cette règle, en parlant de M. Maynard, qui en fut le premier Auteur.

Je vous ai dit qu'il y avoit encore

un endroit, où, par le jugement de l'Académie, Malherbe péchoit contre ses propres maximes. C'est dans la septième Stance, en ce vers,

L'infaillible refuge, & l'assuré secours.

En ce lieu vous voyez qu'il dit *assuré secours*, au lieu de *secours assuré*; aussibien qu'en un autre dont je me souviens,

De combien de Tragédies;
Sans ton assuré secours.

Cependant il tenoit pour maxime, que ces adjectifs, qui ont la terminaison en *é* masculin, ne devoient jamais être mis devant le substantif, mais après : au lieu que les autres qui ont la terminaison féminine, pouvoient être placez avant ou après, suivant qu'on le jugeroit à propos : qu'on pouvoit dire, par exemple, *ce redoutable Monarque*, ou *ce Monarque redoutable*; & tout au contraire, qu'on pouvoit bien dire, *ce Monarque redouté*, mais non pas *ce redouté Monarque*. Je n'ai pas pris cet exemple sans raison, & à l'aventure;

car j'ai souvent ouï dire à M. de Gombauld, qu'avant qu'on eût encore fait cette réflexion, M. de Malherbe & lui se promenant un jour ensemble, & parlant de certains vers de Mademoiselle Anne de Rohan, où il y avoit,

Quoi, faut-il que Henri ce redouté Monarque,

M. de Malherbe assura plusieurs fois, que cette fin lui déplaisoit, sans qu'il pût dire pourquoi; que cela l'obligea lui-même d'y penser avec attention, & que sur l'heure même en ayant découvert la raison, il la dit à M. de Malherbe, qui en fut aussi aise que s'il eût trouvé un thrésor, & en forma depuis cette règle générale.

L'Académie employa (*a*) près de trois mois à examiner ces Stances: encore n'acheva-t-elle pas; car elle ne toucha point aux quatre dernières, parce qu'elle eut d'autres pensées, & que les vacations de cette année-là survinrent bien-tôt après.

Quelques-uns des Académiciens, &

(*a*) Depuis le 9 Avril jusqu'au 6 Juillet 1638.

deux, entre autres, M. de Gombauld, & M. de Gomberville, souffroient avec impatience que la Compagnie censurât ainsi les ouvrages d'un grand personnage après sa mort, en quoi ils trouvoient quelque chose de cruel & d'inhumain. Mais la modération dont elle usa dans cet examen, & que j'ai déjà remarquée, semble témoigner assez, que son intention étoit entiérement innocente. Et si je juge d'autrui par moi-même, j'en suis tout-à-fait persuadé ; car quant à moi, si bien loin de supprimer tout cet article, je m'y suis étendu un peu plus que de coûtume, je sais bien que ni ce desir de jeune homme, de trouver à redire par-tout, ni aucun autre mouvement blâmable, ne m'ont point engagé dans ce discours : qu'au contraire, si j'avois eu moins d'estime & de respect pour Malherbe, je n'aurois point parlé de ses fautes ; & qu'enfin je ne les ai rapportées, (si l'on peut comparer les choses sacrées aux profanes) que comme l'Ecriture rapporte celle des Saints, pour consoler ceux qui ont trop de regret de faillir, & les empêcher de perdre courage.

Telles ont été les occupations de

l'Académie. Je trouve bien qu'il y a été proposé en divers temps de faire deux recueils, un de vers, & un autre de lettres de ceux de la Compagnie; mais cela n'a jamais été exécuté.

IV.

J'Ajoûterai maintenant, suivant ma promesse, quelques choses considérables, qui se sont passées dans l'Académie, & que je n'ai pû commodément ranger ailleurs.

Celle qui se présente la première, par l'ordre des temps, que je garde autant que je puis en chaque article, est la générosité que l'Académie témoigna après la mort de Camusat, son Libraire; ayant en faveur de sa veuve & de ses enfans résisté, pour ainsi dire, à la volonté du Cardinal, son Protecteur. Aussi-tôt après cette mort, M. de Boisrobert, qui étoit alors à Abbeville avec lui, écrivit à l'Académie, *Que son Eminence en ayant eu la nouvelle, bien qu'elle jugeât qu'il n'y avoit aucun homme dans Paris plus capable de remplir* cette place que Cramoisy son Libraire, qu'elle estimoit & qu'elle affectionnoit, n'avoit pas voulu toutefois user de l'autorité qu'elle avoit comme leur Chef, pour leur commander de le recevoir ; mais avoit desiré seulement, qu'il le leur proposât avec cette condition, que s'ils en savoient quelque autre, qui leur fût plus propre, ils le pussent prendre ; ne desirant en façon quelconque, ni en cela, ni en toute autre chose, violenter leur choix. Par apostille il étoit ajoûté, *Depuis ma lettre écrite, Monseigneur m'a envoyé querir en fort bonne Compagnie, pour me dire que vous lui feriez plaisir de prendre ledit Sieur Cramoisy ; je vois bien qu'il affectionne cette affaire, dont il m'a fait l'honneur de me parler trois fois.* Néanmoins la veuve de Camusat voulant continuer son commerce, & ayant avec elle pour cet effet un nommé du Chesne, parent de son mari, homme de lettres, qui maintenant est Docteur en Médecine ; l'Académie desira de conserver cet honneur à sa famille, & répondit (b) à M. de Boisrobert de telle sorte, que sans s'éloigner du respect qu'elle devoit au Cardinal, & se soûmettant toûjours à

(b) Regîtres, 11 Juillet 1639.

suivre ses volontez, elle lui faisoit assez connoître qu'il étoit juste d'en user ainsi. Cette lettre eut l'effet qu'on souhaitoit; & M. de Boisrobert en écrivit bien-tôt une autre au Secrètaire de l'Académie, contenant l'approbation du Cardinal, & le consentement qu'il donnoit, que du Chesne fût reçû pour exercer la charge au nom de la veuve. Ainsi, après qu'on eut ordonné (c) une réponse à M. de Boisrobert, pour le remercier, & pour le charger de faire aussi des remercimens très-humbles au Cardinal; du Chesne fut introduit dans l'assemblée, prêta le serment au nom de la veuve, & fut exhorté d'imiter la discrètion, les soins, & la diligence du défunt. Et parce qu'en la mort de M. Bardin, l'un des Académiciens, il avoit été résolu qu'il seroit fait à tous ceux du Corps, qui mourroient, un Service dans les Carmes Réformez, dits des Billettes : il fut arrêté qu'on en feroit un aussi à Camusat; & ce fut l'honneur que cette Compagnie rendit à la mémoire de son Libraire. Or touchant la lettre de M. de Boisrobert à l'Académie, il me semble que je ne dois

(c) Regîtres, 26 Juillet 1639.

pas oublier cette petite circonstance. Il avoit signé : *Votre très-humble, & très-obéissant serviteur.* L'Académie qui vouloit répondre en Corps, afin que la lettre eût plus d'effet en faveur de la veuve, se trouva en peine comment elle mettroit au bas. D'un côté tout le Corps écrivant à un de ses membres, ne devoit pas en apparence le traiter d'égal : & de l'autre, le mot simple de *très-affectionnez serviteurs*, par l'usage sembloit être trop peu civil, & ne se pouvoir même écrire qu'à des personnes fort inférieures. Enfin on prit ce milieu, de signer, *Vos très-passionnez serviteurs*, CONRART, comme étant un peu plus civil que *très-affectionnez*, & moins que *très-humbles*.

Maintenant j'ai à parler d'une autre mort plus considérable, & que je ne saurois passer sous silence, qui fut celle du Cardinal même, Protecteur & Instituteur de ce Corps. Si elle fut nuisible à l'Etat, comme je l'ai toujours crû, ce n'est pas ici le lieu d'en rien dire ; mais il est bien certain pour le moins que les gens de Lettres, & l'Académie en particulier, y firent une perte presque irréparable. Le 9 de ce

Tome I. p

même mois (a) la Compagnie s'étant assemblée, M. de l'Estoile, qui avoit été fait Directeur huit jours auparavant, dit : *Qu'il n'y avoit, à son avis, personne dans tout le Corps, qui ne fût très-sensiblement touché de ce malheur, & qui ne fût disposé à le témoigner, non seulement en ordonnant un Service, & en composant un Eloge à M. le Cardinal, comme on avoit accoûtumé de faire aux Académiciens qui mouroient, mais encore en lui fondant un anniversaire avec le plus de solennité qu'il seroit possible. Que néanmoins toute cette pompe regardant plustôt la satisfaction des vivans, que la gloire des morts; il estimoit que l'Académie devoit plustôt donner des preuves de sa piété & de sa reconnoissance, par des actions promptes & dévotes, que par un grand apparat, qu'il faudroit retarder long-temps. Qu'il prioit donc la Compagnie de délibérer ce qui étoit à faire pour ce regard.* Sur cette proposition, il fut résolu, qu'on feroit un Service aux Carmes des Billettes à M. le Cardinal, aux dépens de la Compagnie, chacun y contribuant ce qu'il voudroit, afin que cette action se fît plus honorablement,

(a) Regîtres, 9 Décembre 1642.

& avec plus de dignité : que M. de la Chambre lui feroit un Eloge, M. de Serizay une Epitaphe, & M. l'Abbé de Cérify une Oraifon funèbre : que chacun des autres Académiciens compoferoit quelque ouvrage de vers, ou de profe à fa louange, comme plufieurs avoient déjà fait, & M. Baro, entre autres, duquel on lut à l'heure même un Sonnet fur l'Eglife de Sorbonne, où le Cardinal avoit choifi fon tombeau. Or quant à l'Oraifon funèbre, les voix furent * partagées, pour favoir fi on la prononceroit en public, ou non ; & comme je l'ai dit ailleurs, on s'en remit à M. le Chancelier, qui trouva bon qu'elle fût prononcée feulement dans la Compagnie ; ce qui fut fait quelque temps après. Pour le Service, on jugea depuis, qu'il étoit plus à propos qu'il fût feulement avec bienféance, & fans pompe. M. de l'Eftoile, Directeur, demanda qu'il lui fût permis d'en faire feul les frais ; cela lui fut accordé, & le Service fut célébré le 20 du même mois, à dix heures du matin.

Mais la chofe la plus importante

* Regîtres, 16 Décembre 1643.

pour l'Académie, étoit de choisir un Protecteur, en la place de celui qu'elle venoit de perdre. Plusieurs penchoient vers le Cardinal Mazarin, sur le sujet duquel, l'envie, & les factions n'avoient point encore partagé les esprits, & que tout le monde voyoit avec plaisir succéder dans le Ministére au Cardinal de Richelieu. On jugeoit même que cette élection lui seroit d'autant plus agréable, que n'étant pas né François, elle sembloit lui être en quelque sorte plus glorieuse. D'autres pensoient à M. le Duc d'Enguien, maintenant Prince de Condé, qui n'avoit pas encore gagné des batailles, ni fait les choses qu'on a admirées depuis, dans les premières années de la Régence; mais en qui on voyoit déjà briller, en une grande jeunesse, beaucoup d'esprit, & beaucoup d'inclination aux belles lettres. Tous ceux au contraire qui étoient dans l'Académie, dépendans, ou serviteurs de M. le Chancelier, desiroient avec passion de lui acquérir ce titre : & il sembloit que personne n'y avoit plus de droit que lui. Dès le commencement de l'Académie, lorsqu'il demanda d'y être reçu, on avoit parlé de le faire Protecteur avec le Cardinal; mais on ne passa pas plus outre, de peur de déplaire à ce Ministre, qui avoit déjà donné quelques marques de jalousie sur ce sujet. Ainsi tout l'honneur qu'on lui fit alors, fut de mettre son nom le premier dans le Tableau, & à quelque distance des autres, qu'on y avoit rangez par sort. L'Académie pourtant l'avoit toûjours eu depuis en une vénération particuliére. Elle avoit député vers lui pour le remercier de ce qu'il lui vouloit faire l'honneur d'en être; & quand de Garde des Sceaux il devint Chancelier de France, elle lui écrivit une lettre pour lui en témoigner sa joie. Il sembloit donc qu'elle ne pouvoit alors raisonnablement jetter les yeux que sur lui, puisqu'elle l'avoit toûjours si fort considéré; qu'en sa naissance il lui avoit témoigné tant d'affection; & que d'ailleurs étant élevé à la première dignité de la Robe, il aimoit ceux qui faisoient profession des Lettres, & les favorisoit en toutes rencontres. Ces raisons l'emportérent aussi sur les autres, dans l'esprit des Académiciens; & en la même assemblée du 9 Décembre, il fut résolu que les Officiers, avec Messieurs de Priézac, Chapelain, & de Sérisay, iroient le supplier d'honorer la Compagnie de sa protection. Les Officiers, qui sont d'ordinaire trois, n'étoient alors que deux, parce que M. Conrart, Secrétaire perpétuel, avoit été fait Chancelier ; ces deux charges n'étant pas incompatibles, comme je vous l'ai dit. M. de l'Estoile, qui étoit le Directeur, porta la parole pour tous le 17 du même mois. Son compliment est assez court, & assez beau pour être inséré ici.

MONSEIGNEUR,

Nous faisons assez connoître, que toutes les grandes douleurs ne sont pas muettes, puisque celle de la mort de M. le Cardinal nous laisse encore assez de voix pour vous supplier de ne nous abandonner pas dans ce malheur. Que s'il reste encore à ce grand Génie quelque soin des choses d'ici-bas, il sera bien aise que vous soyez le support d'une Compagnie, qu'il aimoit comme son ouvrage. Il vous en prie, MONSEIGNEUR, & par l'étroite affection qui vous attachoit à lui, & par celle que vous portez aux belles lettres. Vous ne l'avez jamais refusé de rien, & c'est ce qui nous fait espérer, que la tempête nous jettera d'un port dans un autre, & qu'enfin nous recouvrerons en vous ce que nous avons perdu en lui, c'est-à-dire, un Protecteur, non-seulement illustre par sa naissance, & par sa dignité, mais aussi par sa vertu. Nous en dirions davantage, & n'en dirions pas encore assez ; mais votre modestie, & notre déplaisir, ne nous permettent plus de parler, que pour vous assurer, MONSEIGNEUR, qu'une protection si glorieuse que la vôtre, est le plus grand de nos desirs, que nous voulons nous faire des loix de vos volontez, & que nous sommes tous en général, & en particulier, Vos, &c.

Ils furent reçûs avec grande civilité, & avec beaucoup de témoignages de joie. M. le Chancelier commença alors d'être Protecteur, & on remplit la place d'Académicien qu'il occupoit auparavant, comme je dirai dans l'article des Académiciens en particulier.

Pour achever celui-ci, il me semble que je suis obligé de rapporter ce que diverses personnes (4) ont dédié, adress-

(4) Dans le dénombrement que M. Pel-

fé, ou écrit en divers temps à l'Académie.

M. d'Espeisses, Conseiller d'Etat, fut le premier, que je sache, qui écrivit quelque chose en son honneur. Car le 19 Juin 1634, il lui fit présenter par Messieurs de Cérisy, & des Marests, quelques vers François à sa louange. Ces deux Messieurs eurent charge de l'en remercier, & de répondre même à ses vers par d'autres.

Ce fut environ ce même temps, que l'aîné de Messieurs de Sainte-Marthe fit présenter à l'Académie, par M. Colletet, de beaux vers Latins sur le même sujet, qui commençoient,

Salve perpetuis florens Academia fastis,

& qui furent reçûs, comme j'ai appris, avec toute l'estime & toute la civilité qu'ils méritoient, bien qu'il ne s'en trouve rien dans les Regîtres.

lisson va faire des personnes qui ont dédié, ou adressé de leurs ouvrages à l'Académie, il oublie son ami M. Sarasin, qui, sous le nom de *Sillac d'Arbois*, adressa à l'Académie en 1638, son Discours sur l'*Amour Tyrannique* de Scudéry.

Le Sieur de la Peyre, en l'année 1635, dédia * à cette Compagnie son livre *De l'Eclaircissement des Temps*, avec ce titre, *A l'Eminente*, qui a fait croire depuis à plusieurs qu'elle s'appeloit *l'Académie Eminente*. Il fut ordonné que Messieurs de Gomberville, & de Malleville iroient l'en remercier chez lui. Ce fut en ce livre que ce bon homme, qui avoit souvent des imaginations fort plaisantes, fit mettre le portrait du Cardinal en taille douce avec une couronne de rayons tout autour, chacun desquels étoit marqué par le nom d'un Académicien. Ce qui est de meilleur, c'est qu'entre ces Académiciens, il mit M. de Bautru-Chérelles, qui ne l'étoit pas : & celui qui a fait l'Etat de la France en l'année 1652, y ayant voulu inférer le Rôle des Académiciens, pour l'avoir peut-être pris de ce lieu, est tombé dans la même faute.

Le Sieur Belot, Avocat, dédia aussi à l'Académie en ce temps-là, si je ne me trompe, un livre que je n'ai pû trouver, & dont il n'est point fait de mention dans les Regîtres, intitulé,

* Regîtres, 3 Décembre 1635.

Apologie de la langue Latine : & c'est ce qui a donné occasion à ce bel endroit de la Requête des Dictionnaires.

La pauvre langue Latiale,
Alloit être trouſſée en malle,
Si le bel Avocat Belot, &c.

M. Frénicle ayant fait imprimer des Paraphraſes ſur quatre Pſeaumes chez Camuſat, le chargea par une lettre de préſenter un exemplaire de ſon livre à chacun des Académiciens ; cela fut exécuté le 1 de Février 1638, & la Compagnie ordonna qu'il en ſeroit remercié de ſa part, par le même Camuſat.

Le Sieur de Lesfargues, Toulouſain, maintenant Avocat au Conſeil, fit premièrement (*a*) préſenter à l'Académie une *Paraphraſe du ſecond Pſeaume*, par Camuſat qui l'avoit imprimée : & depuis encore il fut introduit (*b*) dans la Compagnie aſſemblée, pour lui préſenter ſa Traduction des *Controverſes de Sénéque*, qu'il lui dédioit. Il en fit diſtribuer un exemplaire à chaque Aca-

(*a*) Regîtres, 28 Juin 1638.
(*b*) Regîtres, 31 Janvier 1639.

démicien. L'Epître liminaire fut lûe en sa présence, & il en fut remercié par la bouche du Directeur. C'est pour cette raison, que dans la même Requête des Dictionnaires il est dit,

Et le Sénéque faisoit nargue
A votre Candidat, Lesfargue.

En l'année 1641, le Pére du Bosc, Cordelier, Prédicateur du Roi, connu pour être l'Auteur de l'*Honnête Femme*, & de plusieurs autres ouvrages, après avoir fait imprimer un *Panégyrique du Cardinal de Richelieu*, se présenta * à l'entrée d'une des conférences de l'Académie, & offrit un exemplaire de son livre à chacun de ceux qui s'y trouvèrent, dont il fut loué, & remercié.

Le Sieur le Taneur, ayant publié en l'année 1650, un traité *des quantitez incommensurables, avec la traduction du dixième livre d'Euclide*, y ajoûta un fort beau discours à Messieurs de l'Académie Françoise, sur le moyen d'expliquer les sciences en François.

Ceux du Corps ont souvent présenté à l'Académie leurs ouvrages, avant

* Regîtres, 16 Novembre 1641.

l'impression, ou après. Par exemple, je trouve que le 11 Février 1639, M. Giry lui fit présenter par Camusat, sa traduction des *Harangues de Symmaque, & de Saint Ambroise, sur l'Autel de la Victoire*; de quoi Camusat eut charge de le remercier.

M. de Racan, lorsqu'il eut composé ses *Odes sacrées*, qui ont été publiées l'année dernière 1651, les envoya à l'Académie pour lui en demander son avis, & lui écrivit la lettre qu'il a mise au devant. L'Académie lui fit la réponse, qu'il a fait imprimer au même lieu, sans lui en demander permission, ni au Secrétaire qui l'avoit écrite, & qui pourtant ne fait aucun tort à l'un ni à l'autre.

Mais de tout ce qui a été écrit ou adressé à l'Académie, il n'y a rien dont la mémoire mérite mieux d'être conservée, que des lettres de M. de Boissat Académicien, où il lui rendit un compte exact, & de ce qui lui arriva chez M. le Duc de Lesdiguieres, qui n'étoit alors que Comte de Sault; & de l'accommodement qui fut fait entre eux par l'entremise de la Noblesse de Dauphiné, assemblée en corps.

Je n'ignore pas combien les choses de cette nature sont délicates & chatouilleuses parmi les François, & qu'il s'en pourra trouver qui me blâmeront d'avoir fait mention de celle-ci, en un ouvrage où je n'avois pas dessein de diminuer la gloire de l'Académie, ni la réputation des particuliers qui la composent. Mais enfin je ne vois rien qui m'oblige à supprimer des événemens remarquables, qui se rencontrent dans mon sujet; qui peuvent servir d'instruction & de préjugé en des occasions pareilles; qu'on publieroit peut-être un jour tout autrement qu'ils ne sont; & où, tout considéré, il n'y a aujourd'hui rien de fâcheux, ni pour cette illustre Compagnie, qui n'avoit point de part à ce différent, ni pour M. de Boissat, Gentilhomme, comme chacun sait, plein d'honneur & de mérite. J'en parlerai donc: & qui plus est, sachant bien d'un côté, qu'une matière si curieuse ne vous ennuiera pas; & de l'autre qu'en ces points d'honneur on pèse jusqu'aux moindres syllabes, j'insérerai ici tout au long, non-seulement la copie de l'accommodement qui fut envoyée à l'Académie par M. de Boiſſat, mais auſſi la lettre dont il l'accompagna, & la réponſe qu'elle y fit.

Que ſi je ſupprime la première lettre qu'il écrivit à cette Compagnie, & qui contenoit une narration particulière de ſon malheur, & des choſes qui avoient précédé : c'eſt parce que j'ai appris qu'il tâche à la ſupprimer lui-même, par un mouvement de véritable générosité, pour ne laiſſer aucune marque de reſſentiment ni d'aigreur, contre des perſonnes avec leſquelles il eſt tout-à-fait réconcilié : dont en mon particulier, j'honore comme je dois, la qualité & la naiſſance.

Seconde lettre de M. de Boiſſat, ſans date, avec cette ſuſcription :

A Meſſieurs, Meſſieurs de l'Académie de l'Eloquence, aſſemblez en Corps.

MESSIEURS,

Comme je vous rendis compte du malheur inouï, qui m'arriva chez le Lieutenant du Roi en Dauphiné ; ainſi je vous fais part d'un accommodement encore plus inouï, que la Noblesse de cette Province a desiré treize mois durant, & pour lequel elle s'est assemblée plus solennellement qu'elle n'a de coûtume en d'autres occasions. Ce moyen extraordinaire, que la Providence a suscité pour finir un malheur que mes sentimens vouloient rendre immortel, a pû me réduire à la paix, quand les opinions de mon maître, de mes amis, & de mes parens m'y ont porté, & quand après avoir envoyé jusqu'à trois Gentilshommes dans Grenoble, j'ai vû la voie des armes comme impossible, par les soins que tout le monde prend à la conservation des Grands. Les principales raisons qui m'y ont obligé, outre la volonté de tous les miens, vous seront bien aisées à connoître, si vous vous souvenez, Messieurs, que la partie se doit, & ne se peut dénier à son tout. Que la Noblesse prit dès le commencement, cause en main pour moi ; & que depuis ayant desiré l'entière connoissance de l'affaire, ceux qui étoient mes ennemis l'ont eû pour partie, & pour juge tout ensemble. Qu'un corps de cent ou six vingts Gentilshommes, est un garant plus proportionné à mon honneur, qu'un Prince. Que j'ai autant de cautions, qu'il y avoit là de têtes assemblées. Que bien au de-là de réparer l'honneur d'un particulier, ils en peuvent former de nouvelles loix dans leur pays, pour ce qu'ils sont la source de l'honneur même. Que c'est une chose inouïe dans la Monarchie Françoise, qu'on ait fait si hautement satisfaire un Gentilhomme. Et enfin que celui qui leur commande à tous, s'est soumis à eux d'une façon inconnue à tous les siecles. Voilà, Messieurs, les motifs qui m'ont obligé à vaincre ma propre résistance, & à donner les mains à toute notre Province. De vous dire maintenant de quelle sorte ils ont travaillé, cette copie dont j'ai l'original signé, vous en fera foi, & vous montrera que ces vrais Gentilshommes ont eu plus d'égard à mon innocence, & à leur honneur, qu'à toutes les grandeurs de la terre. Ce que j'y puis ajoûter du mien, est que douze jours durant on s'est assemblé soir & matin, avec une patience invincible, & que tout ce qui s'y est passé, est grand, mémorable, & sans exemple. Je crois, Messieurs, que m'ayant toûjours vû révérer parfaitement votre Corps, & chérir sur toutes choses l'honneur que j'ai d'en être, vous agréerez que M. de Sérisay m'apprenne les sentimens que vous

avez

avez là-deſſus, afin que ſi cette affaire mérite (comme je n'en doute point) votre approbation, je reçoive un contentement plus parfait, s'il eſt poſſible, que celui que je reſſens. C'eſt de quoi je vous ſupplie avec tout le reſpect que je vous dois, & de me croire plus que perſonne du monde,

MESSIEURS,

Votre très-humble, très-obéiſſant,
& très-paſſionné ſerviteur,
P. DE BOISSAT.

Copie de l'accommodement fait en Dauphiné, par l'ordre de la Nobleſſe, aſſemblée à cette occaſion.

Pour Meſſieurs de l'Académie, qui ſont très-humblement ſuppliez d'en écouter la lecture en pleine Aſſemblée.

Monſieur le Comte de Sault, Chevalier des Ordres du Roi, premier Gentilhomme de ſa Chambre, & Lieutenant général pour ſa Majeſté en Dauphiné, & Monſieur de Boiſſat, ayant remis leurs différens au jugement de la Nobleſſe de cette Province aſſemblée pour cet effet ; après en avoir ſû d'eux le ſujet ; elle a

Tome I.   Q

jugé pour la satisfaction de l'un & de l'autre : Qu'un Gentilhomme de l'Assemblée, accompagné d'un parent de M. de Boissat, iroit chez Madame la Comtesse de Sault, pour lui porter en la présence de ceux qu'elle aura agréable d'y appeler, la déclaration que le Sieur de Boissat a faite en ladite Assemblée : De n'avoir jamais eu en pensée le dessein de l'offenser, & qu'il l'a toûjours hautement estimée pour sa naissance, pour sa vertu, & pour toutes les qualitez recommandables qui sont en elle ; & que s'il avoit le moindre soupçon de se pouvoir faire ce reproche, de l'avoir offensée au point qu'elle l'a crû, il ne lui en demanderoit pas seulement pardon ; mais encore il se croiroit indigne de l'obtenir, & ne se le pardonneroit pas à soi-même.

Ensuite de quoi M. le Comte de Sault, accompagné de ses gardes & de ses domestiques, se rendra au lieu où la Noblesse sera assemblée, après avoir sû que le Sieur de Boissat avoit été mandé d'y venir, & lui dira : Monsieur, vous savez le sujet qui m'a fait avouer l'offense, qui vous a été faite ; ce qui me fait espérer que vous m'accorderez plus facilement le pardon que je vous en demande : Reconnoissant de m'être porté à cet excès avec trop de chaleur, y ayant même employé de mes gardes, & que si vous eussiez eu une épée, vous vous en seriez servi, tout autant que vous eussiez eu de vie : dont j'ai un déplaisir extrême, & voudrois qu'il m'eût coûté de mon sang, que la chose ne fût pas arrivée. Je vous prie de le croire, & que je vous tiens pour Gentilhomme de mérite & de courage, qui l'avez témoigné en toutes sortes d'occasions, & qui en eussiez tiré raison par les voies qui vous eussent le plus satisfait, sans les soins qu'ont pris Messieurs de la Noblesse, d'en détourner les moyens. J'ajoûterai à cette priére une seconde faveur, que je desire de vous, & que je tiendrai encore, s'il se peut, à plus grande obligation ; qui est, Monsieur, de me vouloir octroyer le pardon que je vous demande pour M. de Vaucluse, bien que je sache avec quelle soûmission il vous ira rendre témoignage chez vous du déplaisir qui nous demeure, que vous ayez été si outrageusement offensé. Et pour vous faire encore mieux connoître, combien il me touche ; j'amène ceux par qui vous avez reçu cette injure, pour les soûmettre à ce que Messieurs de la Noblesse en ordonneront, & que vous pourriez desirer pour votre satisfaction. Je m'assure que vous jugez bien, par ce que je vous ai dit, & par ce que je fais, que vous avez sujet de mettre en oubli tout ce qui vous a fâché. Vous m'obligerez extrêmement d'en être satisfait, & d'être mon ami, comme je vous en prie de tout mon cœur.

Après que cela aura été prononcé par M. le Comte de Sault, celui qui présidera à l'Assemblée, s'adressant au Sieur de Boissat, lui dira: Monsieur, vous avez assez reconnu par le discours que vous a fait M. le Comte de Sault, avec quelle douleur il ressent l'offense qui vous a été faite, & avec quelle passion il desire que vous en demeuriez satisfait. Cette Compagnie croit que vous ne lui sauriez plus refuser ce qu'il desire de vous, & vous prie avec lui, d'en perdre le souvenir, & de recevoir les offres qu'il vous fait de son affection. *Sur quoi M. de Boissat dira à M. le Comte de Sault*: Monsieur, je donne au repentir que vous me faites paroître, & à la priére qui m'en est faite par ces Messieurs, ce que vous desirez de moi. *Et à même temps M. le Comte de Sault le priera de l'embrasser. Ce qui ayant été fait ; en se retirant de l'Assemblée, il laissera ceux de ses gardes & domestiques, qu'il doit soûmettre ; & alors celui qui présidera à l'Assemblée, commandera aux gardes de se présenter avec leurs casaques & sans armes, & de se mettre à genoux devant le Sieur de Boissat, & lui dira :* Monsieur, cette Compagnie a condamné ces gardes qui vous ont frappé, à une prison si longue, que vous trouverez bon. *Et après que le Sieur de Boissat se sera expliqué de son intention, le Président les renvoiera, & fera entrer les valets, lesquels s'étant mis à genoux, le Sieur de Boissat prendra un bâton de la main du Président, pour en user comme bon lui semblera.*

Le jour même le Sieur de Vaucluse en la Compagnie de trois ou quatre Gentilshommes des présens de l'Assemblée, ira trouver le Sieur de Boissat chez lui pour lui dire : Monsieur, je viens ici vous demander pardon en la présence de ces Messieurs, & vous offrir à me porter à toutes les soûmissions que peut faire un Gentilhomme, pour votre satisfaction. La mienne sera parfaite, si vous me voulez croire votre serviteur, comme je vous en supplie. *A quoi le Sieur de Boiſſat répondra:* Monsieur, j'ai promis à M. le Comte de Sault, & à Messieurs de la Noblesse, de ne me ressouvenir plus de ce qui s'est passé à ce sujet. *Et après cela les Gentilshommes qui seront présens, les feront embrasser.*

L'avis de la Nobleſſe contenu en cet écrit, a été observé ponctuellement, excepté que le Sieur de Boiſſat ne s'eſt pas servi du jugement qu'elle a donné contre les gardes, ni du bâton envers les valets, pour le respect qu'il a voulu rendre à l'Assemblée, & pour sa générosité. Audit Grenoble, le 25 Février 1638. Monsieur le Marquis de Breſſieux, nommé par la Compagnie Préſident pour le préſent, ainſi ſigné en l'original, Breſſieux-Monteilher. Méypieu. La Marcouſſe. La Charſe. Boiſſieu de Salvain. L'Eſtang. Chatte. Eidoche. S. Jullien. Paris. Montferrier. Des Adreſts. La Baſtie. Montſaléon. Bovieres. Marcieu. Loras. Chamanieu. Moyrans. Deageant de Vire, *autrement*

Deageant de Bannettes. Rolligny. La Pierre. Montenard. Miribel. De Rocheblave. Ralhanettes. De la Blache. De Calignon. Aspremont. De Langes. Bonrepos. H. Ferrand. De Repellin. Jansac. Serviere. S. André. S. André de Porte. Vallambert. Langon. Aspres. Romme, du Pont des Oleres. Chambrier. Delisle. La Pene de Charvays. De Ruynac. C. Romme. Sougier. De Lionne. De Beninan. Du Thau. Claveson. De Motet. Boffin. Armand. De Villars. De Villieres. De Monieres. De Lovat. Gresse. De la Morte. Bardonanche. De Revol. *Extrait collationné à son original, expédié au Sieur de Boissat, signé* DU FOUR DE LA REPARA, *Secrètaire de la Noblesse.*

Les autres Gentilshommes, au nombre de plus de soixante, étant retournez en leurs maisons, qui un, qui deux jours après l'Assemblée, pour leurs affaires, on n'a pu en si peu de temps faire signer un plus grand nombre que ces soixante-quatre, ou soixante-cinq, qui sont ci-dessus signez.

Réponse à la lettre écrite par M. de Boissat, à Messieurs de l'Académie.

MONSIEUR,

J'ai été chargé par Messieurs de l'Académie de vous faire cette lettre, pour vous remercier en leur nom, de celle que M. de Sérizay leur a rendue de votre part, & de la copie de l'acte dont elle étoit accompagnée. Ils y ont appris avec contentement combien vos intérêts ont été chers à Messieurs de la Noblesse de Dauphiné, & avec quel soin ils vous ont procuré la satisfaction que vous avez reçue. Toute la Compagnie trouvoit vos plaintes justes, & votre ressentiment légitime. Mais si le mal étoit grand, il faut avouer aussi que le remède que l'on y a apporté, est extraordinaire : & il semble que vous ne l'eussiez pû refuser, sans vous faire tort à vous-même, & sans offenser ceux qui vous l'ont préparé avec tant de sagesse, & de jugement. Elle croit donc que vous avez eu raison de déférer aux avis, & à la prudence de ces Messieurs, & que vous ne pouviez avoir de plus sûres, ni de plus illustres cautions de la réparation de votre bonneur, honneur, que tant de personnes à qui il est plus précieux que leur propre vie, qui en connoissent parfaitement les loix, & qui, pour user de vos termes, sont très capables d'en faire de nouvelles, comme ils l'ont fait voir en cette occasion. Enfin, Monsieur, elle estime qu'un Gentilhomme ne peut être traité plus glorieusement que vous l'avez été par tous ceux de votre profession, qui, dans cet accommodement, ne paroissent pas moins vos Protecteurs que vos Juges ; & elle s'en promet un avantage particulier, qui est de vous voir bientôt ici, où elle vous témoignera elle-même combien elle loue Dieu de ce que cette affaire s'est terminée si heureusement. Mais en vous attendant, elle a jugé à propos de vous donner ce témoignage, que vous avez desiré, de son sentiment, & de son affection, par la plume,

MONSIEUR,

De votre très-humble & très-affectionné serviteur,
CONRART.

C'est là, si je ne me trompe, tout ce qui a été écrit jusqu'ici à l'Académie Françoise, ou qui a été fait en son honneur. Mais comme j'étois en cet endroit de ma Relation, il est arrivé une chose qui mérite d'y être ajoûtée, & qui vous témoignera en quelle estime est aujourd'hui cette Compagnie dans les pays étrangers. Les *Intronati* de Sienne se vantent qu'un homme de savoir, nommé Thomas, de la ville de Bergue en Norvége, envoyé par son Prince pour rechercher les plus grandes raretez de l'Italie, vint exprès dans leur ville avec des lettres de recommandation du fameux Vicenzo Pinelli de Padoue, pour voir leur Compagnie, & emporter leurs Statuts. L'Académie Françoise a reçu ces jours passez (a) un honneur qu'on peut estimer encore plus grand. Le Baron Spar, grand Seigneur de Suéde, lui fit témoigner par M. Tristan, qu'il desiroit de la saluer; & ayant été introduit, il lui fit son compliment, comme je le trouve dans les Regîtres, en termes non-seulement fort purs, & fort François, mais encore fort élégans. Il assura ces Messieurs, & de la passion qu'il avoit eue de voir leur

(a) Regîtres, 15 Mai 1652.

assemblée, comme une des choses les plus remarquables de Paris, & du Royaume ; & de l'estime particulière que la Reine sa Maîtresse faisoit de leur Corps, dont elle ne manquoit jamais de demander des nouvelles à tous ceux qui retournoient de France en Suède. Le Directeur répondit pour tous, comme le méritoit la civilité de ce Seigneur, & les rares qualitez de cette auguste Princesse, qu'on peut appeler avec raison l'ornement de notre siecle, & la principale gloire des belles lettres. Le Baron, qu'on avoit fait asseoir à main gauche du Directeur, en la place du Secrètaire qui étoit absent, assista encore à la lecture d'une Ode d'Horace, traduite par M. Tristan : après quoi il se retira, & fut reconduit par les Officiers, suivis des autres Académiciens, jusques à la porte de la Salle, où Messieurs de Racan & de Boisrobert avoient été le recevoir avec M. Tristan.

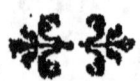

V.

ME voici enfin à la dernière partie de mon travail, qui regarde les Académiciens en particulier. J'y observerai cet ordre. Premièrement, je dirai en quel temps, & en quelle occasion chaque Académicien a été reçû dans la Compagnie, depuis son premier établissement : puis je parlerai séparément de ceux qui sont déjà morts ; & enfin j'ajoûterai quelque chose des vivans.

Je les appelle *Académiciens*, parce qu'ils ont eux-mêmes choisi ce nom en l'assemblée du 12 Février 1635 : celui d'*Académistes*, qu'on proposoit aussi, ayant été rejeté à cause des autres significations qu'il a d'ordinaire.

Je vous ai dit au commencement, que ceux qui donnèrent naissance à l'Académie par leurs assemblées secrettes & familières, furent M. Godeau, maintenant Evêque de Grasse, M. de Gombauld, M. Giry, M. Chapelain, Messieurs Habert, M. Conrart, M. de

Sérisay, & M. de Malleville. A ceuxlà se joignirent Messieurs Faret, des Marests, & de Boisrobert. Depuis, lorsque le Cardinal en voulut former un Corps, on y ajoûta plusieurs personnes à la fois, qui furent M. de Bautru, M. Silhon, M. de Sirmond, M. l'Abbé de Bourzeys, M. de Méziriac, M. Maynard, M. Colletet, M. de Gomberville, M. de Saint-Amant, M. de Colomby, M. Baudoin, M. de l'Estoile, & M. de Porchéres-d'Arbaud, sans que l'absence de quelques-uns de ces Messieurs les empêchât de recevoir cet honneur. Alors on commença à faire des assemblées réglées, & à tenir un Regître, qui justifie en quel temps chacun des autres Académiciens a été reçû.

Le premier fut M. Servien, alors Secrètaire d'Etat, depuis Plénipotentiaire, & Ambassadeur pour la paix à Munster, & Ministre d'Etat, dont il est ainsi parlé dans le Regître du 13 de Mars 1634. *L'Académie se tenant honorée de la priére que M. Servien, Secrétaire d'Etat, lui a fait faire d'y être admis, a résolu qu'il en sera remercié, & qu'on l'assurera qu'il y sera reçû, quand il lui plaira.* Il y vint enfuite le 10 d'Avril, s'excufa de n'y avoir pas affifté pluftôt fur les affaires importantes auxquelles il étoit occupé, fit fon compliment à l'Académie, & en reçût la réponfe par la bouche du Directeur ; mais je paffe en deux mots toutes ces chofes, pour n'être pas exceffivement long.

Le même jour 13 de Mars 1634, auquel on propofa M. Servien, M. de Boifrobert fit voir une lettre qu'il écrivoit de fon chef à M. de Balzac. Il l'avertiffoit du deffein de M. le Cardinal pour l'établiffement de l'Académie, ajoûtant, *Que s'il defiroit d'y être admis, il pouvoit le témoigner à la Compagnie par fes lettres, & qu'il ne doutoit point qu'elle ne le lui accordât volontiers en confidération de fon mérite.* On en ufa ainfi pour exécuter une réfolution qu'on venoit de faire, de ne recevoir perfonne qui ne l'eût fait demander ; ce qu'on obferve encore aujourd'hui. Je ne vois pas dans le Regître, ce qui fuivit ; mais infailliblement (1) M. de Balzac fur fa réponfe,

―――――

(1) Nicolas Bourbon, dans fa lettre *Georgio Campenio Harlemenfi*, datée du 17 Mars

fut reçû peu de temps après dans l'Académie ; & je trouve qu'en l'année 1636 il y lut quelque partie de son *Prince*, qu'il nommoit alors (2) le *Ministre d'Etat*.

M. Bardin, qui étoit du nombre de ceux sur lesquels on avoit jeté les yeux au commencement, fut reçû ensuite ; après qu'il se fut excusé de quelque froideur qu'on l'accusoit d'avoir témoignée, & qu'il eût assuré la Compagnie du déplaisir qu'il ressentoit des mauvais discours qu'on avoit tenus de lui.

Ceux qui furent (*a*) reçûs les premiers après celui-là, sont M. de Boissat, M. de Vaugelas, M. de Voiture, & M. de Porchéres-Laugier. Mais à la réception de ce dernier, qui avoit été proposé par M. de Malleville, il fut fait deux Réglemens, que je ne dois pas omettre.

1636, explique assez ce que Balzac fit alors. *Qui ante aliquot annos*, dit-il, *regem eloquentiâ agebat, nunc quodammodo in ordinem coactus est, sed libenter & ultrò, postquam civili more prensavit ut disertissima Curia pars esset, & in Academiam præstantium virorum, Richelii auspiciis institutam admitteretur.*

(2) Voyez ci-dessus, pag. 153, rem. 2.
(*a*) Regîtres, 6, 27 Nov. & 4 Décemb. 1634.

Le premier, qu'à l'avenir on opineroit (3) sur les élections par billets, & non pas de vive voix, comme on avoit fait jusques-alors.

Le second, qu'on ne recevroit (4) plus d'Académicien, qui n'eût été présenté au Cardinal, & n'eût reçû son approbation. J'ai ouï dire là-dessus qu'il n'aimoit point M. de Porchéres-Laugier, le regardant comme un homme qui avoit eu de l'attachement avec ses plus grands ennemis. Qu'ainsi il fut très-fâché de cette élection. Qu'on lui offrit de la révoquer, & qu'il eut cette modération de se contenter d'un réglement pour l'avenir. Ce Réglement a été observé jusques-ici, tant pour lui, que pour M. le Chancelier, depuis qu'il est Protecteur, sur la proposition qu'en fit M. de la Chambre le 27 Novembre 1646. Ce fut, si je ne me trompe, pour appaiser le Car-

___

(3) Voyez page 76, rem. 1.

(4) De-là est venue la nécessité des deux scrutins : le premier, pour déterminer à la pluralité des suffrages, que l'on proposera au Protecteur ; le second, pour élire, après que le Protecteur a donné son agrément à celui qui a été proposé.

dinal, que M. de Porchéres-Laugier se hâta de haranguer avant que son tour fût venu, à la place de M. de Sérizay, & prit pour sujet de son Discours, *les louanges de l'Académie, & celles de son Protecteur*, comme vous avez vû ci-dessus.

M. Habert de Montmor, Maître des Requêtes, & M. de la Chambre furent reçûs un peu après, & en même temps. Et je vois que le 2 Janvier 1635, M. de la Chambre s'y trouva pour la première fois; & que M. de Cérisy parlant pour M. de Montmor son cousin, remercia la Compagnie *de la grace qu'elle lui avoit faite en la séance dernière*, & l'assura *qu'il y viendroit prendre sa place, dès qu'il seroit de retour d'un voyage qu'il étoit obligé de faire à Saint-Germain.*

Ce fut ce même jour 2 Janvier 1635, que l'on proposa de faire des Discours, & que l'on dressa pour cet effet un tableau des Académiciens, dont je vous ai parlé ci-dessus. Ils voulurent y être rangez par sort, sans avoir aucun égard à la différence des conditions : & moi, je vous avertis aussi, que lorsqu'il m'arrive d'en nommer plusieurs ensemble dans cette Relation, je les range de même par sort, c'est-à-dire, suivant que leurs noms se présentent fortuitement à moi, sans qu'il en faille tirer nulle conséquence.

Ce tableau qui étoit (*b*) de trente-six personnes, ayant été montré à M. le Garde des Sceaux, maintenant Chancelier de France, il fit dire à la Compagnie par M. de Cérisy, qu'il desiroit d'y être compris. On ordonna que son nom seroit écrit à la tête, comme je vous ai dit ailleurs : & que Messieurs de Montmor, du Chastelet, Habert, & les trois Officiers iroient lui rendre graces très-humbles de l'honneur qu'il faisoit à tout le Corps. En cette occasion M. de Sérizay qui étoit le Directeur, porta la parole, & on dit qu'il s'en acquitta merveilleusement bien. Sa harangue fut lûe huit jours après dans l'assemblée : il fut dit qu'il en donneroit une copie, qui seroit gardée entre les ouvrages Académiques ; mais quelle qu'en soit la cause, ni cette harangue, ni plusieurs autres qu'il eut occasion de faire durant le long temps qu'il fut Directeur,

(*b*) Regîtres, 8 Janvier 1635.

& dans lesquelles il satisfaisoit tout le monde au dernier point, ne se trouvent plus; & je n'en ai vû pas une entre les papiers, qui m'ont été communiquez.

On reçut (*c*) ensuite M. l'Abbé de Chambon, frére de M. du Chastelet; & six mois après, ou environ, fut reçu (*5*) M. Granier. Il fut élû par billets, qui furent tous en sa faveur, excepté trois. L'événement a montré que les trois qui vouloient l'exclurre, n'avoient point de tort; car je trouve dans les Regîtres, que le 14 du mois de Mai suivant, sur la proposition qui en fut faite par le Directeur, de la part de M. le Cardinal, il fut déposé pour une mauvaise action, d'une commune voix, & sans espérance d'être restitué. Il y auroit peut-être quelque inhumanité à s'arrêter davantage sur cette matière, puisqu'il vit encore, & comme on dit, tout-à-fait dans la dévotion,

_____

(*c*) Regîtres, 26 Février 1635.
(*5*) Colomiés, dans sa Bibliothèque choisie, le nomme *Auger de Mauléon, Sieur de Granier*: & Richelet, dans son Recueil de Lettres Françoises, nous apprend que cet Académicien fut exclus *pour ne s'être pas bien acquitté d'un dépôt qu'on lui avoit confié.*

bien que le livre intitulé, *Etat de la France en 1652*, l'ait mis entre les Académiciens morts. Il me suffira de vous dire, pour n'y revenir plus, que c'étoit un Ecclésiastique, natif, comme l'on m'a dit, du pays de Bresse, homme de bonne mine, de bon esprit, d'agréable conversation, qui avoit même du savoir, & de belles Lettres. Pour s'établir à Paris, il s'associa avec un Libraire nommé Chapelain, & depuis avec un autre nommé Bouillerot. Et comme il avoit été curieux de bons manuscrits, il en mit au jour quelques-uns qui étoient encore fort rares. Nous lui devons les Mémoires de la Reine Marguerite, & ceux de M. de Villeroy, les Lettres du Cardinal d'Ossat, & celles de M. de Foix. Il faisoit imprimer, & relier ces livres, avec le plus de soin qu'il étoit possible, en faisoit beaucoup de présens, étoit fort propre dans sa maison, fort civil, & fort officieux envers les personnes d'esprit, & les gens de Lettres, qui pour cette raison se trouvoient volontiers chez lui, où il se faisoit comme une espèce d'Académie. Toutes ces choses le mirent en réputation, & le firent connoître, premierement à M. le Chancelier, qui lui donna pension ; puis au Cardinal, qui trouva bon que M. de Boisrobert le proposât pour être de l'Académie.

Le premier qui fut reçû (d) après lui, fut M. Giry. Car encore qu'il eût été de ces assemblées d'amis, qui se faisoient chez M. Conrart, il s'en étoit retiré, & n'avoit point été appelé quand on commença à faire un Corps d'Académie. Je trouve dans les Regîtres qu'il fut proposé alors par M. de Boisrobert, de la part du Cardinal, qui l'avoit jugé digne d'en être, sur la lecture de sa traduction de l'Apologétique de Tertullien.

Le nombre de quarante n'étoit pas encore rempli : cependant M. Bardin, & M. du Chastelet moururent presque en même temps, & laissèrent deux nouvelles places vacantes. On répara (e) cette double perte en recevant M. Bourbon, & M. d'Ablancourt.

Il mourut encore environ ce temps-là deux autres Académiciens, M. Ha-

(d) Regîtres, 14 Janvier 1636.
(e) Regîtres, 23 Septembre 1637.

bert Commissaire des Guerres, & M. de Méziriac.

On reçût (f) ensuite, & en même jour, M. Esprit, & M. de la Mothe-le-Vayer ; le sort les rangea, comme je viens de les nommer. Et enfin pour remplir la seule place qui restoit du nombre de quarante, on proposa dans la même assemblée M. de Priézac, Conseiller d'Etat, qui fut reçû huit jours après.

Ceux qui ont été reçûs depuis, sont (g) M. Patru, au lieu de M. de Porchéres-d'Arbaud.

M. de Bezons, alors premier Avocat général au grand Conseil, maintenant Conseiller d'Etat ordinaire, au lieu de M. le Chancelier, quand il fut (h) fait Protecteur après la mort du Cardinal.

M. de Salomon, aussi alors (i) Avocat général au grand Conseil, au lieu „ de M. Bourbon. Il fut (6) préféré à

(f) Regitres, 14 Février 1639.
(g) Regitres, 3 Septembre 1640.
(h) Regitres, 26 Janvier 1643.
(i) Regitres, 12 Août 1644.
(6) Les vingt lignes devant lesquelles on voit ici des guillemets ou virgules renversées,

„ M. Corneille, qui avoit demandé la
„ même place. Le Protecteur fit dire
„ à l'Académie qu'il lui laiſſoit la liber-
„ té du choix, & vous jugerez par la
„ ſuite qu'elle ſe détermina de cette
„ ſorte, pour cette raiſon que M. Cor-
„ neille faiſant ſon ſéjour à la Provin-
„ ce, ne pouvoit preſque jamais ſe
„ trouver aux aſſemblées, & faire la
„ fonction d'Académicien.

„ Je dis que vous le jugerez par la
„ ſuite : car depuis, M. Faret étant
„ mort, on propoſa d'un côté le même
„ M. Corneille, & de l'autre M. du
„ Ryer, & ce dernier fut préféré. Or
„ le Regître (*a*) en cet endroit fait
„ mention de la réſolution que l'Aca-
„ démie avoit priſe de préférer toû-
„ jours entre deux perſonnes, dont

ne ſe trouvent que dans la première édition de cette Hiſtoire. Apparemment elles ont été retranchées des éditions ſuivantes, ſur ce qu'on s'eſt imaginé que d'avoir eſſuyé deux refus, avant que d'obtenir une place à l'Académie, ce n'étoit pas une choſe honorable au grand Corneille. Mais pour des hommes tels que lui, comme rien ne peut augmenter leur gloire, rien auſſi ne peut la diminuer.

(*a*) Du 21 Novembre 1646.

„ l'une & l'autre auroient les qualitez
„ nécessaires, celle qui feroit sa rési-
„ dence à Paris.

„ M. Corneille fut pourtant reçû
„ ensuite, au lieu de M. Maynard, par-
„ ce qu'il fit dire à la Compagnie,
„ qu'il avoit disposé ses affaires de
„ telle sorte, qu'il pourroit passer une
„ partie de l'année à Paris. M. de
Ballesdens avoit été proposé aussi ;
& comme il avoit l'honneur d'être à
M. le Chancelier, l'Académie eut ce
respect pour son Protecteur, de députer vers lui cinq des Académiciens,
pour savoir si ces deux propositions
lui étoient également agréables. M. le
Chancelier (b) témoigna qu'il vouloit
laisser une entière liberté à la Compagnie. Mais lorsqu'elle commençoit
à délibérer sur ce sujet, M. l'Abbé de
Cérisy lui présenta une lettre de M.
de Ballesdens, pleine de beaucoup de
civilitez pour elle, & pour M. Corneille, qu'il prioit la Compagnie de
vouloir préférer à lui, protestant qu'il
lui déféroit cet honneur, comme lui
étant dû par toutes sortes de raisons.
La lettre fut lûe & louée par l'assem-

(b) Regitres, 22 Janvier 1647.

blée :

blée; & depuis il fut reçû en la première place vacante, qui fut celle de M. de Malleville; mais je ne trouve pas en quel jour; car depuis ce temps-là, les longues & fréquentes indispositions du Secrètaire de l'Académie ont laissé beaucoup de vuide dans les Regîtres. De sorte que je n'y ai rien vû de cette réception, non plus que des cinq suivantes de Messieurs de Mézeray, de Montereul, de Tristan, de Scudéry, & Doujat. Tout ce que j'en ai pû savoir, c'est qu'ils ont succédé à Messieurs de Voiture, de Sirmond, de Colomby, de Vaugelas, & Baro.

Ensuite (a) M. Charpentier fut reçû au lieu de M. Baudoin, après qu'on eut lû une lettre de M. le Chancelier, alors absent, par laquelle il témoignoit à M. de Ballesdens, qu'il approuvoit cette élection, sur la connoissance qu'on lui avoit donnée du mérite de celui qu'on proposoit, & sur la lecture de l'ouvrage qu'on lui avoit envoyé. C'étoit la Vie de Socrate, & les *Choses Mémorables* de ce même Philosophe, traduites du Grec de Xénophon.

M. l'Abbé Tallemant, Aumônier du

(a) Regîtres, 7 Janvier 1651.

Roi, a aussi succédé (*b*) depuis à M. de Montereul.

Enfin, comme j'écrivois cette Relation, M. de l'Estoile étant venu à mourir, M. le Chancelier fit demander (*c*) la place vacante pour M. le Marquis de Coislin, son petit-fils, ne croyant pas pouvoir mieux cultiver l'inclination & les lumières que ce jeune Seigneur témoigne pour toutes les belles connoissances. Il fit dire pourtant à la Compagnie avec beaucoup de civilité, qu'il demandoit cela comme une grace. Qu'il n'entendoit point aussi que cette réception tirât à conséquence, ni qu'elle fût faite d'autre sorte que les précédentes. Et en effet la Compagnie ayant agréablement reçû cette proposition, l'élection fut faite huit jours après par billets, qui se trouvérent tous favorables : & il fut ordonné que l'Académie iroit en corps remercier M. le Chancelier de l'honneur qu'il lui avoit fait ; ce qui fut exécuté sur l'heure même, & reçû par lui avec une civilité extrême.

Je vous ai parlé de tous ceux qui

(*b*) Regîtres, 10 Mai 1651.
(*c*) Regîtres, 18 & 21 Mai, & 1 Juin 1652.

ont été reçûs dans l'Académie, depuis son institution. Vous aurez remarqué sans doute que le nombre de quarante, dont elle doit être composée, ne fut rempli qu'à la réception de M. de Priézac, en l'année 1639, cinq ou six ans après son premier établissement. M. Patru qui fut le premier reçû ensuite, entrant dans la Compagnie y prononça un fort beau remerciment, dont on demeura si satisfait, qu'on a obligé tous ceux qui ont été reçûs depuis, d'en faire autant. Il y a parmi les papiers de l'Académie treize de ces Remercimens, qui sont ceux de Messieurs Patru, de Bezons, de Salomon, Corneille, Ballesdens, de Mézeray, de Montereul, Tristan, Scudéry, Doujat, Charpentier, l'Abbé Tallemant, & du Marquis de Coislin.

Or de ce grand nombre d'Académiciens, sans parler de M. le Chancelier, qui d'Académicien est devenu Protecteur de la Compagnie, & dont les éloges se verront en des Histoires plus importantes, & plus fameuses que celle-ci ; il y en a dix-sept qui ne sont plus : de chacun desquels je juge à propos de vous dire quelque chose en particulier. Que si je suivois mon inclination, cette partie de mon ouvrage seroit excessivement longue ; car je vous avoue que j'ai une curiosité extrême & insatiable pour tout ce qui peut me faire connoître les mœurs, le génie, & la fortune des personnes extraordinaires ; que j'ai même cette foiblesse d'étudier souvent dans les livres, l'esprit de l'Auteur, beaucoup plus que la matière qu'il a traitée. Mais je tâcherai de me souvenir que j'écris plus pour autrui, que pour moi-même ; que c'est ici l'Histoire de l'Académie, & non pas celle des Académiciens, dont, à vrai dire, je ne dois parler qu'autant qu'il est nécessaire pour faire juger de tout le Corps par quelques-uns de ses membres. M. Colletet, qui en est lui-même, suppléera quelque jour à ce défaut, & n'oubliera pas sans doute ses amis & ses confréres dans les Vies des Poëtes François, qu'il a déjà fort avancées.

Les dix-sept Académiciens, qui sont morts, sont Messieurs,

I. *Bardin.*
II. *du Chastelet.*
III. *Habert.*
IV. *de Méziriac.*

V. Porchéres-d'Ar- XI. de Sirmond.
baud. XII. de Colomby.
VI. Bourbon. XIII. de Vaugelas.
VII. Faret. XIV. Baro.
VIII. Maynard. XV. Baudoin.
IX. de Malleville. XVI. Montereul.
X. de Voiture. XVII. de l'Estoile.

I.

MONSIEUR BARDIN.

Quand M. Bardin laissa la première place vacante dans l'Académie, la Compagnie ordonna qu'il lui seroit fait un Service dans l'Eglise des Billettes; qu'on composeroit aussi pour lui un éloge succint, & sans affectation de louanges, qui fût comme un abrégé de sa vie. Quelques jours après il fut ajoûté qu'on lui feroit encore deux Epitaphes, l'une en prose, l'autre en vers, & que les mêmes choses seroient observées en la mort de chaque Académicien. M. de Grasse fut chargé de l'éloge; M. Chapelain de l'Epitaphe en vers; & M. l'Abbé de Cérisy de celui qui devoit être en prose. Je ne puis mieux faire, ce me semble, que de vous rapporter ici ces trois pièces, qui ne sont ni d'une longueur, ni d'un style à vous ennuyer. Que si la loi générale qu'on fit alors, eût été depuis aussi exactement observée, qu'elle étoit judicieusement établie ; je ne serois guère en peine pour vous parler des Académiciens morts. Ces éloges, ou m'en dispenseroient, ou me serviroient de fort bons mémoires. Mais c'est le génie des François de faire de très-bons réglemens, & de les exécuter très-mal. On n'a presque rien pratiqué de celui-là, que ce qui regarde le Service : tout le reste, qui pouvoit instruire la postérité, qui pouvoit contribuer à la gloire, tant des particuliers que du Corps, a été laissé en arrière, par une négligence blâmable, & entièrement indigne de cette illustre Compagnie.

ELOGE DE M. BARDIN.

L'Académie Françoise ne songeoit qu'à composer des chants de triomphe pour les victoires du Roi, lorsqu'elle fut contrainte de prendre le deuil, & de pleurer la perte de Pierre BARDIN, l'un de ses plus illustres ornemens. Il naquit l'an 1590, dans la ville capitale de la Normandie, de parens qui le laissèrent plus avantageusement partagé des biens de l'esprit, que de ceux de la fortune. Il reçut d'eux une vie qu'il a perdue, & il leur a rendu une gloire qui ne s'éteindra jamais. Il prit la première teinture de la piété, & des bonnes Lettres, chez les Péres Jésuites. Dès ce temps-là, ses Maîtres jugérent qu'il seroit un homme extraordinaire : mais comme les fruits de l'Automne surpassent quelquefois les promesses du Printemps ; de même ses actions & ses ouvrages ont fait connoître depuis, que l'on n'avoit pas conçû d'assez hautes espérances de lui. Il ne voulut pas étudier pour devenir savant, mais pour être meilleur ; & il songea moins à enrichir sa mémoire, qu'à polir sa raison, & à régler ses mœurs. Il étoit propre à toutes les disciplines, mais il s'adonna particuliérement à la Philosophie, & aux Mathématiques, avec un succès qui donna de la jalousie aux plus habiles. L'amour de la souveraine vérité le jetant dans l'étude de la Théologie, il ne s'arrêta qu'à des sources claires & saines, dans lesquelles il puisa des lumières, qui l'éclairérent fans l'éblouïr. Après avoir amaffé beaucoup de tréfors dans les *Auteurs facrez & prophanes* ; il crut qu'il commettroit un larcin, s'il n'en faifoit des libéralitez. Les prémices de fa plume furent confacrées à la gloire de Dieu, par la Paraphrafe de l'Eccléfiafte qu'il compofa, & à laquelle il donna le nom de Penfées Morales. En cet ouvrage la dignité du fujet eft foûtenue par une élocution forte, fans rudeffe ; riche fans ornemens ; curieufe & agréable, fans affectation. Le Public le reçut avec un applaudiffement extraordinaire. L'envie ne parla point contre lui, ou ne parla qu'en fecret. Cela lui donna courage de faire un autre préfent à la poftérité, qui fut la première & feconde partie du Lycée, dans lefquelles formant un honnête homme, il fit fa peinture fans y penfer. Il travailloit à la troifiéme, quand un accident inopiné le déroba à la France, en l'âge de quarante-deux ans, & priva les fiecles futurs du fruit de fes études. Il avoit conduit M. d'Humières dans fa jeuneffe, & depuis étoit demeuré auprès de lui, pour l'affifter de fon confeil dans fes plus importantes affaires, qu'il embraffoit comme fiennes. Il témoigna bien qu'il l'aimoit paffionnément ; car le voyant

en

en danger de se noyer, il accourut pour le secourir, sans considérer qu'en ces rencontres la charité est d'ordinaire périlleuse. La crainte du danger où il voyoit une personne qui lui étoit si chére, l'ayant troublé, il perdit la force & l'haleine ; de sorte qu'il ne put résister à l'impétuosité de l'eau, laquelle tournoyant à l'endroit où il se perdit, faisoit un gouffre au milieu d'une des plus paisibles, & des plus sûres riviéres du monde. Ce malheur eût donné de l'inquiétude à ses amis pour l'état de son ame, si l'intégrité de sa vie ne leur eût fait connoître qu'il se préparoit tous les jours à la mort. Le genre n'en pouvoit être plus pitoyable, ni la cause plus glorieuse. Sa conversation étoit douce, & il savoit si bien tempérer la sévérité de sa vertu, qu'elle n'étoit fâcheuse à personne. Bien que sa fortune fût au dessous de son mérite, il la trouva assez relevée ; & pour la rendre meilleure, il ne fit aucune de ces diligences serviles, que la coûtume rend presque honorables. Huit jours devant sa mort il avoit parlé dans l'Académie, & son esprit s'étoit élevé si haut, qu'il falloit juger dèslors qu'il commençoit à se détacher de la matière, & qu'il approchoit de son centre. Sa taille étoit moyenne : la couleur de ses

Tome I.   T

cheveux & de son visage montroit le juste
tempérament de cette mélancolie, que les
Philosophes appellent sage & ingénieuse.
L'Académie lui rendit solennellement les
devoirs, auxquels la piété l'obligeoit, &
fut long-temps à sécher ses larmes. Le regret qu'il laissa à ceux même qui ne le con-
noissoient pas, consola ses amis ; & la tri-
stesse publique fut le remède de leur douleur particulière. Pour superbe monument,
ils conservérent la mémoire de son nom
dans leur ame, s'efforcérent de suivre ses
exemples, & n'eurent point de plus dou-
ces pensées que celles qui leur parloient de
sa vertu.

EPITAPHE DE M. BARDIN.

Arrête, Passant, & pleure. Qui que
tu sois, il t'est mort un ami, si tu l'ès
de la science & de la vertu. C'est PIERRE
BARDIN, digne de tout autre honneur que
de celui du tombeau. Néanmoins console-
toi, tu n'en as pas tout perdu : il te reste
la meilleure partie de lui-même : je dirois
tout, si tu avois (a) tout l'honnête Homme, qu'il avoit commencé de former en

(a) La derniére partie de son discours regardoit les actions de l'honnéte homme.

son Lycée. *Il ne te manque de lui que ce qui manque à cet ouvrage ; encore peux-tu l'achever, si tu sais sa vie. Hélas ! elle fut terminée* (1) *au quarante-deuxième an de son âge. Je n'ose dire avec malheur, puisque ce fut avec gloire. Voyant que son bienfaicteur se noyoit, il se précipita pour le secourir. Il le perdit, & celui pour qui il appréhendoit, ne se perdit pas. Le péril fut innocent, & la crainte fut mortelle. Cet accident te surprend, il ne le surprit pas. Il étoit toûjours prêt, & sa mort soudaine ne fit que lui épargner des douleurs, & que hâter sa félicité. Mais j'ai tort de t'arrêter pour t'apprendre ses louanges ; passe, va où tu voudras, il y a peu de lieux sur la terre où tu ne les entendes.*

Autre Épitaphe.

BARDIN repose en paix au creux de ce tombeau,
Un trépas avancé le ravit à la terre,
Le liquide élément lui déclara la guerre,
Et de ses plus beaux jours éteignit le flambeau.

(1) Page 215, on dit qu'il étoit né l'an 1590. Page 205, on dit qu'il mourut en

*Mais son esprit exempt des outrages de
l'onde,
S'envola glorieux loin des peines du
monde,
Au palais immortel de la félicité.
Il eut pour but l'honneur, le savoir pour
partage,
Et quand au fond des eaux il fut pré-
cipité,
Les vertus avec lui firent toutes nau-
frage.*

Je ne saurois presque rien ajoûter à cet éloge, & à ces épitaphes. Ceux qui ont connu cet Académicien, disent qu'il étoit en effet tel que vous l'y voyez dépeint, & rendent des témoignages fort honorables à sa vertu. Ses écrits font assez voir tout le reste, & la beauté de son esprit paroît dans celle de ses pensées, & de son style, qui peut-être n'a point d'autre défaut que d'être un peu trop diffus. On m'a parlé de quelques autres ouvrages de lui, que je n'ai point vûs, & dont il n'est pas fait mention dans l'Eloge ;

1637. Et ici on dit qu'il mourut âgé de 42 ans. L'erreur de calcul est visible : mais quel remède y apporter ?

qui sont *Le grand Chambellan de France*, dédié au Duc de Chevreuse, & imprimé à Paris chez du Val en l'an 1623. Un livre (2) dédié au Roi, *& une lettre assez longue sur la possession des Religieuses de Loudun*. Il avoit résolu d'intituler son *Lycée*, L'HONNÊTE-HOMME, & se plaignoit que M. Faret à qui il avoit communiqué son dessein, l'avoit prévenu, & s'étoit servi de ce titre.

(2) *Un livre dédié au Roi :* Sur une indication si vague, comment deviner ce que c'est ? Aucun des volumes mentionnez dans la liste de ses ouvrages, n'est dédié au Roi.

II.

M. DU CHASTELET.

Paul Hay, Sieur du Chastelet, étoit de l'ancienne maison de Hay en Bretagne, qui se vante d'être sortie il y a six cents ans de celle des Comtes de Carlile, l'une des plus illustres d'Ecosse. Il fut au commencement Avocat général au Parlement de Rennes,

& enfin Conseiller d'Etat ordinaire. Il eut aussi des emplois fort honorables, comme la commission d'établir le Parlement à Pau : & en l'année 1635 l'Intendance de la Justice dans l'armée Royale, où le feu Roi Louis XIII, le Comte de Soissons, & le Cardinal de Richelieu, étoient en Personne. Il fut nommé pour être un des Commissaires au procès du Maréchal de Marillac ; mais ce Maréchal le récusa comme son ennemi capital, & qui avoit fait une Satire Latine en prose rimée, tant contre lui que contre le Garde des Sceaux son frère. On lui reproche là-dessus qu'il nia devant le Roi, & avec serment, d'être l'auteur de cette pièce ; que depuis pourtant, la même récusation ayant été proposée une autre fois, il avoua ce qu'il avoit nié : de quoi le Roi en colére le fit arrêter. Quant à lui, dans les Observations qu'il a faites sur le procès du Maréchal de Marillac, il proteste seulement qu'il n'a jamais fait aucun serment devant le Roi, sans entrer plus avant dans cette matière. Mais j'ai sû de bonne part de quelle sorte il en parloit avec ses plus familiers amis, & j'en ai eu des mémoires très-particuliers, qui se réduisent en un mot à ceci; que desirant de se tirer du nombre des Juges, il avoit fait suggérer lui-même cette Requête de récusation au Maréchal, & que son artifice ayant été découvert par des personnes puissantes, qui lui étoient ennemies, excita le courroux du Roi. Ce qu'il y a de certain, c'est qu'après la derniére Requête de récusation, qui fut présentée contre lui à Ruel, où se faisoit la procédure, il fut mandé par le Roi, qui étoit à Saint-Germain, & ensuite retenu, & conduit le même jour à Villepreux : & que durant sa prison, pour se réconcilier avec la Cour, il fit les Observations, dont je vous ai déjà parlé, qui servirent à l'en faire sortir. Depuis il ramassa plusieurs pièces de divers auteurs pour la défense du Roi, & de ses Ministres, les fit imprimer avec ce titre, *Recueil de pièces servant à l'Histoire*, & mit au devant cette longue Préface, qui est comme une Apologie du Cardinal de Richelieu. Il étoit homme de bonne mine, d'un esprit ardent, & fort résolu, qui parloit & écrivoit fort bien,

& qui aimoit avec une passion démesurée les exercices de l'Académie. Aussi dit-on qu'ils ne lui furent pas inutiles, & qu'on remarqua une très-grande différence entre les ouvrages qu'il avoit faits auparavant, & ceux qu'il fit depuis l'établissement de ce Corps. Ce fut lui qui y lut le premier discours de ces vingt, dont je vous ai parlé ailleurs. Je dis qui y lut; car encore qu'ayant passé par les charges, & particuliérement par celle d'Avocat général, il fut tout accoûtumé à parler en public, il avoua que jamais assemblée ne lui avoit paru plus redoutable que celle-là, & se servit de la permission que le Réglement donnoit à tous les Académiciens de lire leurs harangues, s'ils vouloient, au lieu de les prononcer. J'ai appris quelques mots qu'on lui attribue, qui me semblent dignes d'être rapportez. Lorsqu'on fit le procès à M. de Boutteville, il fit un Factum (1) pour lui, qui fut trouvé également éloquent & hardi : M. le Car-

___

(1) *Pour Messire François de Montmorency, Comte de Luz & de Boutteville; & Messire François de Rosmadec, Comte des Chapelles.* C'est un écrit de huit pages in-folio.

dinal lui ayant reproché, que c'étoit pour condamner la justice du Roi, *Pardonnez-moi*, lui dit-il, *c'est pour justifier sa miséricorde, s'il a la bonté d'en user envers un des plus vaillans hommes de son Royaume*. Un jour, comme il assistoit M. de Saint Preuil, qui sollicitoit la grace du Duc de Montmorency, & qu'il témoignoit beaucoup de chaleur pour cela, le Roi lui dit : *Je pense que M. du Chastelet voudroit avoir perdu un bras pour sauver M. de Montmorency*. Il répondit, *Je voudrois, Sire, les avoir perdus tous deux (car ils sont inutiles à votre service) & en avoir sauvé un, qui vous a gagné des batailles, & qui vous en gagneroit encore*. Au sortir de sa prison le Cardinal lui faisant quelque excuse sur sa détention : *Je fais*, lui répondit-il, *grande différence entre le mal que votre Eminence fait, & celui qu'elle permet, & n'en serai pas moins attaché à son service*. Et un peu après ayant été mené à la Messe du Roi, qui ne le regardoit point, & affectoit même, ce sembloit, de tourner la tête d'un autre côté, comme par quelque espèce de honte, de voir un homme à qui il venoit de faire ce traitement ; il s'approcha de M. de Saint-Simon, & lui dit, *Je vous prie, Monsieur, de dire au Roi, que je lui pardonne de bon cœur, & qu'il me fasse l'honneur de me regarder.* M. de Saint-Simon le dit au Roi, qui en rit, & le caressa ensuite. Il mourut âgé de quarante-trois ans cinq mois, le 6 Avril 1636, d'une fièvre quarte, & comme j'ai ouï dire à quelques-uns, par la faute des Médecins, & pour avoir été trop saigné. Il a laissé des ouvrages de vers & de prose. Ce que j'ai vû pour les vers, est l'*Avis* (2) *aux absens*, contre ceux qui étoient alors à Bruxelles avec la Reine Mére Marie de Médicis, & Monsieur, frère unique du Roi. Une Satire assez longue, *Contre la vie de la Cour*, qui commence, *Sous un calme trompeur*, & qu'on a faussement attribuée (3) à Théophile. Une autre Satire cruelle & sanglante contre un Magistrat, sous le nom de * * *. Ses ouvrages de prose sont, *la Prose* (4) *ri-*

(2) Cette pièce intitulée, *Avis aux absens de la Cour*, est d'environ 150 vers.

(3) C'est effectivement sous le nom de Théophile qu'elle se trouve dans les Recueils de Sercy, Tom. I, pag. 89.

(4) On la trouve sous ce titre, *Prose impie*

mée en Latin, contre les Marillacs : *les Observations sur le procès du Maréchal de Marillac : la Préface du Recueil de pièces servant à l'Histoire.* Son style sur-tout en cette Préface est magnifique & pompeux, peut-être jusques à l'excès. Il avoit commencé un autre écrit pour répondre à l'Abbé de Saint-Germain, comme je vous ai dit ailleurs ; mais il mourut là-dessus, & son travail n'a point été vû.

contre les deux frères Marillacs, dans le Journal du Cardinal de Richelieu.

III.

Monsieur Habert.

Philippe Habert étoit d'un famille fort ancienne dans Paris, dont il y a aujourd'hui des personnes dans les grandes charges de la Robe, & qui a eu des alliances très-honorables. De cinq frères qu'ils étoient, celui-ci étoit le second, & l'Abbé de Cérisy le troisième. Dès son enfance il témoigna beaucoup de génie pour les Lettres ;

mais après qu'il eut achevé ses études, les emplois où il entra, l'engagérent insensiblement dans la profession des armes. Le dernier, dans lequel il mourut, fut celui de Commissaire de l'Artillerie, qui lui avoit été donné par M. de la Mesleraye, dont il étoit extraordinairement aimé. Il se trouva aux plus remarquables occasions de ce temps-là, à la bataille d'Avein, au passage de Bray, aux siéges de la Motte, de Nancy, & de Landrecy. Mais en l'année 1637, quelques troupes de l'armée Françoise ayant eu ordre d'assiéger le Château d'Emery, entre Mons & Valenciennes, comme il étoit parmi des munitions de guerre, dont il avoit la conduite, la mèche d'un soldat étant tombée dans un tonneau de poudre, fit sauter une muraille, sous les ruines de laquelle il demeura accablé. Il n'avoit guère alors que trente-deux ans. Sa taille étoit moyenne, ses cheveux blonds, ses yeux bleus, son visage pâle, & marqué de petite vérole. Sa mine & sa conversation étoient froides & sérieuses; mais il avoit les sentimens élevez, le courage grand, les passions ardentes, jusque-là qu'on m'a assuré qu'il faillit à mourir effectivement d'amour, pour une de ses maîtresses. Il étoit civil, discret, & judicieux, homme d'honneur & de probité ; & tous ceux qui l'ont connu, en parlent comme d'une personne, non-seulement fort aimable, mais encore digne d'une estime toute particuliére. Le seul ouvrage imprimé qu'on ait de lui, est *le Temple de la Mort*, qui est une des plus belles pièces de notre Poësie Françoise. Il le fit pour M. de la Mesleraye, sur la mort de sa première femme, qui étoit fille du Maréchal d'Effiat. Il a laissé d'autres vers manuscrits ; mais j'ai ouï dire qu'ils ne sont pas tout-à-fait de même force, soit qu'on ne puisse pas travailler toûjours avec un égal bonheur, soit qu'il n'eût pas eu le loisir de les corriger, & de les polir, comme ceux-là, qu'il changea, & rechangea durant trois ans, pour les amener à cette perfection où nous les voyons. Il avoit fait aussi une Relation en prose, de ce qui s'étoit passé en Italie sous le Marquis d'Uxelles, Général de l'armée que le Roi Louis XIII. envoya au secours du Duc de Mantouë. L'Académie lui fit faire un éloge par M. de Gombauld, & une épitaphe en vers par M. Chapelain, qui se verront quelque jour avec le reste de leurs œuvres.

IV.

M. DE MÉZIRIAC.

Claude Gaspar Bachet, Sieur de Méziriac, étoit de Bresse, d'une famille noble & ancienne. Il étoit bien fait, & de belle taille, avoit les yeux & les cheveux noirs, le visage agréable, & la conversation fort douce. Il étoit savant dans les langues, & particuliérement en la Grecque, très-profond en la connoissance de la Fable, en l'Algèbre, aux Mathématiques, & aux autres sciences curieuses. Il passa en sa jeunesse (1) beaucoup de temps

(1) Il fut quelques années parmi les Jésuites, & régenta des classes à Milan. C'est un fait que Colomiés rapporte dans ses Opuscules, & que M. Pellisson pouvoit bien rapporter hardiment, puisqu'il n'y a rien là qui ne fasse honneur, & aux Jésuites, & à M. de

à Paris, & à Rome : & en ce dernier lieu il fit quantité de vers Italiens à l'envi avec M. de Vaugelas, qui s'y trouvoit aussi. Depuis il se retira chez lui, à Bourg en Bresse, & s'il en faut croire un de mes amis & des vôtres, qui l'a connu fort particuliérement, il y mena une vie la plus charmante qu'on sauroit imaginer. Il étoit déjà connu, & compté en France entre les premiers de son temps, soit pour l'esprit, soit pour le savoir ; & c'étoit assez pour satisfaire une ambition raisonnable, comme la sienne. Quant au bien, il étoit au commencement riche de cinq ou six mille livres de rente, & enfin de huit ou dix par la mort de Guillaume Bachet, son frére aîné. Il ne se travailla point pour en acquérir davantage ; au contraire il évita les charges publiques, & les emplois que les autres recherchent avec tant de soin. Lorsqu'il étoit encore à Paris, il se parla de le faire Précepteur du feu

---

Méziriac. Il est heureux pour M. de Méziriac d'avoir été à une si bonne école dans sa jeunesse : & il est glorieux pour les Jésuites d'avoir contribué à former un si savant homme.

Roi Louis XIII. Cela fut cause qu'il se hâta de quitter la Cour; & il disoit depuis qu'il n'avoit jamais été en si grande peine, lui semblant qu'il avoit déjà sur ses épaules le pesant fardeau de tout un Royaume. Après s'être ainsi retiré, il se maria, & quoiqu'il pût prétendre à de fort riches partis, il aima mieux (2) prendre une femme sans biens, mais de bon lieu, bien faite, & d'une humeur fort douce, & qui se rapportoit parfaitement à la sienne. Il ne se repentit point de ce choix, & prenoit souvent plaisir d'en parler avec ses amis, comme de la meilleure chose qu'il eût jamais faite. La santé, ce précieux bien, qui rend tous les autres infiniment plus agréables, ne lui manquoit pas, & sa seule incommodité étoit qu'il avoit quelquefois de légéres atteintes de goutte. Mais la principale partie de son bonheur consistoit en son esprit; car il l'avoit naturellement facile, sage, & modéré; de ceux à qui toutes choses plaisent, & qui se divertissent à tout. Il n'y avoit point

(2) Il épousa Philiberte de Chabeu, dont Guichenon fait connoître la famille dans son Histoire de Bresse.

de

de science à laquelle il ne se fût attaché durant quelque temps, comme je vous ai dit; point de bel art qu'il ne connût, & où il ne pût même travailler de ses mains; point de personne de quelque condition qu'elle fût, & même d'entre ses domestiques, avec qui il ne s'amusât agréablement. On le voyoit faire toute sorte d'exercices, suivant la saison, ou suivant la compagnie qu'il avoit; jouer aux cartes, aux dez, & à tous les autres jeux, dont il connoissoit jusqu'aux derniéres finesses; danser au milieu d'une compagnie de femmes, & cela avec tant de liberté, qu'il faisoit souvent porter après lui un portefeuille, pour écrire quand il lui en prenoit envie, sans s'éloigner du lieu où l'assemblée se trouvoit. Avec cette humeur libre & familiére, jointe à son mérite, à sa naissance, & à son bien, il étoit non-seulement aimé, mais encore respecté, & révéré de tout le monde, & possédoit une espèce d'empire dans sa patrie. Il n'en abusoit pas néanmoins, & ne s'en servoit que pour le bien, ou pour le plaisir de ceux-là mêmes qui le lui donnoient. Il étudioit soigneusement leurs inclinations, & leur génie, & suivant qu'il les jugeoit propres à quelque science, ou à quelque art, il les y poussoit de tout son pouvoir, & prenoit plaisir de les en instruire, & d'en conférer avec eux. Quelquefois aussi il leur proposoit des parties de divertissement : & sur ce sujet il me souvient d'avoir ouï souvent raconter à notre ami fort au long, comment il fit représenter par des personnes de condition qu'il choisit lui-même, les Bergeries de M. de Racan, qui étoit son ami intime. Premierement il changea la pièce en quelques endroits, afin de faire que la scéne en fût aux environs de Bourg en Bresse ; puis il prit pour cette action une salle, dont les fenêtres ouvertes des deux côtez laissoient voir aux spectateurs les mêmes lieux qui étoient représentez en petit sur le théatre. Les machines qu'il falloit nécessairement dans cette pièce pour représenter les charmes d'un Magicien, étoient faites & disposées avec un soin extrême : & quand un certain dragon enflamé vint à paroître, une des Actrices faillit à pâmer de peur, & la pluspart de la Compagnie en trembla, craignant ce qui arrive souvent en ces rencontres, que le feu ne fit plus qu'on ne lui avoit ordonné. Mais ce qui étoit de plus merveilleux, c'est qu'il avoit pris tous les Acteurs propres aux rôles qu'il leur avoit distribuez, & que presque tous ayant les mêmes passions qu'ils devoient représenter, ou du moins n'en étant pas fort éloignez, s'animérent d'une façon extraordinaire. Il y eut entre autres un jeune homme qui faisoit le personnage d'un Amant affligé, & qui étoit Amant affligé luimême, qui surpassa en cette occasion les Roscius, les Esopes, & les Mondoris ; & après avoir pleuré le premier, fit pleurer toute l'assemblée. Tel étoit donc la vie de cet Académicien, qui ne fut pas longue : car il n'avoit guère (3) que quarante-cinq ans, quand

(3) Il mourut le 26 Février 1638, ainsi qu'on le voit par son épitaphe, qui est sur un parchemin embordué d'ébéne, dans l'Eglise Paroissiale de Bourg.

Quant à son âge, certainement M. Pellisson avoit reçu de faux mémoires. Car l'Histoire de Bresse nous apprend que M. de Méziriac étoit d'un premier lit, & que son pére contracta un second mariage au mois de Septembre 1586. On ne peut donc pas douter

il mourut. Il a laissé des enfans, & plusieurs ouvrages de toutes sortes.

On voit de lui un petit livre de Poësies Italiennes, où il y a des imitations des plus belles comparaisons, qui sont dans les huit premiers livres de l'Enéide. Un autre de Poësies Latines. Plusieurs Poësies en François. Il y en a dans le Recueil de 1621, appelé *Délices de la Poësie Françoise*, & dans celui de l'an 1627.

Un volume qui contient une partie des Epîtres (4) d'Ovide, traduites en vers François, avec des Commentaires fort savans. Il y en a une qu'il dit avoir été traduite vingt ans auparavant par Guillaume Bachet son frere aîné.

que M. de Méziriac ne fût né avant 1586, ni que par conséquent il eût au moins cinquante-deux ans, lorsqu'il mourut en 1638.

Voilà ce que j'avois écrit dans mes premieres éditions. Mais un livre imprimé depuis peu à Dijon sous ce titre, *Eloges de quelques Auteurs François*, lève ici toute difficulté, puisqu'on y rapporte l'extrait baptistaire de Méziriac, selon lequel il étoit né le 9 d'Octobre 1581.

(4) Avant que de publier ce volume, il avoit donné à part la seconde Epître, sous un titre orthographié à l'Italienne. *Epître de Filis à Démofoon, imitée d'Ovide. A Dijon*, 1616.

La véritable *Vie d'Esope* en François : je dis la véritable, parce que celle de Planudes est tenue pour fabuleuse par les Savans.

Diophante traduit de Grec en Latin, avec des Commentaires, dont M. de Fermat notre ami, & tous ceux qui entendent l'Algébre, font très-grande estime. Il disoit lui-même qu'il s'étonnoit comment il avoit pû venir à bout de cet ouvrage, & qu'il ne l'auroit jamais achevé sans la mélancolie & l'opiniâtreté que lui donnoit une fiévre quarte qu'il avoit alors.

Un livre de *Récréations Arithmétiques* adressé à M. de Tournon, où il enseigne toutes les subtilitez qu'on peut faire dans les jeux par les nombres, & d'où on a pris une partie des *Récréations Mathématiques*.

Un traité de la *Tribulation*, traduit de l'Italien de Cacciaguerra.

Son grand ouvrage étoit la traduction de Plutarque, qu'il avoit entreprise à l'envi de celle d'Amyot, où il prétendoit, comme je vous ai dit ailleurs, avoir trouvé une infinité de fautes. Son travail étoit presque achevé, quand il mourut, & nous pouvons espérer (5) qu'on le donnera un jour au Public.

Il cite souvent dans ses œuvres un Commentaire sur Apollodore, qui ne paroît point, & qui vrai-semblablement (6) est aussi entre ses papiers.

De toutes les choses qu'il savoit, il n'y en avoit point qu'il possédât plus à fond que l'Histore fabuleuse, en laquelle il a passé parmi les doctes pour le premier homme de son siecle.

(5) Voyez ci-dessus, pag. 98, rem. 8.
(6) Le Commentaire de M. de Méziriac sur Apollodore, est aujourd'hui dans la Bibliotheque du Roi ; & c'est l'original même de l'Auteur. Outre cet ouvrage, nous apprenons de Guichenon, dans son Histoire de Bresse, que M. de Méziriac en avoit encore laissé quatre autres, prêts à imprimer.

I. *Elementorum Arithmeticorum libri* XIII. Il y en a dans la Bibliotheque du Roi une copie, mais qui ne contient que douze livres.

II. *Tractatus de Geometricis quæstionibus per Algebram.*

III. Le reste des Epîtres d'Ovide, traduites, sans Commentaires.

IV. Agathémérès, Géographe Grec.

V.

M. DE PORCHÉRES-D'ARBAUD.

SI j'ai été trop long sur la vie de M. de Méziriac, je serai fort court sur celle-ci, dont je sais fort peu de choses.

François de Porchéres-d'Arbaud étoit de Provence, & se disoit de cette ancienne (1) maison de *Porchéres*, de la-

(1) Pellisson prétend que M. de Porchéres-d'Arbaud se disoit de l'ancienne maison de Porchéres, de même que M. de Porchéres-Laugier, quoiqu'ils ne se reconnussent point pour parens. C'est un vrai conte. Il n'y a jamais eu de famille de *Porchéres* en Provence. Porchéres est un petit village près de Forcalquier, dont Arbaud avoit une portion, & Laugier une autre. Le nom de la famille du premier est *Arbaud*, famille noble & ancienne, qui est divisée en plusieurs branches, dont une subsiste avec distinction dans notre Parlement. La famille du second est *Laugier*, de la branche des Seigneurs de Verdaches, d'une bonne & ancienne noblesse de notre Province. Ainsi il faut nommer ces Auteurs, *Arbaud de Porchéres, Laugier de Porchéres*, au rebours de ce qu'a fait Pellisson.

quelle M. de Porchéres-Laugier se dit aussi, quoiqu'ils ne se reconnussent point pour parens. Il avoit été disciple & sectateur de Malherbe, & l'avoit fort imité en sa façon de tourner les vers. Il fut Gouverneur d'un fils de M. de Chenoise, & depuis d'un fils de M. le Comte de Saint-Héran. M. de Boisrobert, à qui tout le monde rend aujourd'hui ce témoignage, que jamais homme qui fût en faveur, n'eut l'humeur si bien-faisante, lui fit donner une pension de six cents livres par le Cardinal de Richelieu. Il se retira en Bourgogne, où il s'étoit marié, & y mourut. Il avoit fait (2) beaucoup de

Voilà ce que M. de Mazaugues, Président au Parlement d'Aix, m'a fait l'honneur de m'écrire. On ne doutera pas qu'il ne connoisse les familles de sa province : mais l'érudition de cet illustre Magistrat s'étend à tout ; & sur quelque point qu'on le consulte, on le trouve également instruit, également disposé à communiquer ses lumières.

(2) On voit dans les Poësies de Racan une épigramme à la louange de Porchéres, sur un Poëme qu'il avoit fait de la *Madelène*. Mais ne trouvant point ce Poëme dans les Bibliothèques de Paris, j'en demandai des nouvelles à M. le Président de Mazaugues, dont voici la réponse, qui contient en même temps d'autres particularitez.

vers,

vers, qui n'ont point été imprimez. Il y en a qui le sont, comme les Pseau-

„ J'ai fait de grandes perquisitions sur le
„ Poëme de la Madelène. J'ai même été à
„ Saint Maximin, la patrie de notre Poëte.
„ Mais mes recherches ont été inutiles. J'ai
„ seulement découvert une Ode assez belle,
„ & qui sent bien son Malherbe, qu'il com-
„ posa à la louange du Cardinal de Richelieu,
„ pour le remercier de lui avoir donné une
„ place à l'Académie. Cette Ode méritoit bien
„ que Pellisson en eût fait quelque mention.
„ On m'a parlé aussi d'un Sonnet * sur les
„ yeux de la belle Gabrielle d'Estrées, qui
„ lui valut, dit-on, une pension de quatorze
„ cens livres : fait, que je tiens un peu apo-
„ cryphe, & qui ne s'accorde pas avec ce
„ qu'il dit lui-même dans la Préface de ses
„ Pseaumes, où il se plaint de la rigueur de
„ sa fortune. J'ai appris que Malherbe l'avoit
„ élevé dans sa jeunesse à Paris, qu'il l'aima
„ jusques à la mort, & qu'il lui légua la moi-
„ tié de sa Bibliotheque par son testament. Il
„ se maria en Bourgogne avec une Demoi-
„ selle de la maison de la Chapelle-Sénevois,
„ dont il eut un fils ; & il y mourut en 1640.
„ Mais pour revenir au Poëme de la Made-
„ lène, vous pouvez avancer, sans craindre
„ de vous tromper, qu'il n'a jamais été im-
„ primé.

* *Voyez ce Sonnet dans un Recueil de 1607, intitulé, le Parnasse des plus excellens Poëtes de ce temps, ou les Muses Françoises ralliées de diverses parts, Tom. I. pag. 286.*

mes graduels, & quelques autres, qui ne me sont jamais tombez entre les mains.

„ Jean d'Arbaud, Sieur de Porchéres, Gen-
„ tilhomme ordinaire de la Chambre du Roi,
„ étoit frére de l'Académicien, & avoit le
„ même talent pour la Poësie, mais avec
„ moins de justesse & de correction. Il a tra-
„ duit aussi quelques Pseaumes en vers fran-
„ çois, dont il s'est fait deux éditions, la pre-
„ miere à Grenoble en 1651, & l'autre plus
„ ample à Marseille en 1684.

VI.

Monsieur Bourbon.

Nicolas Bourbon, fameux en ce siecle pour la Poësie Latine, étoit natif (1) de Bar-sur-Aube, fils d'un Médecin, & petit neveu d'un autre Nicolas Bourbon, Poëte latin, du temps de nos péres, dont l'éloge se voit dans Paul Jove & dans Sainte-Marthe, &

---

(1) De Vandeuvre, village peu éloigné de Bar-sur-Aube ; car il a mis ainsi son nom, *Borbonius Vandoperanus*, à la fin de quelques-unes de ses Poësies.

qui étant fils d'un (2) forgeron, entre autres ouvrages fit une description de la forge, dans un livre qu'il appela *Nugæ*: & c'est, pour le remarquer en passant, le livre sur lequel du Bellay fit cette jolie épigramme.

Paule, tuum inscribis Nugarum *nomine librum.*
In toto libro , nil melius titulo.

Celui dont j'ai à parler, avoit été en sa jeunesse disciple de Passerat pour les belles Lettres. Son premier emploi public fut d'enseigner la Rhétorique au Collége des Grassins, depuis en celui de Calvy, & depuis encore en celui d'Harcourt. Mais comme il s'étoit retiré de ce dernier, pour vivre tout à soi ; le Cardinal du Perron, qui étoit grand Aumônier de France, ayant vû quelques vers de sa façon sur la mort de Henri le Grand, le nomma pour la charge de Professeur en éloquence Grecque au Collége Royal, en la place de Criton. Il fut (3) aussi Chanoine

(2) Il falloit dire, *d'un Maître de Forge*. C'est ce qu'on voit dans le Poëme que M. Pellisson cite ici, & qui a pour titre, *Ferraria*.
(3) Il fut Chanoine de Langres en 1623,

de Langres; & en sa vieillesse, ne se trouvant plus si propre au travail, à cause de ses indispositions, & particuliérement d'une insomnie presque perpétuelle, dont il étoit travaillé, il se retira dans les Péres de l'Oratoire; mais il ne voulut être obligé à pas une des fonctions, ni même souffrir qu'on l'appelât Pére. Il portoit bien le même habit que les autres; mais il alloit seul avec un valet séculier. Etant encore dans un de ces Colléges, il fut emprisonné pour avoir fait une Satire latine, intitulée *Indignatio Valeriana*, contre un Arrêt du Parlement, qui avoit supprimé un certain droit de Landy, que les Régens prenoient sur les écoliers. Vous pouvez voir cela plus au long dans les Origines de M. Ménage, sur le mot de *Landy*. Il rechercha d'être de

---

& l'on ne sauroit douter que dès-lors il ne fût déjà Prêtre de l'Oratoire, puisqu'à la tête d'un livre de M. de Bérulle sur les *Grandeurs de Jésus*, imprimé en 1623, on voit de lui des vers latins où il signe *Nic. Bourbon, Congregationis Oratorii Presbyter*. Mais auparavant il avoit été Chanoine d'Orléans. Il y a des vers de lui, où il prend ce titre, dans les *Annales Ecclésiastiques de Charles de la Saussaye*, qui parurent en 1615.

l'Académie, & y fut assidu ; bien qu'il se fit comme une autre Académie chez lui, par le concours des personnes de toute sorte, que son savoir & son mérite y attiroient. Le Cardinal de Richelieu lui donna pension, & sur la fin de ses jours le dernier Evêque de Beauvais, de la maison de Potier, qui avoit été son disciple, & qui étoit dans le Ministére auprès de la Reine Régente, Anne d'Autriche, lui en établit une autre. Mais il n'en jouit pas long-temps, & mourut bien-tôt après. Je l'ai ouï accuser à plusieurs d'un peu trop d'attachement aux biens, & qu'encore qu'il eût quatorze ou quinze mille livres d'argent comptant, qu'on lui trouva dans un coffre après sa mort, il sembloit ne craindre rien tant que la pauvreté ; ce qui venoit peut-être, ou de sa vieillesse, ou de quelques pertes considérables qu'il avoit faites. Il avoit été durant sa jeunesse, grand ami de Regnier. On le loue d'une excellente mémoire, & on dit entre autres choses, qu'il savoit presque par cœur toute l'Histoire de M. de Thou, & tous les Eloges de Paul Jove. Il étoit fort civil, grand approbateur des ouvrages d'autrui en présence de leurs auteurs ; mais quelquefois aussi, comme on m'a dit, un peu chagrin, & un peu trop sensible aux injures qu'il s'imaginoit avoir reçûes. Il fut brouillé (4) avec

(4) Dans le temps que Balzac avoit Phyllarque sur les bras, il excitoit tous ses amis, gens de Lettres, à prendre sa défense. Bourbon fut du nombre de ceux qui eurent la complaisance de s'y engager. Il lui écrivit de Langres en 1628 une lettre latine, fort longue, & fort étudiée, où il lui donnoit de grandes louanges, aux dépens de Phyllarque. Mais en même temps il exigea que cette lettre ne seroit vûe que d'un petit nombre d'amis communs, & qu'on ne l'imprimeroit point. Cependant, lorsqu'en 1630 Balzac donna une nouvelle édition de ses lettres, celle de Bourbon y fut insérée.

Phyllarque, c'est-à-dire le P. Goulu, Général des Feuillans, étoit fils & frére de Professeurs en langue Grecque au Collége Royal. Bourbon y remplissoit la même Chaire. Ainsi la publication d'une lettre qui offensoit le frére de son Collégue, lui fut sensible. D'ailleurs, les amis des Feuillans l'accusoient d'indiscrétion, d'avoir écrit, lui Prêtre de l'Oratoire, contre le Supérieur d'un Ordre respectable, en faveur d'un homme du monde. Il se plaignit donc vivement de la perfidie que Balzac lui avoit faite. Balzac, de son côté, se plaignit de lui, comme d'un lâche déserteur. Ils ne se réfroidirent pas seulement l'un pour

M. de Balzac, & écrivit contre lui une lettre latine, *Andrada*, c'est-à-dire, à M. Guyet, Prieur de Saint Andrade auprès de Bourdeaux. M. de Balzac répondit par une autre lettre Françoise, qui est adressée au même M. Guyet, & imprimée dans un de ses volumes; & c'est là qu'il fait cette plaisante allusion sur la qualité de son adversaire, qui étoit tenu pour Pére de l'Oratoire, & pour grand Poëte.

Heu vatum insana mentes ! quid vota furentem,
Quid delubra juvant ?

M. Chapelain les réconcilia : sur quoi l'autre, ils en vinrent à une rupture ouverte.

Trois lettres de Bourbon, rassemblées sous ce titre général, *Apologetica commentationes ad Phyllarchum*, contiennent cette histoire bien au long. Elles sont écrites avec une force & avec une élégance, qu'il est rare de trouver dans le latin moderne. La premiere, *Pierio Optato*, & la seconde, *Francisco Andrada*, sont de l'année 1630. La troisieme, *Georgio Campenio Harlemensi*, où il se déguise sous le nom de *Petrus Mola*, & qui est incomparablement la plus vive des trois, est de l'année 1636.

il y a encore des vers latins de l'un & de l'autre. Il mourut âgé (5) d'environ soixante dix ans, le 6 d'Août 1644.

Il y a de lui un volume d'ouvrages latins, avec lequel est un recueil d'éloges qu'on lui a faits, que vous pouvez voir. Il fut estimé du Public le meilleur Poëte latin de son siecle ; & sa prose, quoiqu'elle ait fait moins de bruit, ne mérite peut-être pas moins de louanges que ses vers.

(5) Dans la premiere des trois lettres indiquées dans la remarque précédente, il dit positivement qu'en 1630 il couroit sa cinquante-sixiéme année : & par conséquent, étant mort en 1644, il est mort juste dans la soixante & dixiéme.

VII.

Monsieur Faret.

Nicolas Faret étoit de Bresse, d'une famille peu connue. Il vint à Paris fort jeune, avec des lettres de recommandation de M. de Méziriac pour plusieurs personnes d'esprit, entre autres pour Messieurs de Vaugelas, & de

Boisrobert. Il s'attacha fort à ces deux-là, & à M. Coëffeteau, à qui il dédia une traduction qu'il fit d'Eutropius. Il languit long-temps à Paris sans trouver aucun emploi. Enfin M. de Boisrobert, & quelques autres de ses amis le donnérent pour Secrètaire à M. le Comte d'Harcourt. C'étoit une place en apparence peu avantageuse; car ce Prince n'avoit point encore d'établissement qui répondît à sa naissance, & toute la Maison de Lorraine étoit alors en disgrace. Il arriva pourtant que Faret contribua à la fortune de son maître, & en même temps à la sienne. Car comme il voyoit souvent M. de Boisrobert, il lui persuada que le Cardinal, pour diviser cette Maison de Lorraine qui lui étoit ennemie, ne pouvoit mieux faire que d'attirer à lui ce Prince, qui étoit déjà fort mal, tant avec M. d'Elbeuf son aîné, qu'avec Madame sa mére, & qui en l'état où il se trouvoit, s'accommoderoit plus aisément à toutes les volontez de la Cour. Le Cardinal embrassa ce conseil, mit dans son alliance le Comte d'Harcourt, & lui donna ensuite les premiers emplois. Faret qui avoit toûjours vêcu fort familiérement avec lui, & plu-stôt en ami qu'en domestique, eut part à cette prospérité. Il fut marié deux fois fort richement, particuliérement la derniére. On tient qu'il mourut fort accommodé, quoique par une reconnoissance louable, il se fût diverses fois engagé pour secourir M. de Vaugelas en ses affaires; ce qui faillit à gâter les siennes propres. Il mourut âgé (1) d'environ cinquante ans, d'une fiévre maligne, après avoir beaucoup souffert. Il a laissé un fils de son premier mariage, & d'autres enfans du second. Il étoit homme de bonne mine, un peu gros & replet, & avoit les cheveux châteins, & le visage haut en couleur. Il étoit grand ami de Moliére, Auteur de la Polixéne; & de M. de Saint-Amant, qui l'a célébré dans ses vers comme un illustre débauché. Cependant il ne l'étoit pas à beaucoup près, autant qu'on le jugeroit par là, bien qu'il ne haït pas la bonne chére & le divertissement; & il dit lui-même en quelque endroit de ses œuvres, que la commodité de son nom, qui rimoit

(1) Il mourut, selon Guichenon, âgé de 46 ans, à Paris, au mois de Septembre 1646.

à *Cabaret*, étoit en partie cause de ce bruit que M. de Saint-Amant lui avoit donné. On voit par la lecture de ses écrits qu'il avoit l'esprit bien-fait, beaucoup de pureté & de netteté dans le style, beaucoup de génie pour la langue, & pour l'éloquence. Son principal ouvrage est l'*Honnête-Homme*, qu'il fit environ l'an 1633, & qui a été traduit en Espagnol. Ce livre mérite qu'on en estime l'Auteur, parce que s'étant fort judicieusement aidé du travail de ceux qui l'ont précédé, & particuliérement de celui du Comte Baldessar Castiglione; il a ramassé en peu d'espace, & expliqué en fort beaux termes, beaucoup de conseils utiles à toutes sortes de personnes, & sur-tout à ceux qui sont à la Cour.

Il a laissé aussi sa *Traduction d'Eutropius*, dédiée, comme je vous ai déjà dit, à M. Coeffeteau, qui dès ce temps-là faisoit (2) grande estime de lui pour la langue.

Il recueillit deux volumes de Lettres

(2) Par une lettre de Malherbe à Faret, du 14 Décembre 1625, on voit que Coeffeteau, en mourant, avoit chargé Faret de de divers Auteurs, où il y en a plusieurs des siennes. Il faisoit peu de vers, & je ne sache point qu'il en reste d'autres de lui qu'une Ode au Cardinal de Richelieu, qui est dans le *Sacrifice des Muses*, & un Sonnet qu'on voit dans l'Eglise Nôtre-Dame, avec un tableau pour un vœu qu'il fit en Piémont au combat de la Route, où il étoit avec son maître.

continuer son Histoire Romaine. Que Faret en ayant fait une partie, il la communiqua à Malherbe, qui en fut très-content, & l'exhorta à continuer, en lui représentant néanmoins qu'il feroit encore mieux d'écrire l'Histoire de France. Histoire, qui jusqu'ici, disoit Malherbe, a été *si malheureusement traitée*. Mais apparemment Faret n'acheva point son Histoire Romaine, & ne travailla point à celle de France. Deux autres de ses ouvrages, dont Guichenon parle dans l'Histoire de Bresse, savoir, les *Mémoires de M. le Comte d'Harcourt*, & la *Vie de René II, Duc de Lorraine*, n'ont pas été publiez.

VIII.

Monsieur Maynard.

FRançois Maynard, Toulousain, étoit de fort bonne famille. Son aïeul Jean Maynard natif de Saint-Céré, bien que né en un siecle où les Lettres ne commençoient qu'à renaître en France, sous le règne de François I, fut estimé pour son savoir, & fit des Commentaires sur les Pseaumes, qu'on voit encore aujourd'hui.

De celui-là sortit Geraud Maynard Conseiller au Parlement de Toulouse, grand homme de Palais. On le loue d'être toûjours demeuré ferme dans le service du Roi, en un temps où les guerres civiles avoient partagé presque toutes les Cours souveraines du Royaume. Il fut de ceux qui se retirérent à Castel-Sarrasy, lorsque la Compagnie fut entiérement opprimée par le pouvoir du Duc de Joyeuse. Enfin pour s'éloigner encore davantage des troubles, il quitta sa charge, & retourna demeurer à Saint-Céré. Il recueillit dans sa solitude ce gros volume d'Arrêts, où presque toute la Jurisprudence de notre province est contenue. Ce livre, que feu mon père prit depuis la peine d'abréger pour son usage particulier avec le succès que vous savez, fut très-bien reçu du Public, du vivant même de l'Auteur, & traduit (comme j'apprens) en plusieurs langues.

Geraud eut Jean son aîné, qui fut aussi Conseiller au Parlement de Toulouse, mais qui n'exerça pas long-temps cette charge, étant mort assez jeune : & François Maynard, dont nous parlons, qui par son esprit, & par ses vers s'est rendu plus célébre que pas un de ses ancêtres. Il fut Président au Présidial d'Aurillac, & fut aussi honoré avant sa mort du brevet de Conseiller d'Etat. En sa jeunesse il vint à la Cour, & fut Secrétaire de la Reine Marguerite, aimé de Desportes, & camarade de Régnier. Il fit alors un long Poëme en Stances, qu'il intitula *Philandre*; de la manière de celui de M. d'Urfé, & *des changemens de la Bergére Iris* de Deslingendes. En l'année 1634 il alla à Rome, où il fut auprès de M. de Noailles Ambassadeur pour le Roi. Là il fut particuliérement connu, & aimé du Cardinal Bentivoglio, le plus bel esprit, & le meilleur écrivain que l'Italie ait porté en notre siecle. Il le fut aussi du Pape Urbain VIII, qui prenoit plaisir à s'entretenir souvent avec lui des belles choses, & qui lui donna de sa propre main un exemplaire de ses Poësies Latines. Il ne fut pas moins connu ni estimé en France des plus Grands : mais sa fortune n'en devint pas meilleure ; les plaintes continuelles, & peut-être excessives, qu'il en fait dans ses écrits, ne le témoignent que trop. Il fut nommé d'abord, comme vous avez déjà vû, pour être de l'Académie. Mais le Cardinal de Richelieu ne lui fit jamais de bien, & ce fut en partie, comme j'ai ouï dire à quelqu'un, parce qu'il aimoit qu'on ne lui demandât rien, & qu'on lui laissât la gloire de donner de son propre mouvement. Tant y a qu'il rebuta cette belle épigramme de lui, qui commence,

Armand, l'âge affoiblit mes yeux,

& même, à ce que l'on dit, fort brusquement, contre sa coûtume. Car ayant ouï la fin qui dit,

Mais s'il demande en quel emploi
Tu m'as tenu dedans le monde,
Et quel bien j'ai reçû de toi;
Que veux-tu que je lui réponde ?

Il répondit en colére, *Rien*. Cela fut cause des vers que Maynard fit contre lui après sa mort. Il fit encore un voyage à la Cour sous la Régence de la Reine Anne d'Autriche, & c'est là que je l'ai vû, & connu. Mais n'y ayant pas mieux trouvé son compte, il se retira chez lui, où il mourut à l'âge de soixante-quatre ans, le 28 Décembre 1646. Il avoit fait mettre quelque temps auparavant sur son cabinet cette inscription, qui témoignoit le dégoût qu'il avoit de la Cour, & de son siecle :

Las d'espérer, & de me plaindre
Des Muses, des Grands, & du Sort,
C'est ici que j'attens la mort,
Sans la desirer, ni la craindre.

Il a laissé entre autres enfans un fils nommé

nommé Charles, dont il est souvent parlé dans ses vers, & de qui j'ai reçû quelques mémoires sur sa vie, écrits fort nettement & en beaux termes. Il en avoit perdu un autre qui étoit son aîné, & qui donnoit de grandes espérances. Quant à lui, il étoit homme de bonne mine, tel à peu près que vous le voyez dans la taille-douce qui est au-devant de ses Poësies. M. de Balzac a dit de lui sur ce sujet,

Consule Fabricio, dignusque numismate vultus.

Sa taille n'étoit pas des plus grandes, & il devint assez replet sur la fin de ses jours. Il étoit d'une humeur agréable en conversation, aimant extraordinairement la réjouissance, & la bonne chére : mais pourtant homme d'honneur, & bon ami. Outre ce Poëme en François dont je vous ai parlé, & quelques Poësies Latines, qui ne sont pas imprimées, il y a deux volumes de lui ; l'un de vers, qu'il publia en son dernier voyage de la Cour ; l'autre de lettres, que son plus intime ami a fait imprimer après sa mort, & qu'il n'a-

Tome I.

voit pas faite, à mon avis, pour être imprimées. On peut dire néanmoins qu'elles ne lui font point de tort ; car on y voit par-tout la netteté de son esprit, & ce style simple & familier, que demande ce genre d'écrire. Mais c'est de ses vers qu'il a tiré sa plus grande gloire, comme il le prétendoit bien aussi ; & véritablement il faut avouer qu'ils ont une facilité, une clarté, une élégance, & un certain tour, que peu de personnes sont capables d'imiter. Deux choses, si je ne me trompe, ont produit principalement ce bel effet. Premierement, comme il le reconnoît lui-même en la dix-septiéme de ses lettres, il affecte de détacher tous ses vers les uns des autres ; d'où vient qu'on en trouve fort souvent cinq ou six de suite, dont chacun a son sens parfait.

Nos beaux soleils vont achever leur tour.

Livrons nos cœurs à la merci d'Amour.

Le temps qui fuit, Cloris, nous le conseille.

Mes cheveux gris me font déjà frémir.

*Dessous la tombe il faut toûjours dormir.
Elle est un lit où jamais on ne veille.*

En second lieu, il observe par-tout dans ses expressions une construction simple, naturelle, où il n'y ait ni transposition, ni contrainte. De sorte qu'encore qu'il travaillât avec un soin incroyable, il semble que tous ses mots lui sont tombez fortuitement sous la plume; & que quand il eût voulu, il auroit eu peine à les ranger autrement. Il me souvient sur ce sujet, qu'un jour que j'allai le voir, je le trouvai qu'il écoutoit des vers de son fils, qui lui en faisoit la lecture. Il vint à un lieu où il y avoit je ne sais quel mot hors de sa place naturelle, qui faisoit quelque espèce d'équivoque, se pouvant rapporter également à ce qui suivoit, & à ce qui précédoit. La force du sens pourtant ôtoit la difficulté, & le passage étoit assez clair. Il se le fit lire trois fois, feignant de ne le pouvoir entendre, & enfin s'adressant à son fils: *Ah! mon fils, dit-il, à cette fois-là vous n'êtes pas Maynard; car ils n'ont pas accoûtumé de ranger leurs paroles de cette sorte.*

J'estime à propos de rapporter aussi sur ce sujet, trois passages assez curieux, où il est parlé de lui, & de son génie pour les vers, dans les mémoires que M. de Racan a écrits de la vie de Malherbe.

Il avouoit (dit M. de Racan parlant de Malherbe) *pour ses écoliers les Sieurs de Touvant, Colomby, Maynard, & de Racan; il en jugeoit diversement, & disoit en termes généraux, que Touvant faisoit fort bien des vers, sans dire en quoi il excelloit; que Colomby avoit fort bon esprit, mais qu'il n'avoit pas le génie à la Poësie; que Maynard étoit celui qui faisoit le mieux des vers, mais qu'il n'avoit point de force, & qu'il s'étoit adonné à un genre d'écrire auquel il n'étoit pas propre, voulant dire l'épigramme, & qu'il n'y réussiroit pas, parce qu'il n'avoit pas assez de pointe. Pour Racan, qu'il avoit de la force, mais qu'il ne travailloit pas assez ses vers; que le plus souvent pour mettre une bonne pensée, il prenoit de trop grandes licences : & que de ces deux derniers on feroit un grand Poëte.*

En un autre endroit : *Il s'obstina* (il parle toûjours de Malherbe) *avec un nommé M. de Laleu à faire des Sonnets* licentieux, dont les deux quatrains ne fussent pas sur mêmes rimes. Colomby n'en voulut jamais faire, & ne les pouvoit approuver. Racan en fit un ou deux, mais ce fut le premier qui s'en ennuya. A la fin aussi M. de Malherbe s'en dégoûta: & n'y a eu que Maynard de tous ses écoliers, qui a continué à en faire jusques à la mort.

J'ajoûterai à ce passage, qu'il est vrai non-seulement que Maynard fit de ces Sonnets licentieux jusques à la mort; mais encore qu'en ses dernières années où je l'ai connu, il les soûtenoit par-tout, & déclamoit contre la tyrannie de ceux qui s'y opposoient. Qu'il se fâchoit même, quand pour défendre son opinion, on alléguoit l'exemple de M. de Malherbe, disant qu'il n'en avoit pas besoin: qu'avec la raison, & avec sa propre autorité il se trouvoit assez fort; & qu'enfin personne ne le pouvoit empêcher de faire des épigrammes de quatorze vers.

Le dernier des trois passages est tel. Au commencement que M. de Malherbe vint à la Cour, qui fut en 1605, comme nous avons déjà dit, il n'observoit pas encore de faire une pause au troisieme vers des Stances de six, comme il se peut voir en la Priére qu'il fit pour le Roi allant en Limousin, où il y a deux ou trois Stances, où le sens est emporté; & au Pseaume Domine Dominus noster, en cette Stance, & peut-être en quelques autres, dont je ne me souviens point à présent.

Si-tôt que le besoin excite son desir, &c.

Il demeura toûjours en cette négligence pendant la vie de Henri le Grand, comme il se voit encore en la piéce qui commence,

Que n'êtes-vous lassées,

en la seconde Stance, dont le premier vers est,

Que ne cessent mes larmes, &c.

qu'il fit pour Madame la Princesse; & je ne sais s'il n'a point encore continué cette même négligence, jusques en 1612, aux vers qu'il fit pour la Place Royale. Tant y a que le premier qui s'apperçut que cette observation étoit nécessaire pour la perfection des Stances de six, fut Maynard;

& c'est peut-être la raison pourquoi M. de Malherbe l'estimoit l'homme de France qui savoit le mieux faire des vers. D'abord Racan qui jouoit un peu du luth, & aimoit la Musique, se rendit en faveur des Musiciens, qui ne pouvoient faire leur reprise aux Stances de six, s'il n'y avoit un arrêt au troisieme vers. Mais quand M. de Malherbe & Maynard voulurent qu'aux Stances de dix, outre l'arrêt du quatrieme vers, on en fit encore un au septieme; Racan s'y opposa, & ne l'a jamais presque observé. Sa raison étoit que les Stances de dix ne se chantent presque jamais, & que quand elles se chanteroient, on ne les chanteroit pas en trois reprises : c'est pourquoi il suffisoit bien d'en faire une au quatrieme. Voilà la plus grande contestation qu'il a eue contre M. de Malherbe & ses écoliers, & pourquoi on a été prêt de le déclarer hérétique en Poësie.

Le jugement que Malherbe fait de Maynard dans le premier de ces passages, est assez conforme à celui de beaucoup de personnes intelligentes. Il faut avouer pourtant qu'il a merveilleusement réussi en plusieurs de ses épigrammes, particuliérement en celles qu'il a imitées des Anciens : & notre illustre Président de Caminade, qui lui donnoit tous les ans pour ses étreines, un Martial, étoit sans doute de cet avis. Théophile, dont j'avoue néanmoins que l'esprit est beaucoup plus à estimer que le jugement, a dit que son épigramme *sembloit avoir de la magie*. Mais enfin, quoi qu'il en soit, personne ne peut douter que Maynard, soit pour ce genre, soit pour les autres, ne mérite d'être compté parmi les premiers Poëtes François. Les Juges des Jeux Floraux de Toulouse, à qui le même M. de Caminade présidoit alors, le reçûrent dans leur Corps, bien qu'il n'eût pas disputé, & gagné les trois Fleurs, suivant la coûtume. Et comme ils avoient autrefois donné à Ronsard (*a*) un Apollon, & à Baïf un David d'argent, ils résolurent avec beaucoup d'éloges, qu'on donneroit à Maynard une Minerve de même matière ; mais à la honte de notre siecle,

(*a*) Claude Binet dans la Vie de Ronsard, dit que c'étoit une Minerve : mais deux personnes de qualité de Toulouse, d'entre les Juges des Jeux Floraux, m'ont assuré avoir vû dans leurs Regîtres, que c'étoit un Apollon.

les

les Capitouls qui font les seuls exécuteurs de ces délibérations, ou par avarice, ou par négligence, n'accomplirent jamais celle-là; comme on peut voir par l'épigramme qui est dans ses œuvres, avec ce titre, *Sur une Minerve d'argent, promise, & non donnée.*

―――――――――――――

IX.

M. DE MALLEVILLE.

Claude de Malleville étoit Parisien. Son pére avoit été Officier dans la Maison de Retz, & sa mére étoit de bonne famille de Paris. Il étudia fort bien au Collège, & avoit l'esprit fort délicat. On le mit pour s'instruire dans les affaires chez un Secrètraire du Roi, nommé Potiers, qui étoit dans les Finances; mais il n'y demeura guère, par l'inclination qu'il avoit aux belles Lettres. Il fit connoissance avec M. de Porchéres-Laugier, qui le donna au Maréchal de Bassompierre. Il fut long-temps auprès de ce Seigneur, en qualité de Secrètaire, mais sans y avoir que fort peu d'emploi; & comme il avoit beaucoup d'ambition, il s'en ennuya, & le pria d'agréer qu'il le quittât pour être au Cardinal de Bérulle, qui étoit alors en faveur. Mais n'y ayant pas mieux fait ses affaires, il retourna à son premier maître, auquel il rendit beaucoup de services dans sa prison, & qui en étant sorti, & ayant été rétabli en sa charge de Colonel des Suisses, lui donna la Secrètairerie, qui y est attachée. Cet emploi lui valut beaucoup, & en peu de temps il y gagna vingt mille écus. Il en employa une partie à une charge de Secrètaire du Roi, dont il se fit pourvoir: sur quoi il y a dans ses œuvres quelques vers à M. le Chancelier. Il avoit accompagné M. de Bassompierre en son voyage d'Angleterre; mais non pas en celui de Suisse. Il mourut âgé d'un peu plus de cinquante ans. Il étoit de petite taille, fort grêlé; ses cheveux étoient noirs, & ses yeux aussi, qu'il avoit assez foibles. Ce qu'on estimoit le plus en lui, c'étoit son esprit, & le génie qu'il avoit pour les vers. Il y a un volume de ses Poësies imprimées après sa mort, qui ont toutes de l'esprit, du feu, un beau tour de vers, beaucoup de délicatesse & de douceur, & marquent grande fécondité ; mais dont il y en a peu, ce me semble, de bien achevées. En sa jeunesse il fit des Epîtres en prose, à l'imitation de celles d'Ovide ; il les désavouoit depuis. Elles ne me sont jamais tombées entre les mains. En l'année 1641, il fit imprimer chez Courbé un Recueil de lettres d'amour, de plusieurs Auteurs, sans mettre leur nom. Il y en a beaucoup de lui ; il y en a aussi, à ce qu'on dit, de Desportes, & j'y en ai remarqué quelqu'une de Voiture. Il a fait aussi des vers Latins, & j'en ai vû quelques-uns contre Mamurra. On dit qu'il étoit l'Auteur de la traduction de *Stratonice* Roman Italien, mais qu'il la donna à d'Audiguier, qui étoit un de ses meilleurs amis, neveu de cet autre d'Audiguier, dont nous avons entre plusieurs ouvrages, *les Amours de Lisandre & de Caliste.*

X.

Monsieur de Voiture.

Vincent (1) Voiture, né à Amiens, mais nourri à Paris, & à la Cour, me fourniroit beaucoup de choses à dire de lui, si on n'en trouvoit déjà beaucoup ailleurs. La pluspart des ouvrages qu'il a laissez, sont en un genre où l'Auteur se fait connoître lui-même malgré qu'il en ait, & peint, s'il faut ainsi dire, son humeur, & les circonstances de sa vie. La pièce qu'on a imprimée sous le nom de sa *Pompe Funèbre* (2) contient aussi une bonne partie de ses avantures : & enfin son génie & le caractère de son esprit est, à ce qu'on dit, très-naïvement repré-

(1) On lit Voycture, dans les deux Pièces, l'une Latine, l'autre Françoise, qu'il publia en sortant du Collége : & on lit Voicteur dans un Recueil de vers récitez en 1610, sur la mort de Henri IV, par des écoliers du Collége de Calvi, du nombre desquels il étoit.

(2) Ouvrage de Sarasin, & l'un des plus jolis que nous ayons en ce genre.

senté dans le troisieme volume de Cyrus en la personne de Callicrate. Bien que sa naissance ne fût pas relevée, son mérite fit qu'il vécut familièrement avec les personnes de la plus haute condition. Son pére étoit Marchand de vin en gros, & suivant la Cour, homme qui aimoit la bonne chére, & fort connu des Grands. Il avoit trois fils ; un aîné qui mourut jeune ; celui-ci qui étoit le second, qu'il n'aimoit point, & dont il avoit accoûtumé de dire qu'on l'avoit changé en nourrice, parce qu'il ne buvoit que de l'eau, étant de fort foible complexion ; & enfin un cadet qu'il aimoit fort tendrement, parce qu'il étoit bon compagnon comme lui, & qui mourut depuis à la guerre du Roi de Suéde, après avoir fait de fort bonnes actions. Comme la Cour est le théatre de l'envie, la naissance de Voiture lui étoit souvent reprochée par des railleries, & de bons mots. Ainsi, on dit qu'un jour chez M. le Duc d'Orléans, étant entré fortuitement dans une chambre où quelques Officiers étoient en débauche, il y en eut (3) un

(3) Le Baron de Blot, Gentilhomme ordinaire de Gaston Duc d'Orléans. Il étoit

qui lui fit ce couplet, le verre à la main.

Quoi, Voiture, tu dégénére ?
Hors d'ici, magrebi de toi,
Tu ne vaudras jamais ton pére,
Tu ne vens du vin, ni n'en boi.

Une autre fois on fit cette épigramme, sur ce qu'on croyoit qu'il recherchoit la fille d'un Pourvoyeur de chez le Roi, & qu'on parloit de les marier.

O que ce beau couple d'Amans
Va goûter de contentemens !
Que leurs délices seront grandes !
Ils seront toûjours en festin,
Car si la Prou fournit les viandes,
Voiture fournira le vin.

Madame Desloges jouant au jeu des Chauvigny, excellente Maison d'Auvergne. Il mourut à Blois. Sa mort se trouve dans la Gazette de Loret, au 13 Mars 1655. Et par cette date, pour le remarquer en passant, nous apprenons celle du *Voyage de Bachaumont & Chapelle*, où l'on voit que ces deux Voyageurs, lorsqu'ils furent à Blois, demandérent des nouvelles de sa mort, comme d'une chose toute récente.

Proverbes avec lui, & voulant en rejeter quelqu'un des siens, *Celui-là ne vaut rien*, dit-elle, *percez-nous en d'un autre*. On attribue aussi à M. de Bassompierre ce mot sur Voiture : *C'est dommage qu'il ne soit du métier de son père ; car aimant les douceurs comme il fait, il ne nous auroit fait boire que de l'hypocras*. Et celui-ci encore, *Le vin qui fait revenir le cœur aux autres, le fait pâmer*, voulant dire qu'il appréhendoit d'être raillé sur ce sujet. Quant à moi, je n'ai pas fait difficulté de rapporter son origine, parce que suivant mon sentiment, si ceux qui naissent nobles, sont plus heureux; ceux qui mériteroient d'être nobles, sont plus louables. On dit qu'il s'introduisit à la Cour en partie par le moyen de M. d'Avaux, avec qui il avoit étudié au Collége de Boncour, & qui étoit de même âge, & avoit les mêmes inclinations que lui. M. de Chaudebonne fut le premier qui le mena à l'Hôtel de Rambouillet, c'est-à-dire, au rendez-vous de tout ce qu'il y avoit de plus beaux esprits, & de plus honnêtes gens à la Cour, dont le cabinet de la célèbre Arténice étoit toûjours rempli.

Il fut ensuite à M. le Duc d'Orléans, alors frére unique du Roi, lequel durant les brouilleries de ce Royaume, s'étant retiré en Languedoc, il l'y suivit. De-là il fut envoyé par lui pour quelques affaires en Espagne, d'où il passa par curiosité jusques en Afrique, comme on le peut voir dans ses Lettres. Il fut fort estimé à Madrid, & ce fut là qu'il fit ces vers Espagnols, que tout le monde croyoit être de Lopé de Véga, tant la diction en étoit pure. Le Comte Duc d'Olivarez lui témoigna beaucoup de bienveillance, & prenoit plaisir de s'entretenir souvent avec lui. Il le pria même de lui écrire, quand il seroit de retour en France, lui disant deux fois à son départ, *No dexe V. M. de escrivir me aunque no fuera de negocios, nos escriviremos aforismos.* Comme qui diroit, *Ne laissez pas de m'écrire, si ce n'est d'affaires, ce sera de belles choses.* J'ai trouvé ces paroles dans quelques mémoires écrits de la propre main de Voiture durant son voyage. Il y a même d'autres particularitez du Comte Duc assez remarquables, & entre autres ces deux-ci, dont je me souviens. La premiere, qu'il se vantoit à lui en particulier, qu'en toute sa faveur il n'avoit jamais dit à personne une parole offençante. L'autre, qu'il jugeoit d'ordinaire des hommes fort sainement, & plustôt par le mal, que par le bien qu'on en disoit. C'est-à-dire, que s'il voyoit qu'on dît peu de mal de quelqu'un, ou avec peu de certitude, il en concevoit bonne opinion. J'ai vû aussi quelques fragmens d'une pièce en prose, que Voiture étant en France vouloit faire à la louange de ce Ministre, où il témoigne beaucoup d'éstime & de vénération pour lui. Il fit deux voyages à Rome, & fut envoyé à Florence porter la nouvelle de la naissance du Roi Louis XIV. aujourd'hui règnant. Il eut diverses charges à la Cour, comme de Maître d'Hôtel chez le Roi, & d'Introducteur des Ambassadeurs chez M. le Duc d'Orléans. Il eut aussi plusieurs pensions : & reçut divers bienfaits de M. d'Avaux, qui étant Sur-Intendant des Finances, le fit son Commis, seulement afin qu'il en touchât les appointemens, sans en faire la fonction. Il fût mort riche, sans la passion extrême qu'il avoit pour le jeu. Elle le tyrannisoit de telle sorte, qu'il s'engageoit insensiblement à des pertes, qui étoient fort au dessus de sa condition, comme fut celle de quinze cents pistoles qu'il fit en une nuit, & qui étoit encore toute fraîche, lorsque je fis mon premier voyage à Paris. En cela du moins il ressembloit à son pére, qui avoit été fort grand joueur de Piquet, & qui avoit accoutumé de dire qu'il tenoit la partie gagnée, quand il pouvoit attraper le *quarré*, c'est-à-dire, soixante-six, qu'on marque avec quatre jettons en quarré : d'où vient qu'on appelle encore aujourd'hui ce point-là parmi les joueurs, *le quarré de Voiture*.

Voiture étoit aussi (4) de complexion fort amoureuse, ou du moins feignoit de l'être ; & bien qu'on l'accusât de n'avoir jamais véritablement aimé, il

---

(4) Chapelain, lettre manuscrite à Balzac, du 24 Juin 1645, parle ainsi de Voiture.
,, Pour écrire des Epîtres licentieuses & las-
,, cives, il n'en est pas moins bon Chrétien ;
,, & il a trouvé le secret de vivre en même
,, temps selon le siecle & selon l'Evangile :
,, d'aller soigneusement à la Messe le matin
,, par vraie dévotion, & de galantiser assi-
,, dument l'après-dînée par une corruption
,, d'esprit invétérée.

se vantoit d'en avoir conté à toutes sortes de personnes, depuis la plus haute condition jusqu'à la plus basse, ou comme on a dit de lui, *depuis le Sceptre jusqu'à la Houlette, & depuis la Couronne jusqu'à la Cale.* Il étoit bien-aise qu'on crût qu'il étoit favorisé de toutes ses différentes Maîtresses; & en effet il l'avoit été de plusieurs, qui furent très-passionnées pour lui. Il ne fut jamais marié, & ne laissa qu'une fille naturelle. Il mourut (5) à l'âge de cinquante ans ou environ, d'une fiévre qui lui prit, à ce qu'on dit, pour s'être purgé ayant la goutte. Il avoit la taille petite, les yeux & les cheveux noirs, le visage un peu niais, mais agréable pourtant. Il a fait lui-même son portrait dans une de ses lettres *à une Maîtresse inconnue*: & celui qui est en taille-douce au devant de ses œuvres, est, à ce qu'on dit, très-ressem-

(5) Il mourut un Mercredi 27 Mai 1648, à Paris, rue S. Thomas du Louvre, & fut enterré à S. Eustache.

A l'égard de son âge, voyez dans l'Article de BALZAC, rem. 2, un fragment de lettre de Balzac, qui donna occasion à la réponse de Chapelain, rapportée dans la Remarque précédente.

blant. Il difoit les chofes d'une manière toute particuliére, avec une naïveté ingénieufe. Bien qu'il n'eût jamais (6) rien fait imprimer, il étoit en grande réputation, non-feulement en France, mais encore dans les pays étrangers, pour la beauté de fon efprit; & l'Académie des Humoriftes de Rome lui envoya des Lettres d'Académicien. Ses œuvres ont été publiées après fa mort en un feul volume, qui a été reçu du Public avec tant d'approbation, qu'il en a fallu faire deux éditions en fix mois. Sa profe eft ce qu'il y a de plus châtié, & de plus exact; elle a un certain air de galanterie, qui ne fe trouve point ailleurs, & quelque chofe de fi naturel, & de fi fin tout enfemble, que la lecture en eft infiniment agréable. Ses vers ne font peut-être guère moins beaux, encore qu'ils foient plus négligez. Il méprife fouvent les règles, mais en maître, comme un homme qui fe croit au deffus d'elles, & qui ne daigneroit pas fe contraindre pour les obferver. Ce qu'il y a le plus à louer en tous

(6) Voyez par la lifte de fes Ouvrages, fi cela eft tout-à-fait vrai.

ses écrits, c'est que ce ne sont pas des copies, mais des originaux; & que sur la lecture des Anciens, & des Modernes, de Cicéron, de Térence, de l'Arioste, de Marot, & de plusieurs autres, il a formé je ne sais quel caractère nouveau, qu'il n'a imité de personne, & que personne presque ne peut imiter de lui. Il avoit écrit le commencement d'un Roman en prose, qu'il appeloit *Alcidalis*, dont la matière lui avoit été fournie par Madame la Marquise de Montausier, qui étoit alors Mademoiselle de Rambouillet, Julie d'Angennes. Mais depuis sa mort, ce commencement étant venu entre les mains de cette Dame, il n'a point été vû, & ne se verra (8) peut-être jamais. C'est lui, au reste, qui renouvela en notre siecle les Rondeaux, dont l'usage étoit comme perdu depuis le temps de Marot. J'ai parmi mes papiers une chose qui justifie ce que je viens de dire. C'est une de ses lettres, qui n'a point été imprimée, écrite à M. de la Jonquiére, pére de M. de Paillerols mon cousin. Elle est datée

---

(8) Il fut imprimé dans ses *Nouvelles Oeuvres* en 1658.

du 8 Janvier 1638, & il y a cette apostille.

Je ne sais si vous savez ce que c'est que Rondeaux : j'en ai fait depuis peu trois ou quatre, qui ont mis les beaux esprits en fantaisie d'en faire. C'est un genre d'écrire, qui est propre à la raillerie. Je ne sais si vous êtes devenu plus grave à cette heure que vous avez de grands enfans ; pour moi je suis toûjours de même humeur que j'étois, quand nous dérobâmes le canart. Si vous aimez donc encore mes folies, lisez-les ; mais ne les montrez point aux Dames, à qui je fais mes baise-mains.

Rondeau.

Cinq ou six fois cette nuit en dormant, &c.

Rondeau.

Ou vous savez tromper bien finement, &c.

XI.

MONSIEUR SIRMOND.

JEan (1) Sirmond étoit natif de Riom en Auvergne, de bonne famille de la Robe. Il étoit neveu du P. Sirmond Jésuite, Confesseur du Roi Louis XIII, & l'un des plus savans hommes de notre siecle. Il vint à la Cour, & par la faveur du Cardinal de Richelieu, qui l'estimoit un des meilleurs écrivains qui fussent alors, il fut fait Historiographe du Roi, avec douze cents écus d'appointemens. Il fit pour ce Cardinal divers écrits, sur les affaires du temps, presque tous sous des noms supposez. L'Abbé de Saint-Germain, qui étoit l'écrivain du parti contraire, le maltraita fort dans cette piéce, qu'il appeloit l'*Ambassadeur Chimérique*. Il y fit une réponse, qui est dans le Recueil de M. du Chastelet. L'Abbé de Saint-Germain répliqua, & le traita encore

(1) On lit, DE SIRMONDZ, dans les deux premiers ouvrages qu'il donna au Public.

plus injurieusement ; ce qui l'obligea de faire un nouvel écrit pour sa défense. Mais le Cardinal de Richelieu, & le Roi Louis XIII moururent là-dessus, & il ne pût jamais obtenir sous la Régence un privilége pour faire imprimer cet ouvrage. Cela le fâcha beaucoup, & voyant d'ailleurs que son ennemi étoit de retour à la Cour, & que la faveur ne seroit plus de son côté, il se retira en Auvergne, où il mourut âgé d'environ soixante ans. Il a laissé un fils, qui doit, à ce que l'on dit, faire imprimer (2) quelques-uns de ses ouvrages, particulièrement des vers Latins. Sa prose marque beaucoup de génie pour l'Eloquence ; son style est fort & mâle, & ne manque pas d'ornemens. Voici les pièces que j'ai vûes de lui, dont la plufpart sont dans le Recueil de M. du Chaftelet. *Le Portrait* (3) *du Roi*, fait du temps du Con-

(2) Jean Sirmond, fils de l'Académicien, n'a fait imprimer de son pére, qu'un Recueil de Poësies Latines, dont la plufpart avoient été auparavant imprimées en feuilles volantes.

(3) Je n'ai trouvé aucun ouvrage de Sirmond, qui soit précisément sous ce titre, *Portrait du Roi* : mais ce pourroit bien être la
nétable

nétable de Luynes. *Le coup d'Etat du Roi Louis XIII*, écrit en faveur du Cardinal de Richelieu. *La Lettre déchiffrée. L'Avertiſſement aux Provinces*, par le Sieur de Cléonville, que j'ai ouï eſtimer ſon chef-d'œuvre. *L'Homme du Pape & du Roi*, pour répondre au Comte de la Rocque, Ambaſſadeur d'Eſpagne à Veniſe, qui avoit fait un livre contre la France, ſous le nom de Zambeccari. *La Chimère défaite*, par *Sulpice de Mandrini, Sieur de Gazonval. La Relation de la paix de Quéraſque*, priſe du traité qu'en avoit fait M. Servien. Il a fait auſſi des vers Latins, comme j'ai dit: & l'Epigramme contre Mamurra, où ce Paraſite eſt appelé *Pamphagus*, eſt de lui. J'ajoûterai ici par une eſpèce de reconnoiſſance, qu'un de ſes ouvrages eſt une des premieres choſes, qui m'ont donné goût pour notre langue. J'étois fraîchement ſorti du Collége: on me préſentoit je ne ſais combien de Romans, & d'autres pièces nouvelles, dont tout jeune, & tout enfant que j'étois, je ne laiſſois pas de

même choſe que celui qui eſt cité ſous un autre titre ci-après, dans la liſte de ſes ouvrages, *num. II.*

me mocquer, revenant toûjours à mon Cicéron, & à mon Térence, que je trouvois bien plus raisonnables. Enfin, il me tomba presque en même temps quatre livres entre les mains, qui furent, *les huit Oraisons de Cicéron; le Coup d'Etat de M. Sirmond; le quatrieme volume des Lettres de M. de Balzac*, que l'on venoit d'imprimer; & *les Mémoires de la Reine Marguerite*, que je lûs deux fois depuis un bout jusqu'à l'autre en une seule nuit. Dès-lors je commençai non-seulement à ne plus mépriser la Langue Françoise; mais encore à l'aimer passionnément, à l'étudier avec quelque soin, & à croire, comme je fais encore aujourd'hui, qu'avec du génie, du temps, & du travail, on pouvoit la rendre capable de toutes choses.

XII.

Monsieur de Colomby.

François de Chauvigny, Sieur de (1) Colomby, étoit de Caen en Normandie, parent de Malherbe, dont il fut disciple & sectateur. Il étoit aussi parent de M. Morant, Trésorier de l'Epargne, qui lui fit donner pension, & l'en faisoit payer. Il avoit une charge à la Cour, qui n'avoit point été avant lui, & n'a point été depuis ; car il se qualifioit *Orateur du Roi pour les affaires* (2) *d'Etat* : & c'étoit en cette qualité qu'il recevoit douze cents écus tous les ans. Il tiroit aussi d'autres bienfaits de la Cour, & faisoit même vanité qu'on les crût beaucoup plus grands qu'ils n'étoient. Sur la fin de ses jours, il prit la soutane, mais ne se fit pas

---

(1) On lit, Coulomby, dans sa Plainte de la belle Califton ; & Collomby, dans son Justin.

(2) Il falloit dire : *pour les Discours d'Etat* ; comme on le voit dans la liste de ses ouvrages, *num.* V.

Prêtre. Il mourut à l'âge de soixante ans. Il étoit de grande taille, & fort puissant, d'une humeur ambitieuse, & concerté en toutes ses actions. Il n'estimoit pas M. Coëffeteau, & blâmoit presque tout ce qu'il voyoit de lui. On trouve de ses vers en plusieurs des Recueils imprimez, & de ses lettres dans le Recueil (3) de l'an 1637. Son principal ouvrage est la Traduction de (4) Justin, imprimée en l'an 1627, qu'il dédia d'une manière assez nouvelle au Roi, & à la Reine sa mére, par deux épîtres dédicatoires. On voit aussi de lui une partie du premier livre de Tacite en François, avec des observations, qu'il fit imprimer en l'an 1613. J'ai vû encore un Discours manuscrit à M. le Duc d'Orléans, pour l'obliger à retourner en France, d'où il s'étoit retiré mal-content ; & c'est là qu'il signe, *Votre très-humble serviteur, & Orateur.* J'ai ouï parler aussi d'une pièce

---

(3) Tannegui le Févre estimoit cette Traduction ; il en a donné une édition par lui retouchée, avec des notes, à Saumur, 1672.

(4) Apparemment il faut lire ici, *de l'an* 1627. Car je crois qu'on veut dire le Recueil de Faret.

qu'il avoit faite *contre l'Astrologie judiciaire*, & d'un traité (5) *de la Souveraineté*, & ne doute point qu'il n'y en ait plusieurs autres sur les affaires du temps, comme des Lettres, des Apologies, &c. Mais en général, je vous avertis ici, que je ne prétens pas ne rien oublier de ce qu'ont fait les personnes dont je parle. En un pays comme la France, où on a presque toûjours négligé cette sorte de mémoires; c'est bien assez qu'on puisse prendre pour vrai ce que je dirai, sans rejeter comme faux ce que je ne dirai point. Et c'est, si je ne me trompe, avec cette même discrètion qu'il faut lire toute sorte d'écrivains, jusques aux plus exacts, à qui après tout il est impossible qu'il n'échappe beaucoup de choses.

(5) Il falloit dire, *de l'autorité des Rois*. On doit toûjours, ce me semble, représenter les titres comme ils sont.

XIII.

Monsieur de Vaugelas.

Claude Favre, Sieur de Vaugelas, Baron de Péroges, étoit de Chambéry, & fils de l'illustre (1) Président Favre, Auteur du volume que nous appelons *Code Fabrien*, & qui est de grand usage en notre pays de Droit écrit. Il étoit (2) sixieme cadet, & n'eut en partage que cette Baronie de Péroges, qui étoit en Bresse, & de peu de conséquence : avec une pension mal payée de deux mille livres, qu'Henri IV avoit accordée à leur pére & aux siens, pour les services qu'il avoit ren-

___

(1) Antoine Favre, premier Président du Sénat de Chambéry. Il est Auteur, non-seulement du Code appelé communément le *Code Fabrien*, mais de plusieurs autres ouvrages, dont le Recueil fait dix volumes *in-folio*.

Prononcez *Fa-vre*, & non pas *Fau-re*.

(2) On verra dans la note suivante que M. de Vaugelas étoit sûrement le second des fils du Président Favre : & il n'étoit point né à Chambéry, mais en Bresse ; comme je l'ai appris de gens bien informez.

dus à l'Etat, au mariage de (3) Madame de Savoye. Ce fut cette pension que le Cardinal lui fit rétablir, quand il s'engagea au travail du Dictionnaire. Il vint à la Cour fort jeune, & y passa tout le reste de sa vie. Il fut Gentilhomme ordinaire, & depuis Cham-

(3) Christine de France, fille d'Henri IV, mariée à Victor Amédée Duc de Savoie, le 11 Janvier 1619. Par conséquent la pension dont il s'agit ici, ne sauroit avoir été accordée par Henry IV, mort en 1610. Le Testament même du Président Favre en date du 15 Février 1624, va nous donner les éclaircissemens nécessaires. On y verra de plus, que cette pension avoit été mise sur la tête, non pas du Président, & de ses enfans indistinctement, mais de M. de Vaugelas lui seul.

Après avoir dit qu'il légue à *Claude son second fils*, dit *de Vaugelas*, sa Baronie de Péroges, qui n'étoit pas de même valeur que les biens léguez à ses autres fils, il rend raison pourquoi il ne lui donnoit pas autant qu'aux autres. *Pour la pension, dit-il, de deux mille livres, que je lui fis obtenir de la libéralité du Roi Très-Chrétien, au voyage que je fis à Paris en 1619, à la suite de M. le Sérénissime Prince Cardinal de Savoye, & par la seule entremise des faveurs d'icelui, & de celle de M. le Sérénissime Prince de Piémont, qui daigna aussi s'y employer, & se trouva en même temps à Paris pour le fait de son très-heureux mariage, &c.*

bellan de M. le Duc d'Orléans, qu'il suivit constamment en toutes ses retraites hors du Royaume. Il fut aussi sur la fin de ses jours Gouverneur des enfans du Prince Thomas. Mais bien qu'il ne négligeât rien de ce qui pouvoit servir à sa fortune ; qu'il fût en estime, & en réputation à la Cour, & qu'il ne fût pas débauché ; les divers voyages qu'il avoit faits à la suite de son maître, & d'autres rencontres fâcheuses, ont fait qu'il est mort pauvre, & que son bien n'a pas été suffisant pour payer ses créanciers. Il mourut âgé d'environ soixante-cinq ans, d'un abscès dans l'estomac, qui s'étoit formé durant le cours de plusieurs années, & qui lui donnoit de temps en temps une douleur de côté, qu'on attribuoit à la rate. Enfin (4) en l'année 1649, ayant été extraordinairement travaillé pendant cinq ou six semaines de cette même douleur, il se sentit soulagé, & croyant être bien-tôt guéri, il voulut même aller prendre l'air dans le jardin de l'Hôtel de Soissons où il avoit un ap-

---

(4) Guichenon, Historien très-exact, & qui étoit ami particulier de Vaugelas, dit qu'il mourut au mois de Février 1650.

partement,

partement. Mais le lendemain matin son mal le reprit avec plus de violence. De deux valets qu'il avoit, il envoya celui qui étoit demeuré auprès de lui, appeler du secours. Mais avant le retour de celui-là, l'autre étant survenu, le trouva qu'il rendoit l'abcès par la bouche : & lui ayant demandé, tout étonné, ce que c'étoit, *Vous voyez, mon ami*, répondit-il froidement, & sans émotion, *ce peu que c'est que de l'homme*. Après ces paroles il n'en prononça plus, & n'eut que quelques momens de vie. C'étoit un homme agréable, bien fait de corps & d'esprit, de belle taille; il avoit les yeux & les cheveux noirs, le visage bien rempli & bien coloré. Il étoit fort dévot, civil, & respectueux jusques à l'excès, particuliérement envers les Dames, pour lesquelles il avoit une extrême vénération. Il craignoit toûjours d'offenser quelqu'un, & le plus souvent il n'osoit pour cette raison, prendre parti dans les questions que l'on mettoit en dispute. Il étoit fort assidu à l'Hôtel de Rambouillet. Ses plus particuliers amis étoient M. Faret, qui avoit été comme son disciple, M. de Chaudebonne, M. Voiture, &

sur la fin de sa vie, M. Chapelain, & M. Conrart. Mais sur-tout il avoit lié une société très-étroite avec le Baron de Foras, qui vit encore, & qui étoit aussi-bien que lui, de chez M. le Duc d'Orléans. Ils s'appeloient frères, & s'étoient mis ensemble dans la dévotion, en laquelle, aussi-bien qu'en leur amitié, ils persévérèrent constamment. Depuis son enfance il avoit fort étudié la Langue Françoise. Il s'étoit principalement formé sur M. Coeffeteau, & avoit tant d'estime pour ses écrits, & sur-tout pour son Histoire Romaine, qu'il ne pouvoit presque recevoir de phrase, qui n'y fût employée. M. de Balzac a dit sur ce sujet, *Qu'au jugement de M. de Vaugelas, il n'y avoit point de* (5) *salut hors de l'Histoire Romaine, non plus que hors de l'Eglise Romaine.* Son principal talent étoit pour la Prose. Quant à la Poësie, il avoit fait quelques vers Italiens qu'on estimoit beaucoup. Mais il ne se mêloit point d'en

(5) Balzac avoit écrit, *que comme il n'y a point de salut hors de l'Eglise Romaine, il n'y a point aussi de François hors de l'Histoire Romaine.* Voyez ses Oeuvres *in-folio*, Tom. I, pag. 682.

faire en François, si ce n'étoit sur le champ, pour quelque galanterie. Comme par exemple, il arriva qu'un jour passant à Nevers, où la Princesse Marie maintenant Reine de Pologne se trouvoit alors, quelques-unes de ses Demoiselles qui faisoient une quête, vinrent dans l'hôtellerie où il étoit ; il ne les sut voir, à cause d'un remède qu'il venoit de prendre ; mais il leur envoya deux pistoles avec cette épigramme.

Empêché d'un empêchement
Dont le nom n'est pas fort honnête,
Je n'ai pû d'un seul compliment
Honorer au moins votre quête.
Pour en obtenir le pardon,
Vous direz que je fais un don
Aussi honteux que mon remède :
Mais rien ne paroît précieux
Auprès de l'Ange qui possède
Toutes les richesses des Cieux.

C'étoit la Princesse dont il entendoit parler. J'ai encore une autre épigramme de lui faite *in-promptu*, sur un mot de travers, que lui avoit dit un portier de l'Hôtel de Rambouillet, en lui faisant un message de la part de Madame la Marquise.

Tout à ce moment Maître Isaac,
Un peu moins disert que Balzac,
Entre dans ma chambre, & m'annonce
Que Madame me dérenonce.
Me dérenonce, Maître Isaac ?
Oui, Madame, vous dérenonce.
Elle m'avoit donc renoncé,
Lui dis-je d'un sourcil froncé ?
Portez-lui pour toute réponse,
Maître Isaac, que qui dérenonce
Se repent d'avoir renoncé :
Mais avez-vous bien prononcé ?

On pouvoit se passer de ces épigrammes : mais des grands hommes les moindres choses sont précieuses. Il avoit l'esprit présent, & faisoit souvent des réponses fort agréables, comme celle dont je vous ai parlé ailleurs, qu'il fit au Cardinal de Richelieu. Il n'a laissé que deux ouvrages considérables, l'un qui est imprimé, & l'autre qui ne l'est pas encore, lorsque j'écris ceci. Le premier est ce volume de *Remarques sur la Langue Françoise*, contre lequel M. de la Mothe-le-Vayer a fait quelques observations, & qui depuis peu a aussi été combattu par le Sieur Dupleix ; mais qui, au jugement du Public, mérite une estime très-particulière. Car non-seulement la matière en est très-bonne pour la plus grande partie, & le style excellent & merveilleux : mais encore il y a dans tout le corps de l'ouvrage, je ne sais quoi d'honnête-homme, tant de franchise, qu'on ne sauroit presque s'empêcher d'en aimer l'Auteur. Et plût à Dieu que les mémoires qu'il avoit déjà tout prêts pour en faire un second (6) volume, se trou-

(6) Un Avocat de Grenoble, nommé *Aleman*, fit imprimer en 1690 à Paris un volume de *Nouvelles Remarques* de M. de Vaugelas, dont il dit que l'original lui avoit été donné par M. de la Chambre, Curé de Saint Barthèlemi. On ne sauroit douter que ces *Nouvelles Remarques* ne soient véritablement de M. de Vaugelas ; son style s'y fait aisément reconnoître. Mais ce Recueil, à peu de chose près, ne roule que sur des phrases absolument surannées, même du temps de M. de Vaugelas ; en sorte qu'on peut raisonnablement croire que c'est le rebut de ses premières Remarques ; & qu'ainsi nous n'avons point ces mémoires, *déjà tout prêts pour en faire un second volume*, dont parle M. Pellisson.

vaſſent, & que nous n'euſſions pas ſujet de déplorer la perte qui s'en eſt faite après ſa mort, entre les mains de ceux qui firent ſaiſir ſes papiers. L'autre ouvrage conſidérable, & qui n'eſt pas encore imprimé, eſt la traduction de *Quinte-Curce*, ſur laquelle il avoit été trente ans, la changeant, & la corrigeant ſans ceſſe. On dit (7) même qu'après avoir vû quelques traductions de M. d'Ablancourt, il en goûta tellement le ſtyle un peu moins étendu que le ſien, qu'il recommença tout ſon travail, & fit une traduction toute nouvelle. J'ai vû les cahiers qui reſtent de cette dernière ſorte, où le plus ſouvent chaque période eſt traduite à la marge en cinq ou ſix différentes manières, toutes preſque fort bonnes. M. Chapelain, & M. Conrart, qui prennent le ſoin de revoir très-exactement cet ouvrage, pour le mettre au jour, ont ſouvent (8) bien de la peine à ju-

(7) Vaugelas lui-même le dit. Il déclare qu'il a refondu ſon Quinte-Curce ſur le modèle de l'*Arian* de M. d'Ablancourt, *qui pour le ſtyle hiſtorique*, dit-il, *n'a perſonne, à mon avis, qui le ſurpaſſe, tant il eſt clair & débarraſſé, élégant & court.*

(8) Meſſieurs Chapelain & Conrart pro-

ger quelle est la meilleure ; & ce que j'estime fort remarquable, il se trouve d'ordinaire que celle qu'il a mise la première, est celle qu'on aime le mieux. C'est de ce travail que M. de Balzac a dit : *L'Aléxandre (9) de Quinte-Curce est invincible, & celui de Vaugelas est inimitable.* M. de Voiture qui étoit fort de ses amis, le railloit sur le trop de soin, & le trop de temps qu'il y employoit. Il lui disoit qu'il n'auroit jamais achevé ; que pendant qu'il en poliroit une partie, notre Langue venant à changer, l'obligeroit à refaire toutes les autres : à quoi il appliquoit plaisamment ce qui est dit dans Martial, de ce Barbier qui étoit si long-temps après

curérent en 1653 la première édition du Quinte-Curce de Vaugelas : il s'en fit incontinent une seconde, toute semblable à la première : mais ensuite on retrouva une nouvelle copie de l'Auteur, sur laquelle M. Patru en donna une troisieme édition, fort différente des deux autres, en 1659.

(9) Balzac avoit dit, *l'Aléxandre de Philippe est invincible*, &c. Voyez-le Tom. I. pag. 414. Aussi en parlant de ce passage, & de celui dont il s'agit ci-dessus, Remarque 5, il écrivit à Conrart, *qu'il n'entendoit point ce que lui faisoit dire l'Imprimeur* de M. Pellisson.

une barbe, qu'avant qu'il l'eût achevée, elle commençoit à revenir.

Eutrapelus tonsor dum circuit ora Luperci,
  Expungitque genas, altera barba subit.
Ainsi, disoit-il, *altera lingua subit.*

XIV.

Monsieur Baro.

Balthazar Baro étoit de Valence en Dauphiné. En sa jeunesse il fut Secrètaire de M. d'Urfé, l'un des plus rares & des plus merveilleux esprits que la France ait jamais portez : lequel étant mort comme il achevoit la quatrième partie d'Astrée, Baro la fit imprimer, & composa la cinquième sur ses mémoires. Il vint à Paris, & s'y maria avec une veuve, sœur de son hôtesse. Il eut grand accès chez la Duchesse de Chevreuse, à cause de quoi le Cardinal de Richelieu eut peine à souffrir qu'il fût de l'Académie. Il fut fait aussi Gentilhomme de Mademoiselle. Sur la fin de sa vie il avoit obtenu deux offices de nouvelle création; l'un de Procureur du Roi au Présidial établi depuis peu à Valence; l'autre, de Trésorier de France à Montpellier. Il est mort âgé d'environ cinquante ans, & a laissé des enfans. Il a fait plusieurs pièces de Théatre, & beaucoup d'autres Poësies: mais son plus grand & son principal ouvrage est *la Conclusion d'Astrée*, où il semble avoir été inspiré par le génie de son maître.

XV.

Monsieur Baudoin.

Jean Baudoin étoit (1) du lieu de Pradelle en Vivarez; mais après avoir fait divers voyages en sa jeunesse, il passa le reste de sa vie à Paris, avec le destin de la plûpart des gens de Lettres; c'est-à-dire, sans y acquérir beaucoup de bien. Il fut Lecteur de la Reine Marguerite, & depuis aussi il

(1) L'Abbé de Marolles, dans son *Dénombrement d'Auteurs*, dit que Baudoin étoit de Franche-Comté; mais il se trompe.

fut au Maréchal de Marillac. Nonobstant la goutte & les autres incommoditez dont il étoit accablé en sa vieillesse, il ne laissa pas de travailler jusques à sa fin; & nous lui avons l'obligation d'avoir mis en notre Langue un très-grand nombre de bons livres. Son chef-d'œuvre est la traduction de *Davila*; mais il en a fait aussi plusieurs autres qui ne sont pas à mépriser, comme celles de *Suétone, Tacite, Lucien, Salluste, Dion Cassius, l'Histoire des Yncas par un Ynca, la Jérusalem du Tasse, les Discours du même Auteur, ceux d'Ammirato sur Tacite, plusieurs ouvrages du Chancelier Bacon*, Vindiciæ Gallicæ *de M. de Priézac, les Epîtres de Suger, les Fables d'Esope, l'Iconologie de Ripa.* Il fit un voyage exprès en Angleterre, par ordre de la Reine Marie de Médicis, pour traduire l'*Arcadie de la Comtesse de Pembrok*, & fut aidé dans ce travail, à ce qu'on dit, par une Demoiselle Françoise, qui étoit depuis long-temps en ce pays-là, & qu'il épousa depuis. Dans tous ces ouvrages son style est facile, naturel, & françois. Que si en plusieurs endroits il n'a peut-être pas porté les choses à leur derniére perfection, il s'en faut prendre à sa fortune, qui ne lui permettoit pas d'employer à tous ses écrits tout le temps, & tout le soin qu'ils demandoient. Il mourut (2) âgé de plus de soixante ans. Il étoit de petite taille, avoit le poil châtain, & le teint vif. Il a laissé des filles, & un fils qui est mort à la guerre.

(2) En 1650. Voyez ci-dessus, pag. 212.

XVI.

Monsieur de Montereul.

Jean de Montereul, Parisien, & fils d'un Avocat au Parlement, après avoir fort bien étudié, commença lui-même par le Barreau; mais à l'âge de dix-huit ou dix-neuf ans, il fut en Italie avec M. de Belliévre, qui le donna au Cardinal Antoine, neveu du Pape Urbain VIII. Ce Cardinal le fit Chanoine de Toul; ce qui l'obligea de revenir en France; & dès-lors il fut retenu pour être Secrètaire de M. le Prince de Conty. Ce Prince étoit alors au Collége, & n'avoit pas encore besoin de son service : c'est pourquoi il ne laissa pas de prendre cependant d'autres emplois. Il fut à Rome avec le Marquis de Fontenay-Mareuil, Ambassadeur de France, en qualité de son second Secrètaire ; mais enfin M. Bouard, qui étoit le premier, ayant été retiré à cause de la disgrace de M. de Thou, dont il étoit parent, Montereul devint le premier ; & avant cela même, il ne laissoit pas d'avoir la principale part aux affaires. Au retour de Rome, il fut avec la même qualité de Secrètaire de l'Ambassade, en Angleterre, avec M. de Belliévre, & enfin fut laissé pour Résident en Ecosse. Il y servit fort utilement ; car il étoit très-propre à la négociation, d'un esprit souple & adroit, fort concerté, & qui ne faisoit presque jamais rien sans dessein. Ce fut lui qui donna l'avis que l'Electeur Palatin devoit passer *incognito* en France, pour aller commander les troupes du Duc de Weimar, & se saisir de Brisac ; ce qui fut cause qu'on y pourvut, & que l'Electeur fut arrêté en son passage. Ce fut lui aussi, qui pensant rendre un bon service au Roi d'Angleterre, négocia qu'il fût mis entre les mains des Ecoſſois. Ce Prince infortuné, à qui il rendoit depuis ce témoignage, qu'il n'en avoit jamais vû qui eût plus d'eſprit, & plus de vertu, prenoit plaiſir à s'entretenir ſouvent avec lui, & lui faiſoit paroître beaucoup d'affection. Après avoir été quelque temps en Ecoſſe, il établit en ſa place un de ſes frères, qui étoit le troiſième; car pour lui, il étoit l'aîné de ſa maiſon. Il revint en France prendre poſſeſſion de la charge de Secrètaire de M. le Prince de Conty, qui l'envoya à Rome en 1648, pour ſolliciter le Chapeau de Cardinal. Cette abſence lui nuiſit; car durant ce temps-là M. Saraſin fut auſſi fait Secrètaire de ce Prince, & partagea ſon emploi, ou, pour mieux dire, en retint la meilleure & la plus utile partie. Cela les brouilla enſemble, & lui cauſa beaucoup de peine juſques à ſa mort. Son maître ayant été arrêté avec le Prince de Condé, & le Duc de Longueville, il n'eſt pas croyable de quelle ſorte il les ſervit durant leur détention; car c'étoit lui qui trouvoit moyen de gagner les gardes pour leur faire donner des lettres, qui en écrivoit une infinité tous les jours pour leur délivrance, & qui enfin, à ce que l'on dit, agissoit lui seul autant que tous leurs autres serviteurs ensemble. M. le Prince, après sa sortie, dit publiquement, *Que c'étoit à lui plus qu'à personne qu'ils devoient leur liberté*. J'ai sû d'un de mes amis, à qui il l'avoit dit lui-même, que pour leur écrire, il se servoit d'un secret que le Roi d'Angleterre lui avoit appris dans les longs entretiens qu'ils avoient eus autrefois ensemble. C'étoit une certaine poudre toute particuliére, qui étant jetée sur le papier, y faisoit paroître ce qu'on y avoit écrit auparavant avec une liqueur blanche, qui sans cela étoit tout-à-fait imperceptible. On envoyoit quantité de drogues au Prince de Conty, qui feignoit d'être encore plus malade qu'il n'étoit ; elles étoient enveloppées dans du papier blanc, & chaque enveloppe étoit une lettre, sans qu'on y pût rien trouver pourtant, quelque façon qu'on y apportât, à moins que de se servir de la poudre que les Princes avoient. Elle étoit d'ordinaire sur la cheminée de leur chambre, & passoit aux yeux de leurs gardes pour de la poudre à dessécher les cheveux. Par cet artifice & plusieurs autres, il n'y avoit presque point de jour qu'il ne leur donnât des nouvelles, & n'en reçût d'eux; & il montroit jusques à trois cents lettres de la main du Prince de Condé. Après leur sortie ils l'auroient vrai-semblablement récompensé, comme il méritoit; & déjà il étoit pourvû en Cour de Rome, à dix mille livres de pension, de tous les bénéfices du Prince de Conty, qu'on croyoit alors se devoir bientôt marier avec Mademoiselle de Chevreuse. Mais il manqua à sa fortune, & mourut (1) en ce temps-là, âgé d'environ trente-sept ou trente-huit ans. Il sembloit n'en avoir que vingt ou vingt-cinq; car il étoit naturellement fort beau, & avoit conservé jusques alors le teint & la fleur de la première jeunesse. Il avoit la taille médiocre, les cheveux blonds, le visage fort blanc,

(1) On sait que les Princes sortirent de prison le 13 Février 1651; & l'épitaphe de M. Montereul, gravée dans l'Eglise des Ursulines du Faubourg Saint Jacques, nous apprend qu'il mourut la même année, le 27 Avril.

& mêlé d'une agréable rougeur. On lui trouva sur le poumon un corps étrange, en forme de champignon, qui l'avoit peu à peu suffoqué. Il n'y a rien (2) d'imprimé de lui ; mais il a laissé plusieurs pièces de vers & de prose, qui peut-être le seront un jour.

(2) Moréri dit qu'on a publié quelques-unes des Poësies de Montereul ; mais Ménage dans son Anti-Baillet, dit le contraire. Peut-être que Moréri, ou plustôt ceux qui ont continué Moréri, auront confondu Jean de Montereul l'Académicien, avec son frére Matthieu de Montereul, celui dont parle Despreaux.

> *On ne voit point mes vers, à l'envi de Montreuil,*
> *Grossir impunément les feuillets d'un Recueil.*

Il faut écrire *Montereul* : c'est de quoi M. Pellisson a pris soin d'avertir dans l'*Errata* de sa premiere édition.

XVII.

XVII.

Monsieur de l'Estoile.

Claude de l'Estoile, Sieur du Saussay, étoit Parisien, Gentilhomme, & de fort ancienne famille, jusques à compter un Chancelier de France parmi ses ancêtres. Son pére, qui étoit Audiancier à la Chancellerie de Paris, avoit recueilli plusieurs mémoires des affaires de son temps, desquels un de ses amis, à qui il les avoit prêtez, tira le livre intitulé, *Journal de ce qui s'est passé sous Henri III.* Ses enfans n'ont jamais voulu donner le reste de ces Mémoires, qui peut-être (1) sont

_____

(1) En 1719, on publia deux volumes à Cologne, sous ce titre: *Mémoires pour servir à l'Histoire de France, contenant ce qui s'est passé de plus remarquable dans ce Royaume depuis 1515 jusqu'en 1611.* Le premier de ces volumes contient ce qui avoit été donné sous le titre de *Journal d'Henri III.* L'autre volume contient la suite des Mémoires de M. de l'Estoile, à l'exception de ce qui s'est passé depuis Mars 1594, jusqu'en Juillet 1606. Mais ce grand vuide enfin se trouve presque

maintenant perdus. Ils étoient trois frères, l'aîné qui mourut jeune ; le second qui fut Secrétaire du Cardinal de Lyon ; & celui-ci, qui étoit le troisieme, qui n'eut point d'autre emploi que celui des belles Lettres, & de la Poësie, où il se rendit très-célèbre. Il avoit pourtant plus de génie que d'étude, & de savoir. Il s'étoit attaché particulierement à bien tourner un vers, à quoi il réussissoit fort bien, & aux règles du Théatre, qu'il faisoit profession d'avoir apprises de M. de Gombauld, & de M. Chapelain. Un de ses amis particuliers m'a dit que quand il vouloit travailler, s'il se rencontroit que ce fût de jour, il faisoit fermer les fenêtres de sa chambre, & apporter de la chandelle ; & que lorsqu'il avoit composé un ouvrage, il le lisoit à sa servante (comme on a dit aussi de Malherbe) pour connoître s'il avoit bien réussi, croyant que les vers n'avoient pas leur entiere perfection, s'ils n'étoient remplis d'une certaine beauté, qui se fait sentir aux personnes même

rempli à l'aide du Manuscrit original, qui se conserve dans la Bibliotheque de M. le Président Bouhier, & qui fut imprimé en 1732.

les plus rudes, & les plus grossières. Il étoit grand admirateur des vers de M. de Sérisay, & de ceux de M. de Gombauld ; & sur le sujet de ce dernier, sortant un jour avec lui de l'Hôtel de Bourgogne, je lui ai ouï dire fort sérieusement, qu'il eût mieux aimé avoir fait cette Scène des Danaïdes, où l'action de ces cruelles sœurs est décrite, que toutes les meilleures pièces de Théatre, qui avoient paru depuis vingt ans. Il étoit d'une complexion extraordinairement portée à l'amour, & cette passion fit presque tous les troubles & tous les maux de sa vie. En ses dernières années il épousa par inclination, une femme qui n'avoit que peu de bien. Il tint long-temps ce mariage caché ; & comme il n'étoit pas riche autant qu'il falloit pour vivre commodément à Paris avec famille, il se retira à une maison des champs, où il passa presque tout le reste de sa vie. Il mourut (2) âgé d'environ cinquante ans. Il étoit de taille médiocre, & fort grêlé ; il avoit les cheveux & les yeux noirs, le visage fort pâle, & fort maigre, gâté, & sans barbe en quelques

(2) En 1652.

endroits, à cause qu'étant enfant il étoit tombé dans le feu. Il avoit beaucoup de vertu & d'honneur, & supporta sa mauvaise fortune sans s'en plaindre, & sans être incommode, ou importun à personne. Il reprenoit hardiment, & brusquement, avec une sévérité étrange, ce qui ne lui plaisoit pas dans les choses qu'on exposoit à son jugement. On l'accuse d'avoir fait mourir de regret & de douleur un jeune homme, qui étoit venu de Languedoc avec une Comédie, qu'il croyoit un chef-d'œuvre, & où il lui fit remarquer clairement mille défauts.

Un de mes amis, qui ne l'avoit jamais vû, fut un jour mené chez lui pour le consulter sur une pièce de même genre. Il en écouta la première & la seconde scène sans dire mot; mais à la troisieme où il y avoit un Roi, qui ne parloit pas à son gré, se levant en sursaut: *Ce Roi est yvre*, dit-il, *car autrement il ne tiendroit pas ce discours.* Il travailloit avec un soin extraordinaire, & repassoit cent fois sur les mêmes choses: de-là vient que nous avons si peu d'ouvrages de lui. Il laissa deux pièces de théatre, *La Belle Es-*

clave, & *l'Intrigue des Filoux*, & en achevoit une troisieme quand il mourut, qu'il appeloit *le Secrètaire de Saint Innocent*. Il avoit part, comme je vous ai dit, à celle des cinq Auteurs. Il y a diverses Odes ou Stances fort belles de lui dans les derniers Recueils imprimez.

Voilà tout ce que j'avois à vous dire des Académiciens morts. Plût à Dieu, que je pusse parler des vivans avec la même liberté, & rendre à quelques-uns de ce nombre, que je connois plus particuliérement, le témoignage que leur esprit, & que leur vertu mérite. Mais il y a plusieurs raisons qui m'en empêchent, & une seule qui me console d'en être empêché. C'est que si je regarde le Public, leurs images se verront sans doute ailleurs en quelque lieu plus célèbre, & de quelque meilleure main; & si je vous considére en particulier, vous savez assez ce que j'en pense, & n'aurez pas oublié ce que je vous en disois si souvent en nos longues promenades de Roumens, où il n'y avoit que des arbres & que des fontaines qui nous écoutaſſent. Contentez-vous donc de les voir ici nommez parmi les autres, ſuivant qu'ils ſont dans le Catalogue (3) de l'Académie : je n'y ajoûterai rien que des apoſtilles pour vous dire le nom de Baptême, & la qualité de chacun, ſa patrie, & le titre des ouvrages par leſquels il eſt connu.

(3) Apparemment on avoit fourni à M. Pelliſſon un catalogue peu exact ; car l'ordre d'ancienneté, qui a toûjours été ſuivi à l'Académie, eſt ſouvent renverſé ici. En général, on a déja pu juger par ſes autres dénombremens, qu'il n'a eu intention d'obſerver aucun ordre ; & peut-être avoit-il ſes raiſons. Quoiqu'il en ſoit, une table alphabétique des matières eſt un remède aiſé.

CATALOGUE
DE MESSIEURS
DE L'ACADÉMIE FRANÇOISE.

I. Amable (1) DE BOURZEYS, Abbé de Saint Martin de Cores, né en Au-

„ (1) Il naquit à Volvic près de Riom en
„ Auvergne, le 6 Avril 1606. Il fut élevé
„ Page chez le Marquis de Chandenier; &
„ dans cet état il ne laissa pas de faire un si
„ grand progrès dans les Lettres, sur-tout dans
„ le Grec, que le P. Arnoul, Jésuite, son pa-
„ rent, qui avoit été Confesseur du Roi,
„ l'ayant emmené à Rome, lorsqu'il n'avoit
„ encore que dix-sept ans, osa le produire
„ sur ce grand Théatre, comme un génie
„ extraordinaire. Il y fit son cours de Théo-
„ logie sous le P. de Lugo, Jésuite, & il ap-
„ prit les langues Orientales. Il s'y exerça
„ aussi à diverses pièces de Poësie, Grecques
„ & Latines : & la traduction en vers grecs du
„ Poëme *de partu Virginis*, du Pape Urbain
„ VIII, lui mérita de sa Sainteté un Prieuré

vergne. Il n'y a rien d'imprimé de lui sous son nom qu'une *Lettre au Prince*

„ en Bretagne. Le Cardinal Maurice de Sa-
„ voie prit goût pour lui, l'amena à Turin,
„ le fit loger dans le Palais du Duc son pére,
„ & ne lui permit de se retirer en France
„ qu'au bout de deux ans, gratifié d'une pen-
„ sion considérable. Lorsqu'il fut arrivé à Pa-
„ ris, le Duc de Liancourt, qui faisoit cas
„ des gens de Lettres, lui offrit un apparte-
„ ment dans son Hôtel, & le présenta au Roi
„ Louis XIII, dont il obtint l'Abbaye de
„ Saint Martin de Cores. Le Cardinal de
„ Richelieu l'honora de son estime, & le choi-
„ sit pour être un des membres de l'Académie
„ Françoise, qu'il venoit d'établir. Peu de
„ temps après, l'Abbé de Bourzeys prit les
„ Ordres sacrez, & s'appliqua à la Controver-
„ se. Les fruits de ses travaux furent la con-
„ version de quelques-uns des Ministres, con-
„ tre lesquels il avoit disputé. Il eut même tout
„ l'honneur de celle d'Édouard Prince Pala-
„ tin. Enfin la grande habileté qu'il avoit en
„ ces matières, porta le Cardinal de Riche-
„ lieu à lui confier ses ouvrages de Contro-
„ verse; & ce fut par ses soins qu'ils furent mis
„ dans l'état où ils ont été imprimez. Les dis-
„ putes sur la Grace s'étant élevées, donné-
„ rent lieu à l'Abbé de Bourzeys de faire di-
„ vers écrits : mais la Constitution d'Inno-
„ cent X étant intervenue en 1653, il cessa
„ d'écrire sur ces disputes, & signa le Formu-
„ laire en 1661. Il suivit le Cardinal Mazarin
„ au voyage de Bouillon, où il le servit bien

Edouard

Edouard Palatin, qui est un traité de religion.

„ de sa plume. M. Colbert eut pour lui la mê-
„ me estime. Il le mit à la tête, non-seule-
„ ment de l'Académie des Inscriptions, mais
„ encore d'une autre Assemblée, qui se tenoit
„ dans la Bibliotheque du Roi, & qui n'étoit
„ composée que de Théologiens. L'Abbé de
„ Bourzeys travailla, par ordre du même Mi-
„ nistre, sur des matières qui regardoient le
„ service du Roi, & il eut la principale part
„ à la recherche des *Droits de la Reine*. Les di-
„ vers traitez qu'il fit à ce sujet, sur-tout celui
„ où il démontre la nullité de la Rénonciation
„ de la Reine, firent voir qu'il étoit aussi grand
„ Jurisconsulte que grand Théologien. Il fit
„ même une Réponse au livre intitulé, *Bou-
„ clier d'Etat & de Justice*, que la Paix empê-
„ cha de publier. Ces différens travaux d'es-
„ prit ne furent interrompus, que par le voya-
„ ge qu'il fit en Portugal, par l'ordre du Roi,
„ l'an 1666. pour y travailler à la conversion
„ du Comte de Schomberg, depuis Maré-
„ chal de France. Il mourut à Paris, le 2
„ Août 1672.

Voilà ce que les nouveaux Editeurs de Moréri ont extrait d'une vie de M. de Bourzeys,
composée par un de ses neveux, & dont l'original est aujourd'hui, avec tous les Manuscrits
de M. de Bourzeys, entre les mains de M. de
la Fautrière, Conseiller au Parlement de Paris. Personne n'a plus de goût que ce Magistrat, ni n'est plus capable de mettre quelques-
uns de ces Manuscrits en état de voir le jour.

II. Antoine (2) GODEAU, Evêque de Grasse & Vence, né à Dreux. Ses œuvres imprimées jusques-ici, suivant

(2) Il étoit un peu parent de M. Conrart; il logeoit chez lui, quand il venoit à Paris; & ce fut pour entendre la lecture des Poësies qu'il apportoit de Dreux, que M. Conrart assembla pour la premiere fois ces gens de Lettres, dont les conférences bien-tôt après donnérent naissance à l'Académie.

Il fit en 1636 une Paraphrase du Cantique *Benedicite omnia opera Domini Domino*, bien versifiée, & d'un style noble & riche. Elle plut si fort au Cardinal de Richelieu, qu'après l'avoir lue & relue en présence de l'Auteur, il lui dit : *Vous me donnez le* Benedicite *, & moi je vous donne Grasse*. Jeu de mots que l'occasion fit naître : car l'Evêché de Grasse vaquoit heureusement pour M. Godeau, & le Cardinal qui connoissoit d'ailleurs son mérite, fut par-là déterminé à le placer sur le champ.

On voit par les lettres imprimées de M. Godeau, que ce fut en effet un Evêque très-appliqué à ses devoirs, d'une grande innocence de mœurs, d'une piété exemplaire, d'un prodigieux travail, & d'une fermeté, ou plustôt d'une intrépidité, qui n'est pas commune.

Puisqu'ici je dois particuliérement le regarder comme Poëte, il ne m'est pas permis de me taire d'un libelle qui parut contre lui en 1647, sous ce titre : *Antonius Godellus utrùm Poëta*. J'appellerois ce petit écrit, une Satire très-ingénieuse, & même assez solide,

le catalogue qu'on m'en a donné, sont, *la Préface du Dialogue des causes de la corruption de l'Eloquence*, traduit par M. *Giry. Celle des Oeuvres de Malherbe. La Paraphrase des Epîtres de S. Paul, & des Epîtres Canoniques. La Vie de S. Paul. Instructions & priéres Chrétiennes*,

si la censure ne portoit que sur les vers de M. Godeau. Mais comme sa personne y est attaquée, je l'ai traité de libelle; & par cette raison je supprime le nom du Critique, qui a été le meilleur Humaniste de son temps.

On demandera, en voyant la liste des ouvrages de M. Godeau, comment il a pu tant écrire. C'est une facilité, c'est une fécondité sans exemple. Il disoit Que le Paradis d'un „ Auteur, c'étoit de composer: que son Pur- „ gatoire, c'étoit de relire & de retoucher ses „ compositions: mais que son Enfer, c'étoit „ de corriger les épreuves de l'Imprimeur.

Il tomba en apoplexie le 17 Avril 1672, & mourut à Vence le 21 du même mois, âgé de 67 ans.

On peut voir dans la *Biblioteca Aprosiana*, imprimée à Boulogne 1673, un catalogue de ses Ouvrages, envoyé par lui-même à un de ses amis, peu de temps avant sa mort. Mais il n'y renferma pas ceux qui pouvoient alors lui paroître un peu profanes; & il y parle de quelques livrets, tels qu'un *Recueil des Exorcismes*, un *Office de l'Ange Gardien*, & les *Paraphrases des Litanies du saint Enfant Jesus*, que je n'ai pu découvrir.

pour toutes sortes de personnes. Ordonnances & instructions Synodales. Méditations sur l'Oraison Dominicale. L'Oraison funèbre du Roi Louis XIII. Celle de M. l'Evêque de Bazas. L'Idée du bon Magistrat en la vie & en la mort de M. de Cordes. Traité de la Tonsure Ecclésiastique. Autre, de la Vocation Ecclésiastique. Elévations à Jésus-Christ en forme de Méditations, & de nouvelle Paraphrase sur l'Epître aux Hébreux. Remontrance faite au Roi, contre le Parlement de Toulouse. Exhortation aux Parisiens touchant l'Aumône & la Charité envers les pauvres de Picardie & de Champagne. Avis aux Parisiens touchant la Procession faite en l'année 1652, *pour la descente de la Châsse de sainte Geneviéve, sous le nom d'un Curé de Paris. La Vie de saint Augustin* in-quarto. *L'Histoire Ecclésiastique des quatre premiers siecles, en deux volumes* in-fol. *Ses Poësies imprimées sont : un volume d'Oeuvres Chrétiennes. La Paraphrase de tous les Pseaumes en vers François, qui a été mise en Musique par le Sieur Gouy. Une Ode pour le Roi Louis XIII. L'Institution du Prince Chrétien, pour le Roi Louis XIV. La grande Chartreuse. La Sorbonne. Hymne de saint Charles Borro-*

mée. *Hymne de sainte Geneviéve.* Il a fait un *Poëme de saint Paul* en cinq chants, qui n'est pas encore publié, non plus que plusieurs autres Hymnes, Discours, ou Epîtres en vers adressées à ses amis particuliers.

III. François (3) DE METEL, Sieur de BOISROBERT, Abbé de Châtillon sur Seine, Conseiller d'Etat, & Aumônier du Roi, né en la ville de Caen en Normandie. Il a composé, outre quelques lettres en prose, & quelques Poësies qu'on voit de lui en divers Recueils, un livre séparé d'*Epîtres,* ou de *Discours en vers* à la manière d'Horace. *Plusieurs Poëmes Dramatiques.* Une Tragédie intitulée, *la Didon Chaste,* ou *les Amours d'Hyarbas.* Deux Tragi-comédies, qui sont *le Couronnement de Darie,* & *Paléne.* Trois Comédies ; la première, qui est de son invention, intitulée *les trois Orontes* ; & les deux autres, qui sont *la Jalouse d'elle-même,* &

---

(3) Voyez le Tome II. de cette Histoire, seconde partie, article III.

On lit dans les Origines de Caen de M. Huet, non pas *De Métel,* mais *Le Métel,* & c'est ainsi qu'il faut dire.

la folle Gageure, tirées de Lopé de Véga.

IV. Henri (4) Louis HABERT, Sieur de MONTMOR, Conseiller du Roi en

(4) Il étoit cousin de Philippe & de Germain Habert, Académiciens l'un & l'autre. C'est une famille qui a été féconde en hommes illustres. Celui-ci étoit *omnis doctrina & sublimioris & humanioris amantissimus*, comme le dit M. Huet dans ses Mémoires, pag. 166. Un jour par semaine il se tenoit chez lui une Assemblée de Savans, où l'on traitoit des matières de Physique. Sorbière, dans sa Lettre LXXIX, rapporte les Réglemens faits pour cette espèce d'Académie. Gassendi, le plus savant Philosophe du dernier siecle, & comparable lui seul à tous ceux qui sont venus depuis Aristote, éprouva dans la maison de M. de Montmor, que la possession d'un bon ami peut tenir lieu de tout. Il y vécut plusieurs années, il y mourut, & M. de Montmor, après avoir recueilli ses derniers soupirs, non-seulement lui érigea un mausolée dans Saint Nicolas des Champs; mais ce qui valoit encore mieux pour la gloire de son ami, & pour l'utilité du Public, il rassembla tous les ouvrages de ce grand homme en six volumes *in-folio*. A la tête de cette édition, se trouve une Préface latine de M. de Montmor, écrite sensément, & de bon goût. C'est presque le seul ouvrage par où sa plume nous soit connue : à trois ou quatre Epigrammes

ses Conseils, Maître des Requêtes de son Hôtel, né à Paris.

V. Jean (5) Ogier DE GOMBAULD, né en Xaintonge à Saint Just de Lussac près de Brouage. Ses ouvrages imprimez sont, l'*Endimion*, l'*Amarante* Pastorale, un volume de *Poësies*, un volumes de *Lettres*. Les suivans n'ont point encore été publiez : Les *Danaï-*

près, qui se sont conservées dans les Recueils de son temps. Mais le Poëme *de rerum naturâ*, où, à l'envi de Lucrèce, il avoit développé toute la Physique, n'est point venu jusqu'à nous. Il mourut à Paris, le 21 Janvier 1679.

(5) Voyez le Tome II. de cette Histoire, seconde partie, article V.
Je ne sais si la Tragi-comédie de *Cidippe*, a été imprimée. Ce qui m'en fait douter, c'est qu'en 1669, trois ans après la mort de l'Auteur, elle ne l'étoit pas encore ; comme nous l'apprenons dans l'Avertissement de Conrart, à la tête des Traitez postumes de Gombauld. *Il a laissé encore*, dit Conrart, *une Tragi-comédie de* Cidippe, *& de quoi faire un nouveau Recueil de Vers, particulièrement de Sonnets & d'Epigrammes, qui pour être entre les mains de personnes peu intelligentes en ces sortes de choses-là, n'ont pu encore être mis en lumière.*

des, Tragédie; *Cidippe*, Tragi-comédie; *Trois livres d'Epigrammes; plusieurs autres Poësies; Lettres & Discours de prose.*

VI. Marin (6) Cureau de la Chambre, Conseiller du Roi en ses

(6) " Il avoit naturellement beaucoup d'é-
" loquence, il étoit savant en toute sorte de
" littérature, & ces qualitez étoient soûtenues
" par un grand fonds d'honneur & de probi-
" té. Il étoit à tous les hommes de Lettres
" un ami, qui ne leur manquoit jamais au
" besoin. La réputation que son esprit lui
" avoit acquise, le fit connoître au Chance-
" lier Seguier; & ce Magistrat voulut avoir
" la Chambre auprès de lui, non-seulement
" comme un excellent Médecin, mais encore
" comme un homme consommé dans la Phi-
" losophie, & dans les belles Lettres. Le Car-
" dinal de Richelieu en porta le même juge-
" ment, & en fit une estime singuliére. Il le
" destina pour être un des ornemens de l'A-
" cadémie Françoise, qu'il avoit établie de-
" puis peu. La Chambre fut reçu dans cette
" illustre Compagnie au commencement de
" l'an 1635. Depuis, le même Cardinal le
" choisit dans le grand nombre d'écrivains
" qui s'étoient attachez à sa fortune, pour
" répondre à un ouvrage séditieux, intitulé
" *Optatus Gallus de cavendo schismate*. Le Roi
" Louis XIV l'honora d'une affection particu-
" liére, & il la lui fit connoître en le nommant

Conseils, & son Médecin ordinaire, né au Mans. Ses œuvres imprimées sont, *Les nouvelles Pensées sur les causes de la Lumiére, du débordement du Nil, & de l'Amour d'inclination. Les nouvelles Conjectures sur la Digestion.* Deux volumes des *Caractères des passions. Traité de la Connoissance des animaux. Nouvelles observations & conjectures sur l'Iris.* S'il achève ce qu'il a commencé, nous verrons la suite des *Caractères des Passions. Le traité de la Beauté humaine.* Celui *du Naturel & des Mœurs des peuples,*

„ un des premiers entre les gens de Lettres
„ qui devoient avoir part à ses gratifications.
„ Il fut aussi choisi pour remplir une des pre-
„ mières places dans l'Académie des Scien-
„ ces. Tout ce qu'il a écrit porte non-seule-
„ ment le caractère d'excellent Philosophe,
„ mais encore celui de bon Chrétien. Il mou-
„ rut en la 75 année de son âge, le 29 No-
„ vembre 1669.

M. l'Abbé de la Chambre est auteur de cet article, tiré presque mot à mot de Moréri. Il avoit promis de recueillir en deux volumes *in-folio* tous les ouvrages de son pére, mais il ne l'a point fait. Il devoit y faire entrer plusieurs Traitez non imprimez de son vivant, & qui ne l'ont pas été depuis : entre autres la Traduction entière des *huit livres de la Physique d'Aristote*, dont il n'y a eu d'imprimé que le premier.

& les autres qui composent le plan qu'il a fait pour l'*Art de connoître les hommes*. Il a fait une traduction françoise des *huit livres de la Physique d'Aristote*, qui n'est pas imprimée ; & fait espérer dans peu de temps un *Commentaire sur les Aphorismes d'Hippocrate*, qu'il appelle *Usus Aphorismorum*, où son dessein est, après avoir marqué le sens d'Hippocrate en chaque Aphorisme, de l'appliquer à d'autres sujets, & de faire voir tous les usages qu'on en peut tirer.

VII. Marin (7) LE ROY, Sieur de GOMBERVILLE, Parisien. Les œuvres

---

(7) Il naquit en 1600. Son premier ouvrage fut imprimé en 1614. C'est un Recueil de cent-dix Quatrains à l'honneur de la Vieillesse. Il le dédie à son pére. La versification n'en vaut rien : mais que peut-on attendre d'un écolier ? L'ouvrage qu'il donna en 1620, est d'un style incomparablement meilleur, & qui fait bien voir que dans un jeune homme six années d'étude font beaucoup, au lieu que dans un âge déjà un peu avancé, les progrès d'un écrivain sont lents & imperceptibles.

M. de Gomberville s'appliqua ensuite à composer des Romans. C'étoit la fureur de son siecle. Mais enfin, à l'âge d'environ qua-

imprimées que j'ai vûes de lui, sont les Romans de *Polexandre* en cinq volumes ; de *la Cithérée* en quatre volumes ; de *la jeune Alcidiane*, qui n'est

rante-cinq ans, comme il alloit faire de longs séjours à Gomberville, qui est à une lieue de Versailles, & que là il étoit voisin de Port-Royal des Champs, il fit connoissance avec les fameux Solitaires de cette Abbaye. Dès-lors, non-seulement il cessa de composer des Romans, mais il embrassa une vie pénitente, & prit à tâche d'imiter les modèles qu'il avoit devant les yeux.

Il eut dessein d'écrire l'Histoire de cinq derniers Rois de France, de la maison de Valois. Il avoit judicieusement formé son plan ; il avoit même commencé à l'exécuter ; mais par les raisons qu'il touche dans sa Préface des *Mémoires du Duc de Nevers*, il n'alla pas loin. On a tout sujet de croire que ce qu'il en avoit fait, quoique cité par le P. le Long *num.* 8201, est absolument perdu : car son petit-fils, aujourd'hui Lieutenant général d'Etampes, m'a fait savoir que l'on ne conservoit dans sa famille aucun papier de son aïeul.

M. de Gomberville s'est déguisé sous un nom à la Grecque, *Thalassius Basilidès*, autour de son Portrait en taille-douce, & dans un petit avertissement qu'il a mis à la tête de quelques Poësies Latines de M. de Loménie, Comte de Brienne. Mais ces Poësies, elles sont du P. Cossart ; & l'*Itinerarium* qui porte aussi le nom de M. de Loménie, est de

pas achevé : *la Préface des Poëſies de Maynard.*

VIII. Jacques (8) DE SERISAY, né à Paris, Intendant de la maiſon du Duc de la Rochefoucauld. Il n'y a rien d'imprimé de lui ; mais il a beaucoup de Poëſies, & d'autres œuvres en proſe, à imprimer.

IX. Marc-Antoine (9) GERARD,

Benjamin Priolo, ſi nous en croyons les lettres manuſcrites de Chapelain.

Une lettre de M. Dodart, imprimée parmi celles de M. Arnauld, nous apprend que M. de Gomberville, ſur la fin de ſes jours, rabattit un peu de ſa grande dévotion. Il mourut à Paris, le 14 Juin 1674.

(8) Il mourut à la Rochefoucauld au mois de Novembre 1653. Du reſte il ne m'eſt connu par nul endroit, ſi ce n'eſt par quelques Poëſies, mais fort courtes, & en petit nombre, imprimées dans les Recueils de Sercy.

(9) Il n'étoit point fils d'un Gentilhomme Verrier, comme l'ont écrit divers Auteurs. Il nous apprend lui-même, dans une de ſes épîtres dédicatoires, que ſon pére avoit été Chef d'Eſcadre pendant vingt-deux ans, au ſervice d'Elizabeth Reine d'Angleterre. Sa vie n'a-

Sieur de SAINT-AMANT, né à Rouen.

presque été qu'une suite continuelle de voyages. On trouvera en parcourant ses Poësies, que dans sa jeunesse il avoit vû l'Afrique & l'Amérique. Qu'en 1643 il accompagna le Comte d'Harcourt Ambassadeur extraordinaire de France à Londres. Qu'en 1647 il étoit à Colioure en Roussillon. Qu'en 1650 il étoit à Dantzic, Gentilhomme ordinaire de la Reine de Pologne, Marie-Louise de Gonzague. L'Abbé de Marolles, dans ses Mémoires, pag. 167, se fait honneur de lui avoir procuré cette place, avec trois mille livres de pension. Mais en 1651 M. de Saint-Amant revint en France, & passa le reste de ses jours à Paris. Ce que M. Despreaux en raconte dans sa première Satire, *Que tout chargé de vers qu'il devoit mettre au jour, conduit d'un vain espoir il parut à la Cour; Qu'il en revint couvert de honte & de risée; Que la fiévre au retour terminant son destin, fit par avance en lui ce qu'auroit fait la faim :* tout cela, dis-je, pourroit bien n'avoir pour fondement que l'imagination de M. Despreaux, qui sans doute a cru qu'en plaçant ici un nom connu, cela rendroit sa narration plus vive & plus gaie. Car enfin les Poësies de Saint-Amant font foi qu'il n'avoit pas attendu si tard, ni à mandier les graces de la Cour, ni à mettre au jour les vers qu'il avoit faits dans cette vûe. On sait d'ailleurs, que ses derniéres années furent toutes consacrées à la pénitence & à la piété. Nous pouvons juger de ses sentimens par ses *Stances sur l'I-*

Il y a de lui *trois volumes de Poësies.* Il fait un Poëme Héroique, appelé *Moyse.*

X. Honorat (1) LAUGIER, Sieur de PORCHERES, Provençal. On a imprimé de lui *diverses Poësies*, dans les Recueils : & *cent Lettres amoureuses sous le nom d'Erandre.* Il y a plusieurs pièces non imprimées de vers & de prose, entre autres un *Traité des Devises.*

XI. Germain (2) HABERT, Abbé de la Roche, & Abbé & Comte de

mitation *de Jesus-Christ*, qui sont les derniers, & les meilleurs vers qu'il ait publiez. Il mourut en 1661, âgé de soixante-sept ans.

Chapelain, dans ses Lettres manuscrites, m'apprend que la *Rome ridicule* de Saint-Amant fut imprimée furtivement à Paris en 1643, & l'Imprimeur mis en prison.

(1) Il étoit de Forcalquier, dans le Diocèse de Sistéron. A cela près, je n'ai pu trouver le moindre éclaircissement sur ce qui le regarde. J'ai déjà parlé de sa famille ci-dessus, dans l'article de François d'ARBAUD. Il mourut en 1654.

(2) Il mourut en 1655. C'est de lui dont les Dictionnaires disent dans leur Requête de Ménage :

Notre-Dame de Cérify, Parisien. Il a fait imprimer *la Vie du Cardinal de Bérulle* en prose. Il y a *diverses Poësies* de lui dans quelques Recueils de vers. Quelques *Paraphrases de Pseaumes*, & la *Métamorphose des yeux de Philis en astres*. Il a fait beaucoup d'autres vers non imprimez.

XII. Jean (3) DES MARESTS, Parisien, Conseiller du Roi, Contrôleur

Sans nous Habert n'entendoit note
Dans la Morale d'Aristote.

On voit par-là qu'il traduisoit ce savant ouvrage : mais sa Traduction n'a point vû le jour. Ménage, dans ses Observations sur Malherbe, dit que cet Académicien étoit *un des plus beaux esprits de son temps.*

(3) Pour le bien connoître, voyons d'abord ce qu'en dit le judicieux & l'équitable Chapelain dans son *Mémoire des gens de Lettres vivans en* 1662.
„ C'est, dit-il, un des esprits faciles de ce
„ temps, & qui sans grand fonds fait une plus
„ grande quantité de choses, & leur donne
„ un meilleur jour. Son style de prose est pur,
„ mais sans élévation : en vers il est abaissé,
„ & élevé, selon qu'il le desire : & en l'un &
„ l'autre genre il est inépuisable & rapide dans
„ l'exécution, aimant mieux y laisser des ta-

général de l'extraordinaire des Guerres, & Secrètaire général de la Marine de Levant. Ses œuvres imprimées pour la prose sont, l'*Ariane*, Roman, en deux parties. *Rosane*, autre Roman, qu'il n'a pas achevé, & dont il n'y a qu'un

„ ches & des négligences, que de n'avoir pas
„ bien-tôt fait. Son imagination est trop fer-
„ tile, & souvent tient la place du jugement.
„ Autrefois il s'en servoit pour des Romans &
„ des Comédies, non sans beaucoup de suc-
„ cès. Dans le retour de son âge, il s'est tout
„ entier tourné à la dévotion, où il ne va
„ pas moins vite qu'il alloit dans les Lettres
„ profanes.

Rien de mieux dit en 1662. Mais depuis ce temps-là M. des Marests fit bien un autre chemin. Il devint Prophéte. On trouvera dans le Dictionnaire de Bayle plus d'éclaircissement qu'il n'en faudroit là-dessus. Qu'a-t-on à faire, que de tristes réflexions, lorsqu'on voit des hommes d'un rare mérite, donner à la fin de leurs jours dans d'épouventables travers?

Au reste, c'est M. des Marests, qui le premier de tous les Académiciens s'est apperçu qu'Homére & Virgile ne valoient pas nos Modernes. Mais cette découverte, il la fit dans ce même temps où sa tête enfantoit bien d'autres idées aussi nouvelles, & plus étonnantes. Il se trouvoit alors dans un âge trop avancé, pour qu'il pût espérer de voir la conversion du monde entier sur ce point. Il transmit sa doctrine & son zéle à M. Per-

volume.

volume. *La vérité des Fables*, en deux volumes. *L'Erigone*, Comédie en profe. *Les Jeux des cartes des Rois de France, des Reines renommées, de la Géographie & des Fables*, lesquels il inventa par l'ordre du Cardinal de Richelieu, pour l'instruction du Roi Louis XIV, en son enfance, & lorsqu'il n'étoit que Dauphin. *Une Réponse aux Dames de Rennes, pour son Jeu des Reines renommées*. Un livre de *Priéres & de Méditations Chrétiennes*. Pour les vers, un volume *d'Oeuvres Poëtiques*, qui contient entre autres choses six pièces de Théatre, *Aspasie, Roxane, Scipion, les Visionnaires, Mirame, & l'Europe*. Un livre de Priéres en vers. *Le Poëme des vertus Chrétiennes en huit chants*. Il avoit fort avancé deux autres pièces de Théatre, que la mort du Cardinal lui fit abandonner, intitulées : *L'Annibal, & le Charmeur charmé*. Il y en a une autre de lui achevée, & toute comique, en petits vers, appelée le *Sourd*, qu'il n'a

rault, en lui adressant sur ce sujet une Epitre, qui est l'ouvrage par où il a fini, & qui contient, pour ainsi dire, ses derniéres volontez.

Il mourut âgé de quatre-vingts & quelques années, le 28 Octobre 1676.

point mise au jour. *Le Sonnet qui sert d'inscription au Roi de Bronze de la Place Royale*, est de lui. Il travaille à un Poëme héroïque *du Baptême de Clovis*, dont il y a déjà neuf chants d'achevez. Il a aussi travaillé par l'ordre du Duc de Richelieu son maître, à un ouvrage de prose considérable, qu'il appelle l'*Abrégé de la science universelle*, & qui contient en près de mille chapitres, des connoissances sommaires sur la plûpart des choses qui tombent dans l'entretien ordinaire.

XIII. Honorat (4) DE BUEIL, Chevalier, Marquis de RACAN, fils d'un Chevalier des Ordres du Roi, né à la Roche-Racan en Touraine. Ses ouvrages imprimez sont, *les Bergeries*, Pastorale. *Diverses pièces de vers*, dans le Recueil de 1627. *Les sept Pseaumes Pénitentiaux. Ses Odes sacrées sur les Pseaumes*, qu'il continue, en ayant déjà fait soixante-cinq. *Sa Harangue à l'Académie, contre les sciences.*

(4) Voyez le Tome II. de cette Histoire, seconde partie, art. VII.

XIV. Jean-Louis (5) GUEZ, Sieur de BALZAC, Conseiller du Roi en ses Conseils, né à Angoulême. Ses ouvrages imprimez jusques-ici, sont, *six volumes de Lettres. Un d'œuvres diverses. Un de vers & de lettres en latin. Le Prince. Le Socrate Chrétien*, avec lequel sont *divers autres petits traitez, ou dissertations*, en un volume *in octavo*. Il a fait encore un ouvrage de Politique, intitulé *Aristippe*, qu'il est prêt de donner au Public.

XV. Abel (6) SERVIEN, Ministre

(5) Voyez le Tome II. de cette Histoire, seconde partie, art. I.

(6) Il naquit en 1593 à Grenoble, où son pére étoit Conseiller au Parlement. Son élévation fut moins l'effet de la fortune, que de son mérite. Mais dans les bornes où il faut que je me renferme, je ne puis qu'indiquer les grands emplois, qui lui ont été successivement confiez.

Procureur général au Parlement de Grenoble dès l'année 1616. Conseiller d'Etat en 1618. Maître des Requêtes en 1624. Intendant de Justice en Guyenne, en 1627. Intendant des Finances de l'armée d'Italie, en 1630. Président & Juge en la Justice souveraine du Roi à Pignerol, en 1630. Premier d'Etat, & Garde des Sceaux de l'Ordre, ayant été ci-devant Procureur général au Parlement de Grenoble, Maître des Requêtes, Premier Président au Parlement de Bordeaux, Secrètaire d'Etat, Ambassadeur extraordinaire en Savoie, Plénipotentiaire, & Ambassadeur pour la paix à Munster. Il est né à Grenoble. Il n'a rien fait imprimer sous son nom : mais plusieurs de ses ouvrages sur des matières importantes, ont été vûs avec une approbation générale.

XVI. Jean (7) CHAPELAIN, Paprésident du Parlement de Bordeaux, la même année. Secrètaire d'Etat, la même année. Ambassadeur extraordinaire en Italie, en 1631. Plénipotentiaire à Munster, en 1643. Ministre d'Etat, en 1648. Surintendant des Finances, en 1653.

Il mourut dans son Château de Meudon, le 17 Février 1659.

Voyez son éloge plus détaillé dans l'*Histoire des Secrètaires d'Etat* : & pour ce qui est des Manuscrits dont il est auteur, ou qu'on lui attribue, consultez la *Bibliotheque Historique* du P. le Long.

(7) Voyez le Tome II. de cette Histoire, seconde partie, art. XI.

risien, Conseiller du Roi en ses Conseils. Ses ouvrages Poëtiques imprimez, sont: *Les Odes, pour le Cardinal de Richelieu. Pour la naissance du Comte de Dunois. Pour le Duc d'Anguien. Pour le Cardinal Mazarin. Une Paraphrase sur le* Miserere. *Plusieurs Sonnets sur divers sujets, particuliérement pour des tombeaux : & quelques autres pièces de Poësie.* Il a fait aussi *les derniéres paroles du Cardinal de Richelieu. Une Ode pour le Prince de Condé, sur la prise de Dunkerque : une pour le Prince de Conty : & une autre pour le retour du Duc d'Orléans*, qui ne sont pas imprimées. Il travaille au Poëme héroïque *de la Pucelle d'Orléans*, qui doit être de vingt-quatre chants, dont il en a déjà fait treize. En prose on voit de lui *la Préface de l'Adoné du Cavalier Marin.* Il a fait aussi *un Dialogue de la lecture des vieux Romans*, qui n'est pas imprimé.

XVII. Guillaume (8) BAUTRU,

(8) Il mourut en 1665, âgé d'environ 77 ans. Si quelqu'un est curieux de voir comment écrit un bel esprit, qui n'a envie que d'amuser des lecteurs oisifs, & qui ne se propose nullement de leur être utile, on n'a

natif d'Angers, Comte de Serran, Conseiller d'Etat ordinaire, ci-devant Introducteur des Ambassadeurs chez le Roi, Ambassadeur vers l'Archiduchesse en Flandres, Envoyé du Roi en Espagne, en Angleterre, & en Savoie.

XVIII. Guillaume (9) COLLETET, Parisien, Avocat au Parlement & au Conseil. Ses œuvres imprimées sont : *Des vers dans le Recueil appelé* Délices de la Poësie Françoise. *Les Desespoirs*

qu'à lire l'article BAUTRU dans le Dictionnaire de Bayle.

(9) Je lis dans la Bibliotheque Historique du P. le Long *num.* 17334, que M. Colletet a lui-même écrit sa vie, & que c'est par-là qu'il finit son *Histoire des Poëtes François* ; ouvrage, qui par je ne sais quelle fatalité demeure enseveli dans la poussière depuis la mort de l'auteur. On promet enfin de le donner incessamment au Public : & le Manuscrit est aujourd'hui entre les mains d'un Libraire qui en connoît le prix. Ainsi c'est inutilement que je ferois usage du peu de mémoires que j'ai sur cet Académicien. On doit s'attendre à quelque chose de mieux détaillé, & de plus exact, dans le compte qu'il rend lui-même de sa vie, & de ses écrits. Il mourut le 19 Février 1659, à Paris, où il étoit né, selon Moréri, le 12 Mars 1596.

amoureux. *Le Devoir du Prince Chrétien, traduit du Cardinal Bellarmin*, imprimé fous le nom de Lanel. *Les Avantures d'Ifméne & d'Ifménie, traduites du Grec d'Euftathius. Les Divertiffemens*, qui eft un Recueil de Poëfies, divifé en fix parties. *Les Couches facrées de la Vierge, traduites en profe, du Latin de Sannazar. La Doctrine Chrétienne de S. Auguftin, avec le Manuel à Laurens.* Traduction du livre compofé en Latin par Meffire Pierre Seguier Préfident au Parlement ; intitulé : *Elémens de la connoiffance de Dieu, & de foi-même. Plufieurs Homélies en François*, entre autres, toutes celles du Carême, tirées du Bréviaire Latin. *Plufieurs Odes, Stances, Sonnets, & autres Poëfies* faites & publiées en diverfes occafions fur les affaires du temps. *Plufieurs difcours de profe* fur des occafions femblables. *Un Recueil de Poëfies* en 1642. *Cyminde*, Tragi-comédie. *Eloges des Hommes illuftres, qui depuis un fiecle ont fleuri en France dans la profeffion des Lettres, traduits du Latin de Scévole de Sainte-Marthe. Verfion de deux lettres Latines de Mademoifelle Anne-Marie Schurman, fur le fujet*, S'il eft néceffaire que les filles foient favantes.

Le Banquet des Poëtes, avec plusieurs autres vers Burlesques. Version du Traité de Monsignor de la Casa, *du mutuel devoir des grands Seigneurs, & de ceux qui les servent. La Vie de Raymond Lulle.* Celle de *Nicolas Vignier, Historiographe de France.* Celle de *Frére Jean du Housset, Hermite du mont Valérien.* Il a traduit quatre livres de l'Histoire d'Hérodote, & l'Histoire de Polydore Virgile des Inventeurs des choses. Mais ces deux ouvrages ne sont pas imprimez. Il travaille *aux Vies des Poëtes François & autres Hommes illustres.*

XIX. Pierre (1) DE BOISSAT, de Dauphiné. Il fait imprimer *un volume de Poësies, & une Morale Chrétienne.*

XX. Jean (2) SILHON, Conseiller

---

(1) Voyez le Tome I. de cette Histoire, seconde partie, article II.

(2) Heureusement j'ai trouvé un Placet imprimé de M. Silhon au Roi, où il nous apprend lui-même à quoi il a employé sa vie & ses talens. Bayle (*Questions d'un Provincial, Tom. I, chap. LXVII*) dit que c'étoit sans contredit l'un des plus solides, & des plus judicieux Auteurs de son siecle. Gui Patin (lettr.
d'Etat

d'Etat ordinaire, natif de Sos en Gaſ-
tre du 21 Février 1667) mande ſa mort en ces
termes: *Il eſt ici mort depuis peu un ſavans homme qui parloit bien; c'eſt le bon M. de Silhon.* Quand
deux hommes tels que Gui Patin & Bayle,
s'accordent à dire du bien de quelqu'un, on
peut les en croire. Venons au Placet, dont
j'ai parlé.

AU ROI.

„ SIRE, J'ai ſervi dix-huit ans & plus dans
„ les affaires les plus importantes de l'Etat,
„ ſous les ordres de feu M. le Cardinal. Le
„ feu Roi votre pére de glorieuſe mémoire,
„ me mit auprès de lui pour cela. J'avois
„ l'honneur d'être connu de ce Prince, &
„ d'avoir quelque part en ſon eſtime, par la
„ favorable impreſſion qu'on lui avoit don-
„ née d'un ouvrage que j'avois fait pour la
„ gloire de ſon règne. Cet ouvrage avoit
„ paru en deux volumes ſous le nom de *Mi-
„ niſtre d'Etat*, & fait voir que j'avois une
„ paſſable connoiſſance de nos affaires, &
„ que je n'étois pas tout-à-fait novice en l'art
„ d'écrire. Sans cela il m'eût été impoſſible
„ de fournir au grand travail qu'il me fallut
„ eſſuyer pendant un aſſez long temps, du-
„ rant lequel je fus obligé d'écrire par l'ordre
„ de S. E. au dehors à tous nos alliez, à
„ tous les Ambaſſadeurs, Réſidens, & Agens
„ de V. M. & au dedans à tous nos Géné-
„ raux & Officiers d'armées, à tous les Or-
„ dres de l'Etat, & à une infinité de particu-

cogne. Ses ouvrages imprimez font,

„ liers. Le souvenir de cet excessif & violent
„ travail me fait encore peur, & il m'en coûta
„ une maladie qui me mit à la dernière extré-
„ mité, comme toute la Cour sait.
„ Je ne parlerai point, SIRE, de ce que
„ j'ai souffert durant les troubles de l'Etat :
„ des pertes que j'ai faites, & des dangers
„ que j'ai encourus pour la bonne cause. Je
„ dirai seulement que dans la plus grande
„ émotion de Paris, j'osai publier un livre
„ dans lequel je recueillis comme en une hi-
„ stoire abrégée, ce qui s'étoit fait de plus
„ beau & de plus mémorable pendant la Ré-
„ gence, soit à la guerre, soit dans les né-
„ gociations. Ce petit livre qui vit encore,
„ & qui apparemment aura quelque durée,
„ fit un effet considérable sur l'esprit même
„ des plus mal intentionnez, qui virent que
„ la peinture que j'exposois, & que j'avois
„ tirée sur la vérité des choses, étoit bien
„ différente de celle qu'on répandoit par tout,
„ contre la Régence de la Reine votre Mére,
„ & l'Administration de M. le Cardinal.
„ Enfin, SIRE, j'ai donné la dernière an-
„ née de mon emploi, qui est l'année 1660,
„ outre l'occupation courante que M. le Car-
„ dinal me laissoit en son absence : j'ai don-
„ né, dis-je, un livre où je traite particu-
„ liérement deux sujets de la dernière impor-
„ tance ; l'un est de la vérité de la Religion
„ Chrétienne contre les Impies, dont le nom-
„ bre n'est pas petit en ce temps ici. L'autre
„ est de l'obéissance que les Peuples doivent

DE L'ACADÉMIE. 335
un volume in-quarto *de l'Immortalité de*

„ à leurs Souverains, où entre autres choses
„ je détruis avec tant d'évidence & si démon-
„ strativement la fausseté de la puissance in-
„ directe que quelques-uns attribuent au
„ Pape sur le temporel des Princes Chrétiens,
„ que je suis certain que les partisans de cette
„ opinion si contraire à l'indépendance des
„ Princes, & qui a de si dangereuses consé-
„ quences pour eux, n'y sauroient rien ré-
„ pondre qui vaille. Ce service si nécessaire,
„ que personne n'a rendu avant moi au point
„ que j'ai fait, est digne de quelque consi-
„ dération.
„ Je représente ceci, SIRE, à V. M.
„ pour justifier la prière que M. le Cardinal
„ lui fit quelques jours avant sa mort, d'avoir
„ la bonté de me continuer ma vie durant
„ les appointemens que j'avois coûtume de
„ recevoir, & de commander que je les re-
„ çusse sans peine. Il avoit jugé que m'ayant
„ plusieurs fois promis un établissement, en
„ considération de mes longs & utiles services,
„ il ne m'en pouvoit procurer de plus com-
„ mode ni de plus sortable à mon âge, & au
„ dessein que j'avois, & qui ne lui étoit pas
„ inconnu, d'employer ce qui me resteroit de
„ vie & de santé à servir la Religion & l'Etat,
„ de ma plume & de ma petite industrie.
„ V. M. témoigna l'année passée à Fontai-
„ nebleau à M. le Sur-Intendant, qu'elle dé-
„ siroit que je fusse payé à l'accoutumée, &
„ lui en donna le commandement exprès. Mais
„ parce que les affaires des Finances ont de-

l'Ame, qui est comme une Théologie naturelle. *Deux parties du Ministre d'Etat. Un petit livre des conditions de l'Histoire.* Un autre qui a pour titre, *Eclaircissement de quelques difficultez touchant l'administration du Cardinal Mazarin. La Préface du parfait Capitaine de M. de Rohan.* Il y a aussi quelques-unes de ses *Lettres* dans les Recueils imprimez.

„ puis changé de face, & que la dispensation
„ s'en fait d'une autre manière, je supplie très-
„ humblement V. M. d'ordonner ce que sa
„ bonté lui inspirera en ma faveur pour l'an-
„ née 61, & les suivantes. Si c'étoit sur ses
„ menus plaisirs, la grace seroit parfaite.

„ Je ne dis rien des arrérages de près de
„ cinq années de mes appointemens qui me
„ sont dus, c'est-à-dire, des cinq années de
„ troubles intestins de l'Etat. Je ne dis rien
„ encore du pillage de ma maison, qui fut
„ fait en ce temps-là, comme toute la Cour
„ sait. Ce seroit un contretemps que je n'ai
„ garde de commettre.

„ Je demande pardon, SIRE, à V. M.
„ si parlant de moi je n'ai pas observé toutes
„ les loix de la modestie, quoique je puisse
„ assurer de n'avoir point violé celles de la
„ vérité. Je prie Dieu qu'il comble V. M.
„ de tous les biens que lui peut souhaiter ce-
„ lui qui est passionnément, & avec un ex-
„ trême respect, &c.

XXI. Valentin (3) CONRART, Conseiller-Secrètaire du Roi, Maison & Couronne de France, Parisien.

XXII. Daniel (4) HAY, Abbé de Chambon, né en Brétagne.

XXIII. Louis (5) GIRY, Parisien.

(3) Voyez le Tome II. de cette Histoire, seconde partie, art. XII.

(4) Il étoit frére de M. du Chaftelet, le fecond des Académiciens, dont l'éloge a été fait par M. Pelliffon. Il naquit le 23 Octobre 1596, à Laval, où leur pére Daniel Hay étoit Juge Civil, Criminel, & de Police. Il y eut, dès l'âge de vingt-cinq ans, le Doyenné de l'Eglife Collégiale, avec le Prieuré de Notre-Dame de Vitré. Cette raifon, jointe à fon goût naturel pour la retraite, le retint prefque toûjours dans fa patrie, & il y mourut le 20 Avril 1671. On m'a mandé de Laval, qu'il étoit grand Controverfifte, & grand Mathématicien ; qu'il avoit même beaucoup écrit fur ces matières ; mais que le Marquis du Chaftelet, qui eft auteur d'une *Politique Militaire*, & d'un Traité *de l'éducation de M. le Dauphin*, ne connoiffant rien aux manufcrits de fon oncle, & ne voulant pas qu'un autre les débrouillât, prit le parti de les jeter au feu.

(5) Il mourut à Paris en 1665, âgé de

Avocat au Parlement, & au Conseil. Ses ouvrages imprimez sont, les versions suivantes : *La Pierre de touche*, traduite de l'Italien de *Boccalini*. *Le Dialogue des causes de la corruption de l'Eloquence*. *L'Apologétique de Tertullien*. *La quatrième Catilinaire*, qui est une des huit Oraisons de Cicéron, traduites par divers Auteurs, & imprimées en même volume. *Les Harangues de Symmaque & de Saint Ambroise sur l'Autel de la Victoire*. *La louange d'Héléne, d'Isocrate*. *L'Apologie de Socrate*, & le *Dialogue appelé* Criton, *de Platon*. *L'Histoire sacrée de Sulpice Sévére*. *Le Dialogue appelé* Brutus, *ou Des illustres Orateurs, de Cicéron*. Il a traduit aussi *quelques Epîtres choisies de saint Augustin*, qui ne sont pas encore imprimées.

soixante & dix ans. Le P. François Giry, célèbre Minime, étoit son fils unique. On a écrit la Vie de ce Religieux, & nous y trouvons un grand éloge de M. Giry, de sa probité, de son savoir, de sa piété, de son désintéressement. Qu'aux Chambres Royales des Amortissemens & des Francs-Fiefs, il eut la commission d'Avocat général du Roi. Que le Cardinal Mazarin le mit de son Conseil particulier, &c.

XXIV. Nicolas (6) PERROT, Sieur d'ABLANCOURT, né en Champagne.

(6) Il naquit à Châlons sur Marne le 5 Avril 1606, & mourut à sa terre d'Ablancourt auprès de Vitry le 17 Novembre 1664. Comme sa Vie se trouve dans les œuvres de M. Patru, qui sont entre les mains de tout le monde, je n'en donnerai point ici d'extrait. On perdroit trop à ne la pas lire d'un bout à l'autre. J'y ajoûterai seulement deux ou trois petits articles.

I. Touchant la Traduction des Sermons Italiens du P. Narni, imprimée sous le nom du P. du Bosc, & que Colomiés dit être de M. d'Ablancourt. Il est vrai que M. d'Ablancourt, à l'âge de vingt ans, se destinant à prêcher, traduisit quelques beaux endroits de ces Sermons : & que cinq ou six ans après, ayant tout de nouveau embrassé le Calvinisme, il donna le peu qu'il avoit traduit de ces Sermons, au P. du Bosc, qui par-là fut déterminé à faire le reste. Ainsi le discours de Colomiés n'est pas sans fondement : mais d'autre côté, cela ne suffit pas pour qu'on doive, comme a fait Bayle, mettre cette Traduction en son entier sur le compte de M. d'Ablancourt.

II. Quand M. Colbert se fit donner des Mémoires sur les gens de Lettres vivans en 1662, son principal dessein étoit de voir en quel genre chacun pourroit travailler à la gloire du Roi. Or M. d'Ablancourt fut jugé le plus propre de tous à bien écrire l'Histoire de ce grand Prince. Il accepta la proposition,

Ses ouvrages imprimez sont, *la Préface de l'Honnête femme*, & les traductions suivantes. *L'Octavius de Minutius Félix. Quatre des huit Oraisons de Cicéron*, qui sont celles *pour Quintius*, *pour*

qui lui en fut faite par l'ordre de M. Colbert, avec une pension de mille écus. Il alloit venir à Paris, & s'y établir, pour être à portée de recevoir les instructions dont il auroit besoin. Mais M. Colbert, lorsqu'il en rendit compte au Roi, ayant dit à sa Majesté que M. d'Ablancourt étoit Protestant, tout fut rompu. *Je ne veux point*, dit le Roi, *d'un Historien qui soit d'une autre Religion que moi.* Ajoûtant néanmoins qu'à l'égard de sa pension, puisque cet écrivain avoit du mérite d'ailleurs, il entendoit qu'elle lui fût payée. Je trouve ces particularitez dans les lettres manuscrites de Chapelain.

III. On garde dans la Bibliotheque du Roi une copie du Testament de M. d'Ablancourt, daté du 5 Octobre 1664, & par conséquent antérieur de 44 jours à sa mort. Joignons à cela le récit bien circonstancié de M. Patru, & nous verrons si l'on peut, avec quelque sorte de vrai-semblance, accuser M. d'Ablancourt d'avoir volontairement abrégé ses jours, comme on l'a dit premièrement dans le *Ménagiana*, & puis dans une infinité de mauvais livres. Mais lorsqu'une fois quelque sottise a été imprimée, c'est assez pour qu'elle soit éternellement répétée par de misérables compilateurs.

la loi Manilia, pour Marcellus, pour Ligarius. Arrian, des guerres d'Alexandre. La Retraite des dix mille par Xénophon. Toutes les Oeuvres de Tacite. Les Commentaires de César. Il traduit maintenant *Lucien.*

XXV. Jacques (7) Esprit, né à Béziers, Conseiller du Roi en ses Con-

(7) Il naquit à Béziers le 22 Octobre 1611. A l'âge de dix-huit ans il vint à Paris joindre son aîné, qui étoit Prêtre de l'Oratoire. Il entra dans la même Congrégation le 16 Septembre 1629. Il y donna quatre ou cinq années à l'étude des belles Lettres, & de la Théologie. Après quoi, ayant eu occasion de se faire connoître à l'Hôtel de Liancour, & à l'Hôtel de Rambouillet, il fut ébloui par des idées d'ambition, qui le rappelérent dans le monde. Il avoit une heureuse physionomie, de la délicatesse dans l'esprit, une aimable vivacité, de l'enjouement, beaucoup de facilité à bien parler & à bien écrire. Le Duc de la Rochefoucauld, auteur de ces Maximes si connues, le goûta infiniment, & se fit un plaisir de le produire par-tout. Enfin M. le Chancelier Seguier voulut l'avoir : il lui donna sa table & cinq cents écus de pension : il lui procura de plus une pension de deux mille livres sur une Abbaye, & le Brevet de Conseiller d'Etat. Mais en 1644 on lui rendit quelque mauvais office auprès de M. le Chancelier ; & il se

seils. Il n'y a rien de lui d'imprimé, réfugia pour une seconde fois au Séminaire de saint Magloire, sans vouloir néanmoins reprendre l'habit de l'Oratoire. En ce temps-là M. le Prince de Conty pensoit sérieusement à sa conversion, & il alloit souvent à saint Magloire pour conférer avec ses Directeurs. Il y connut M. Esprit, il en fut enchanté, il le tira de ce Séminaire, & lui donna un logement dans son Hôtel, avec mille écus de pension. Peu de temps après, M. Esprit ayant formé la résolution de se marier, mais n'ayant pas de quoi assurer le douaire de sa femme, ce Prince lui fit une promesse de quarante mille livres, assignées sur le Comté de Pézenas. Madame de Longueville, dans la même vûe, lui donna quinze mille livres argent comptant. Quand le Prince de Conty alla dans son Gouvernement de Languedoc, où il est mort, la reconnoissance obligea M. Esprit à le suivre en cette province; & sa faveur auprès du Gouverneur devint telle, que toutes les affaires, petites & grandes, passoient par ses mains. Après avoir perdu en 1666 un protecteur si utile & si long-temps éprouvé, il se tint le reste de ses jours en Languedoc, uniquement occupé à bien élever sa famille, qui consistoit en trois filles, dont deux ont été mariées, & l'autre est morte dans un Couvent. Il mourut à Béziers le 6 Juillet 1678.

On croit que la Traduction du *Panégyrique de Pline*, quoiqu'imprimée sous le nom d'un de ses frères Abbé, est véritablement de lui.

que des *Paraphrases de quelques Pseaumes.*

XXVI. François (8) DE LA MOTHE-LE-VAYER, Parisien, Conseiller d'Etat ordinaire, Précepteur de M. le Duc d'Anjou, & qui a fait la même fonction auprès du Roi durant un an. Ses œuvres imprimées sont : *un Discours* imprimé sous le nom de *Traduction de Fabricio Campolini, Véronois, sur la contrariété d'humeurs qui se trouve entre certaines nations, & singuliérement entre la Françoise, & l'Espagnole ; avec deux Discours Politiques. Petit Discours Chrétien de l'Immortalité de l'ame, avec le Corollaire, & un Discours Sceptique de la Musique. Discours de l'Histoire. Considérations sur l'Eloquence Françoise de ce temps. De l'Instruction de M. le Dauphin. De la Liberté, & de la Servitude. De la vertu des Payens, avec les preuves des citations. Quatre volumes in-octavo d'Opuscules, ou petits traitez. Opuscule Sceptique sur cette commune façon de parler*, N'avoir pas le sens commun. *Jugement sur les anciens & principaux Hi-*

___
(8) Voyez le Tome II. de cette Histoire, seconde partie, art. X.

storiens Grecs & Latins, dont il nous reste quelques ouvrages. *Lettres touchant les nouvelles Remarques sur la Langue Françoise. Un volume in-quarto de petits Traitez en forme de Lettres, écrites à diverses personnes studieuses. Second volume de Lettres, ou Traitez semblables,* non encore achevé d'imprimer. *La Géographie du Prince, la Morale du Prince, la Rhétorique du Prince pour M. le Duc d'Anjou. L'Oeconomique, la Politique, & la Logique du Prince, pour le Roi.* Ces trois derniers ne sont pas encore imprimez.

XXVII. Daniel (9) DE PRIÉZAC, Conseiller d'Etat ordinaire, né au Château de Priézac en Limosin. Ses ou-

(9) Il mourut en 1662. Celui de ses livres qui a pour titre, *Vindiciæ Gallicæ*, est une réponse faite par l'ordre de la Cour au *Mars Gallicus* de Jansénius. Il laissa un fils, nommé *Salomon*, auteur de plusieurs ouvrages, la pluspart écrits en latin.
Voici le titre d'un volume *in-octavo* imprimé à Bordeaux, en 1621. *Discours prononcez par M. Daniel de Priézac, Avocat en Parlement, & Docteur Régent en l'Université de Bordeaux.* Il y a quatre Discours, trois François, & un Latin. Vrai-semblablement ils sont de l'Académicien, qui les aura fait im-

vrages imprimez sont, *les Observations contre le livre de l'Abbé de Melrose, intitulé* Philippe le Prudent. *Vindiciæ Gallicæ. Trois volumes des Priviléges de la Vierge. Disceptatio legitima, in controversia mota inter Apostolicæ Cameræ cognitorem, Actorem: & Eminentissimos Cardinales Barberinos, excellentissimumque urbis Romæ præfectum, Defensores. Un volume in-quarto de Discours Politiques.* Il en compose maintenant *un second.*

XXVIII. Olivier (1) PATRU, Parisien, Avocat en Parlement. Il y a de lui la traduction de l'Oraison *pro Archia*, qui est l'une des huit, traduites par divers Auteurs. *Une épître liminaire au Cardinal de Richelieu, sous le nom des Elzevirs, au devant du Nouveau monde de Laet. Une autre au Président de Mesmes*, pour la veuve & les enfans de Camusat, au devant *de l'Imitation de*

primer dans sa jeunesse, & avant que d'avoir quitté sa province. Je n'oserai pourtant pas en faire mention dans la Liste de ses ouvrages, parce que le silence de M. Pellisson rend cela douteux.

(1) Voyez le Tome II. de cette Histoire, seconde partie, art. XIV.

Jesus-Christ, de la traduction du *P. Antoine Girard*, *Jésuite*. Il a plusieurs *Plaidoyers*, & autres ouvrages à imprimer, & c'est de lui que M. de Vaugelas dans la Préface de ses Remarques a fait espérer *une Rhétorique Françoise*.

XXIX. Claude (2) BASIN, Seigneur de BEZONS, Parisien, Conseiller d'Etat ordinaire, ci-devant Avocat général au Grand Conseil. Il y a de lui *une Traduction du Traité de la Paix de Prague*, où il n'a point mis son nom.

XXX. François (3) SALOMON, Bor-

___

(2) Après avoir été Avocat général au Grand Conseil dès l'année 1639, il fut pendant vingt ans Intendant en Languedoc, d'où il revint en 1673 à Paris, & y fit jusqu'à la mort les fonctions de Conseiller d'Etat ordinaire, avec une grande réputation de capacité, & d'intégrité. Il y mourut à l'âge de 67 ans, le 20 Mars 1684. Il laissa trois fils, qui se sont également distinguez : un dans l'Eglise, mort Archevêque de Rouen ; un autre dans la Robe, mort Conseiller d'Etat ; un troisième dans l'Epée, Maréchal de France, & Chevalier des Ordres du Roi, vivant en cette année 1729.

(3) Il se nommoit *François-Henri Salomon*. Il étoit fils d'un Conseiller au Parlement de Bordeaux. Il fut reçu Avocat gé-

DE L'ACADÉMIE. 351

delois, Conseiller d'Etat, ci-devant Avocat général au Grand Conseil. Il y a de lui *un Discours d'Etat à M. Grotius, & la Paraphrase d'un Pseaume en vers.*

XXXI. Pierre (4) CORNEILLE, Avocat général à la Table de Marbre de Rouen, né au même lieu. Il a composé jusques-ici vingt-deux pièces de Théatre, qui sont *Mélite, Clitandre, la Veuve, la Galerie du Palais, la Suivante, la Place Royale, Médée, l'Illusion Co-*

néral au grand Conseil en 1638. Mais au bout de neuf ou dix ans, l'état de ses affaires ne lui permettant pas de se soûtenir à Paris, il se retira dans sa province, & y fut d'abord Lieutenant général du Sénéchal de Guyenne. Il épousa ensuite la fille d'un Président à Mortier au Parlement de Bordeaux : & après la mort de son beau-pére, il exerça cette charge de Président. Il mourut sans enfans, le 2 Mars 1670, à Bordeaux, où il étoit né le 4 Octobre 1620.

Tout ce qui se trouve sur l'antiquité de sa noblesse dans les rapsodies de Vigneul-Marville, n'est qu'une fable, dont ses propres héritiers, gens sensez & pleins d'honneur, sont les premiers à se moquer.

(4) Voyez le Tome II. de cette Histoire, seconde partie, art. XVIII.

mique, *le Cid*, *Horace*, *Cinna*, *Polieucte*, *la Mort de Pompée*, *le Menteur*, *la suite du Menteur*, *Rodogune*, *Théodore*, *Héraclius*, *Dom Sanche d'Arragon*, *Andromède*, *Nicoméde*, *Pertharite*. Il a fait imprimer aussi *deux livres de l'Imitation de Jesus-Christ en vers*, & travaille aux deux autres.

XXXII. Pierre (5) DU RYER, Parisien. Ses ouvrages imprimez sont, pour la prose les Traductions suivantes, l'*Oraison de Cicéron pour le Roi Dé-*

(5) Il fut pourvû en 1626 d'une charge de Secrétaire du Roi. Mais ayant fait un mariage d'inclination, il revendit cette charge en 1633 : & la nécessité où il se trouva de pourvoir à la subsistance d'une famille, l'obligea de s'attacher, en qualité de Secrétaire, à César Duc de Vendôme. Il eut sur la fin de ses jours un brevet d'Historiographe de France, avec une pension sur le Sceau. Foibles ressources, qui ne le dispensoient pas de travailler pour vivre. De là vient que ses ouvrages sont éloignez de la perfection où l'on sent qu'il étoit capable de les porter. Il avoit un style coulant & pur ; égale facilité pour les vers & pour la prose. Il ne manquoit que de loisir. Il mourut le 6 Novembre 1658, âgé de 53 ans ; & fut enterré à Saint Gervais, dans le tombeau de ses ancêtres.

jotarus,

jotarus, & celle qu'on lui attribue pour la *paix*, qui sont du nombre des huit, dont j'ai déjà parlé. Trois *Catilinaires*, toutes les *Philippiques*, & le reste des *Oraisons de Cicéron*, les *Paradoxes*, les *Offices*, les *Tusculanes* du même Auteur, dont il a dessein de traduire les autres ouvrages. *La louange de Busire, d'Isocrate. Deux tomes de l'Histoire de Flandre par Strada. Hérodote. Tout Sénéque*, excepté ce que Malherbe en avoit traduit. *Tite-Live entier*, avec le *Supplément de Freinshémius*. *Le Supplément du même Auteur, pour joindre au Quinte-Curce de M. de Vaugelas. La Vie de S. Martin par Sévére Sulpice. Les Pseaumes du Roi de Portugal. Bérénice*, Tragi-comédie en prose. Pour les vers, il a fait dix-huit piéces de Théatre, qui sont, *Lisandre, & Caliste: Argénis, première partie: Argénis, seconde partie: Les Vendanges de Surène: Alcimédon: Cléomedon: Lucrèce: Clarigéne: Alcionée: Saul: Esther: Scévole: Thémistocle: Nitocris: Dinamis: Amaryllis*, qui fut imprimée autrefois sans son consentement. Deux autres qui ne l'ont pas été, *Arétaphile*, & *Clitophon & Leucippe*. Il achève la dix-neuvième, qu'il appelle *Anaxandre*.

Tome I. Gg

XXXIII. Jean (6) BALLESDENS, Parisien, Avocat au Parlement & au Conseil. Il a traduit le livre intitulé, *le Miroir du Pécheur pénitent*, & a donné au Public les manuscrits suivans, d'entre plusieurs autres qu'il a ramassez. *Cartiludium Logicæ, seu Logica memorativa, vel Poëtica, R. P. Thomæ Murner, cum notis & conjecturis. Rudimenta cognitionis Dei & sui, Petri Seguierii Præsidis infulati. Elogia clarorum virorum Joannis Papirii Massonis*, en deux

(6) Il étoit attaché à M. le Chancelier Seguier, & vrai-semblablement c'est ce qui lui facilita l'entrée à l'Académie ; car du reste il paroît, à l'égard du style, n'avoir atteint que la médiocrité, même pour le temps où il vivoit.

On est surpris de ne lui voir ici que la qualité d'Avocat. Dans quelques-uns des Priviléges obtenus en son nom pour l'impression de ses livres, il se dit *Protonotaire Apostolique, Prieur de Saint Germain d'Alluye, Aumônier du Roi* : & J. B. Thiers, dans son *Traité des Perruques*, dit positivement qu'il présenta une Supplique au Cardinal de Vendôme, Légat *à latere*, pour avoir permission *de dire la Messe avec une perruque*. Je dois cette particularité à M. l'Abbé Joly, Chanoine de Dijon, auteur des *Eloges de quelques Auteurs François*, dont j'ai parlé ci-dessus, page 236. Ballesdens mourut à Paris en 1675.

volumes. *Gregorii Turonensis opera pia eum vitis Patrum sui temporis*, en deux volumes. *Les actes du transport du Dauphiné, fait à la Couronne de France. Traité de l'Eau-de-vie, par M. Jean Bronaut, Médecin du Roi*. Il a fait aussi réimprimer *les Fables d'Esope en François, de sa correction*, pour l'instruction du Roi, avec *des maximes Politiques & Morales*.

XXXIV. François (7) DE MEZERAY, natif de la Vicomté d'Argentan, au Diocèse de Sées. Il a fait imprimer *une continuation de l'Histoire des Turcs, depuis l'an 1612 jusqu'en 1648*; & *trois volumes in-folio de l'Histoire de France, depuis la naissance de la Monarchie, jusques à la paix de Vervins*; & a dessein de la continuer jusques à notre temps.

XXXV. François (8). TRISTAN L'HERMITE, Gentilhomme ordinaire

―――――――

(7). Voyez le Tome II. de cette Histoire, seconde partie, art. XVI.

(8). Parmi quelques fictions, dont M. Tristan peut avoir embelli son *Page disgracié*, nous y trouvons la véritable histoire de sa jeunesse: & même il n'a pas eu grand besoin

de M. le Duc d'Orléans, né au Château de Souliers en la Province de la Marche. Ses ouvrages imprimez sont diverses pièces de Théatre. *Mariane*,

de recourir au mensonge, pour lui donner tout à fait l'air de Roman. On y voit qu'il se disoit issu d'une très-ancienne maison, jusqu'à compter parmi ses ancêtres le fameux Pierre l'Hermite, auteur de la première Croisade; & Tristan l'Hermite, Grand-Prévôt sous Louis XI. Que dans son enfance il fut amené à la Cour; & mis, en qualité de *Gentilhomme d'honneur*, auprès du Marquis de Verneuil fils naturel d'Henri IV. Qu'à l'âge d'environ treize ans, s'étant battu contre un Garde du Corps, & ayant tué son homme, il prit la fuite, & se sauva en Angleterre: d'où, après diverses avantures, il voulut passer à la Cour de Castille, pour s'y présenter au Connétable Jean de Vélasquo son parent. Mais qu'en traversant la France *incognito*, lorsqu'il fut en Poitou, il manqua d'argent & de tout secours pour continuer son voyage; ensorte qu'il se mit entre les mains de la Fortune. Elle lui fit trouver entrée chez l'illustre Scévole de Sainte-Marthe, qui parvenu à un âge très-avancé, vivoit à Loudun sa patrie, dans un doux & honorable repos. Ce docte vieillard avoit toûjours fait son amusement de la Poësie; il fut charmé de retenir un jeune homme vif, amusant, porté aux belles connoissances, & qui d'ailleurs pouvoit, en faisant auprès de lui l'office de lecteur, lui être d'un grand se-

Panthée, la *Mort de Sénéque*, de *Crispe*, du grand *Osmar*, la *Folie du Sage*. Trois volumes de Poësies, intitulez, *Les Amours*, la *Lyre*, & *les vers héroïques*. Pour la prose, *un volume de Lettres*, & cours. Tristan passa dans cette maison, c'est-à-dire, dans le sein des Lettres, quinze ou seize mois. Après quoi, par les bons offices de Messieurs de Sainte-Marthe, il devint Secrétaire du Marquis de Villars-Montpezat, qui faisoit sa demeure au grand Précigny en Touraine. A quelque temps de là, ce Marquis fut appelé par le Duc de Mayenne à Bordeaux, & y mena son Secrétaire : la Cour y passa en 1620 : Tristan, qui jusqu'alors avoit déguisé à ses maîtres son nom & sa naissance, fut enfin reconnu par M. d'Humières, premier Gentilhomme de la Chambre : & Louis XIII, à la priére de ces Seigneurs, non-seulement lui accorda sa grace, mais même lui fit amitié. Voilà par où finissent les deux premiers livres du *Page disgracié*. Ils laissent Tristan à l'âge de dix-huit ans. Il en promettoit deux autres livres, qu'il n'a point publiez, ou que du moins je n'ai pas vûs. Ainsi, sur le reste de sa vie, nul détail. Tout ce qu'on en sait, c'est qu'étant Poëte, Joueur de profession, & Gentilhomme de Gaston Duc d'Orléans, aucun de ces trois métiers ne l'enrichit. Quant à ses Tragédies, elles réussirent toutes en leur temps: mais celle de Mariane est aujourd'hui la seule d'estimée. Il mourut âgé de cinquante-quatre ans, le 7 Septembre 1655.

quelques autres petits traitez. Il travaille à un Roman de plusieurs volumes, qu'il appelle *la Coroméne, Histoire Orientale*. Il a fait aussi l'*Office de la Vierge en François*, qui contient diverses pièces spirituelles, en vers & en prose.

XXXVI. George (9) DE SCUDERY.

(9) Il sortoit d'une famille noble, originaire du Royaume de Naples, établie depuis plusieurs siecles en Provence. Son pére, après avoir servi avec distinction sur mer & sur terre, eut la Lieutenance de Roi du Havre de Grace, où cet Académicien naquit en 1601. Il suivit d'abord le parti des armes, comme il nous l'apprend lui-même dans la Préface de son *Ligdamon*, qui est sa première pièce de Théatre. Mais ses propres paroles sont à rapporter ; on gâteroit tout en les changeant.

Tu couleras aisément, dit-il au Lecteur, *par dessus les fautes que je n'ai point remarquées, si tu daignes apprendre qu'on m'a vû employer la plus longue partie du peu d'âge que j'ai, à voir la plus belle & la plus grande de l'Europe ; & que j'ai passé plus d'années parmi les armes, que d'heures dans mon cabinet : & beaucoup plus usé de mèche en arquebuse, qu'en chandelle : de sorte que je sais mieux ranger les soldats que les paroles, & mieux quarrer les bataillons que les périodes.*

Dans l'épître dédicatoire de la même pièce au Duc de Montmorency : *Je veux*, lui dit-

DE L'ACADÉMIE. 359

Gouverneur de Notre-Dame de la Garde, né au Havre de Grace. Il a fait seize pièces de Théatre, *Ligdamon, le Trompeur puni, le Vassal généreux, la Comédie des Comédiens en vers & en prose, Orante, le Fils supposé, le Prince déguisé, la Mort de César, Didon, l'Amant libéral, l'Amour tyrannique, Eudoxe, l'Illustre Bassa* Tragi-comédie, *Andromire, Axiane, Arminius.* Quantité de *Poësies* mêlées, imprimées ensuite de ses pièces de Théatre, jusques au nombre de dix ou douze mille vers. *Le Cabinet*, qui est un Recueil de Poësies sur des Tableaux. *Un volume de di-*

il, *apprendre à écrire de la main gauche, afin que la droite s'emploie à vous servir plus noblement.* Et dans une autre de ses épîtres dédicatoires, il dit qu'il est *sorti d'une maison où l'on n'a jamais eu de plume qu'au chapeau.*

On ne peut enchérir là-dessus, & il faut convenir de bonne foi, n'en déplaise à Bachaumont & à Chapelle, que les Dames de Montpellier n'avoient pas tort de le croire

Vaillant, riche, & toûjours bien mis.

Mais étoit-ce un grand Poëte ? C'est de quoi peut-être on ne conviendra pas si facilement, quoiqu'il nous assure que toutes ses pièces de Théatre eurent un succès extraordinaire, à l'exception de sa *Didon*, & de son *Amant libéral*, où les acclamations, dit-il, *furent un peu plus froides.* Toutefois, ajoûte-t-il,

verses Poësies in-quarto. Il a fait l'*Epitaphe du Cardinal de Richelieu*, qui a été imprimée, & depuis gravée en bronze, pour mettre sur son Tombeau. Il fait *un Poëme héroïque*, qu'il appelle *Rome vaincue*. Ses ouvrages de prose sont, *l'Apologie du Théatre, Observations sur le Cid ; deux lettres à l'Académie, & une à M. de Balzac, sur le même sujet ; Traduction des œuvres de Manzini ; l'Illustre Bassa*, Roman en quatre parties ; *deux volumes de Harangues des Femmes illustres.*; *Discours Politiques des Rois ; le grand Cyrus*, Roman qui doit avoir dix volumes.

l'impression fit après, ce que j'avois espéré du Théatre. Voilà comme il en parle dans la Préface de son *Arminius*, qui est la dernière pièce qu'il ait donnée. Ainsi la Satire a bien eu raison de l'appeler *Bien-heureux Scudéry*, puisqu'en effet il a été content, & de lui-même, & de son siecle, jusqu'au dernier moment.

Il avoit épousé une Demoiselle de Martinvast, bonne maison de Normandie. Il mourut à Paris le 14 Mai 1667, âgé de 66 ans. Quelques-uns des ouvrages que M. Pellisson lui attribue ici, & qui ont véritablement paru sous son nom, viennent de son illustre sœur, Madelène de Scudéry, morte en 1701, à l'âge de 94 ans.

XXXVII.

XXXVII. Jean (1) DOUJAT, Toulousain, Avocat au Parlement, seul Lecteur & Professeur du Roi en Droit

(1) Il prêta le serment d'Avocat au Parlement de Toulouse en 1637, & au Parlement de Paris en 1639.

Il eut la Chaire de Professeur en Droit Canon au Collége Royal en 1651; & une autre Chaire de Docteur Régent dans la Faculté de Droit en 1655.

On ne sauroit lui rien apprendre dans les langues Grecque, Latine, Italienne, Espagnole : il a beaucoup de connoissance de l'Esclavonne, de l'Allemande, & de l'Hébraïque. Ce sont les propres termes que je trouve dans une lettre non imprimée de Chapelain à Balzac, du 24 Septembre 1650.

A tant de talens il avoit joint une rare modestie, une exacte probité, & un parfait desintéressement. Jouissant par son travail d'un revenu considérable, il ne songea jamais à faire des acquisitions, ni à amasser des richesses. Content d'en tirer une honnête subsistance, il employa tout le superflu au soulagement des pauvres. Voilà ce qui se lit dans le sixième Journal des Savans, de l'année 1689.

Il mourut à l'âge de soixante & dix-neuf ans, le 27 Octobre 1688, étant alors Doyen, & de l'Académie, & du Collége Royal, & de la Faculté de Droit.

Outre les ouvrages qu'il a mis au jour, on cite de lui les manuscrits suivans.

I. *Du délit commun & du cas privilégié.* Bibl. Hist. du P. le Long, num. 2648.

Canon au Collége Royal de France. Il a divers ouvrages de longue haleine fort avancez sur plusieurs sciences, & deux particuliérement sur le Droit, qu'il

II. *Rerum Gallicarum, impubere Ludovico XIV, liber primus.* Il n'y en a eu d'imprimé que la première feuille, suivant le P. le Long, num. 9596.

III. *Consultation sur la Rénonciation de la Reine Marie-Thérèse d'Autriche aux Etats de la Couronne d'Espagne, le cas y arrivant.* P. le Long, num. 11989.

IV. *Réponse au* Bouclier d'Etat, *où il est traité de la véritable fin du Roi en son entrée aux Pays-bas.* P. le Long, num. 12000.

V. *Mémoires de l'état ancien & moderne de la Lorraine*, &c. P. le Long, num. 12149.

VI. *Histoire de la Régence d'Anne d'Autriche, mére de Louis XIV,* indiquée dans le sixième Journal des Savans, de l'année 1689.

A l'occasion du *Bouclier d'Etat*, remarquons que Bayle étoit mal informé, lorsqu'il a dit que le Baron de Lisola, auteur de ce fameux ouvrage, étoit de Besançon. François de Lisola, fils de Jérôme de Lisola Ecuyer, & de Susanne Recy, naquit à Salins, & y fut baptisé à la Paroisse de Saint Anatoile, le 22 Août 1613. J'ai cru devoir par zéle pour ma Patrie, revendiquer en son nom cet homme illustre, dont l'exemple suffit pour montrer à ses compatriotes, que s'ils aiment l'oisiveté, ce n'est pas que la nature leur ait refusé des talens.

appelle *Prænotiones Canonicæ, & Civiles*. Il a publié en diverses occasions des *pièces séparées, en vers Latins ou François*. Il y a de lui une petite *Grammaire Espagnole*, où il n'a pas mis son nom, non plus qu'au *Dictionnaire de mots Gascons sur Goudelin*. Il est l'Auteur de la Préface du *Vestibulum de Coménius*, dont il a donné la copie, & *d'un des Epitaphes de M. de Thou*, qui fut imprimé sans qu'il le sût, avec beaucoup de fautes dans *Vittorio Siri*, & qui commence *Lege Viator*, &c.

XXXVIII. François (1) CHARPEN-

(1) Il naquit le 15 Février 1620, & il mourut le 22 Avril 1702.

„ Le génie aisé, & la vivacité qu'il fit
„ paroître dans ses premières études, l'a-
„ voient fait destiner au Barreau. Mais quel-
„ ques talens qu'il eût pour réussir dans cette
„ profession, l'amour des Lettres ne lui per-
„ mit pas de s'y engager. Il préféra à une
„ vie tumultueuse & agitée, le repos & le
„ silence du cabinet ; & à l'étude des Loix,
„ la connoissance des langues & des bons au-
„ teurs de l'Antiquité.

„ M. Colbert étant entré dans le Ministére,
„ & ayant conçu le dessein de former à l'imi-
„ tation de nos voisins, une Compagnie pour
„ le commerce des Indes Orientales, voulut

TIER, Parisien. Il a fait imprimer *la Vie de Socrate*, & la traduction des *choses mémorables de ce Philosophe*, du

„ d'abord donner à toute la France une idée
„ avantageuse de cet établissement, par un
„ Discours qu'on publia sur ce sujet : & il fut
„ tellement satisfait de M. Charpentier qui
„ l'avoit composé par son ordre, qu'il le re-
„ tint pour être d'une Académie qui ne fai-
„ soit que de naître, & que l'on a connue de-
„ puis sous le nom d'*Académie des Inscriptions*.
„ Les langues savantes que M. Charpentier
„ possédoit parfaitement, la profonde con-
„ noissance de l'Antiquité, & cette critique
„ judicieuse & sûre, qui étoit le fruit de ses
„ veilles, le rendoient très-propre à concou-
„ rir aux travaux de cette nouvelle Acadé-
„ mie : & c'est une justice que tout le monde
„ lui rend, qu'il n'y a personne de ceux qui
„ la composoient, qui ait plus contribué que
„ lui aux desseins de cette belle suite de Mé-
„ dailles, qu'on a frapées sur les principaux
„ événemens du règne de Louis XIV.
„ A l'égard du caractère de ses Ouvrages,
„ on peut dire en général qu'on y trouve par
„ tout de l'esprit & de l'art, de la force & de
„ l'érudition.
„ Il avoit le corps robuste & sain, la voix
„ mâle & forte, avec un certain air de con-
„ fiance, & si on l'ose dire, d'intrépidité. Il
„ étoit naturellement éloquent, & parloit avec
„ véhémence. De sorte que, lorsqu'il soûte-
„ noit un avis, & que son feu s'allumoit par
„ la contradiction, il lui échappoit quelque-

DE L'ACADÉMIE. 365
Grec de Xénophon. Il a traduit aussi *toute la Cyropédie, & quelques ouvrages de l'Empereur Julien*; mais cela n'est pas

,, fois des choses plus belles encore, que tout
,, ce qu'il a écrit de plus vif & de plus animé.
,, Le Discours qu'il a donné au Public, *De*
,, *l'excellence & de l'utilité des exercices Aca-*
,, *démiques*, découvre assez quel étoit son
,, zéle pour ces exercices. Mais son assiduité
,, aux assemblées de l'Académie l'a fait enco-
,, re mieux voir. Il en a soûtenu les travaux
,, & la réputation par son exemple; & nul au-
,, tre Académicien n'a parlé plus de fois à la
,, téte de la Compagnie.

Tout cela est tiré mot à mot du XXXII. Journal des Savans, de l'année 1702. On y trouve aussi les titres des ouvrages que M. Charpentier laissa en manuscrit.

I. *Toutes les œuvres de Xénophon*, traduites en François: il n'en avoit fait imprimer que la Cyropédie, & quatre livres des choses mémorables de Socrate.

II. *Dissertation sur la Cyropédie*, pour justifier que l'Histoire de Cyrus écrite par Xénophon est une Histoire véritable.

III. *La Rhétorique d'Aristote* en François, avec des Commentaires.

IV. *Trois Comédies d'Aristophane, le Plutus, les Nuées, & les Grenouilles*, traduites en prose françoise.

V. *Epigrammes choisies de l'Anthologie, & de Martial*, en vers françois.

VI. *La Peinture parlante*, Traité où l'on fait voir qu'il faut mettre des inscriptions aux

Hh iij

encore imprimé. Pour les vers, il a fait une Paraphrase du Pseaume *Consitemini Domino*, imprimée, & plusieurs autres Poësies, qui ne le sont pas.

XXXIX. François (2) TALLEMANT, natif de la Rochelle, Aumônier du

Tableaux, & des noms aux Portraits.

VII. *Pièces diverses*, en prose & en vers: dont quelques-unes ont été mises, mais sans choix, & sans goût, dans le *Carpentariana*.

A l'égard des ouvrages étrangers, auxquels M. Charpentier a eu part, soit pour en avoir corrigé le style, soit pour en avoir procuré l'édition, voyez *Carpentariana*, pag. 369.

(2) Il avoit de l'esprit, il ne manquoit pas même de savoir: mais faute d'avoir bien examiné, comme le veut Horace, *quid ferre recusent, quid valeant humeri*, il a vieilli sur une Traduction des Vies de Plutarque, qui n'a point eu de succès. Ce qui avoit fait réussir celle d'Amyot, ce sont les graces du style. Ce qui fit échouer celle de M. l'Abbé Tallemant, c'est tout le contraire. *Nec tamen satis aula probata est*, dit M. Huet dans ses Mémoires, *hac interpretatio, quam ille languente & diffluente oratione vestiebat. In hujusmodi enim scriptionibus historicis parum attenditur quàm fideliter expressum sit exemplar, cùm non satisfit aurium desiderio.* On a reçu plus favorablement sa Traduction de l'*Histoire de Venise*. Il mourut agé de 73 ans, le 6 Mai 1693.

Roi. Il a traduit quelques *Traitez*, & quelques *Vies de Plutarque*, qu'il n'a point fait imprimer.

XL. Armand (3) DU CAMBOUT, Marquis de COISLIN, Baron de Pontchateau, & de la Roche-Bernard, Lieutenant pour le Roi en basse Bretagne, né à Paris.

(3) Il mourut le 16 Septembre 1702, à Paris, où il étoit né le 1 du même mois en 1635, de César du Cambout, Colonel général des Suisses; & de Madelène Seguier, fille du Chancelier de ce nom. Il considéroit fort les gens de Lettres, & se déroboit avec joie à ses autres occupations, pour pouvoir se trouver avec eux. Il a laissé, entre autres enfans, Pierre du Cambout, Duc de Coislin, Pair de France, mort en 1710, & Henri-Charles du Cambout, Duc de Coislin, Pair de France, Evêque de Metz; qui ont l'un & l'autre successivement regardé le titre d'Académicien, comme une portion de leur héritage.

JE vous ai rapporté la naissance, l'établissement, & le progrès de l'Académie Françoise jusques à présent : n'attendez pas que j'aille plus loin, & que j'imite cet excellent Historien, qui jugeant de l'avenir par la connoissance du passé, a si bien fait l'horoscope de la République Romaine. La fortune de l'Académie suivra vrai-semblablement celle de l'Etat, & sera bonne ou mauvaise selon les Rois & les Ministres qu'il plaira à Dieu de nous donner. Il est impossible de prévoir tout ce qui peut arriver au dehors pour sa destruction, ou pour sa gloire : mais je vous dirai bien entre nous, que s'il y a rien au dedans par où elle puisse manquer, c'est peut-être une certaine coûtume ou loi non écrite, qu'elle observe plus exactement que pas un de ses statuts. Car, je vous prie, ne croiriez-vous pas que l'avantage d'entrer dans ce corps devroit être proposé comme un prix à toutes les plumes des François, & à tous ceux qui se sentent quelque génie extraordinaire ? Que ces Messieurs lorsqu'ils ont à se choisir un collègue, devroient toûjours nommer le plus digne, quel qu'il fût, sans même qu'il s'en doutât ; assurez que personne ne refuseroit cet honneur, ou que si quelqu'un étoit si bizarre, toute la honte & tout le blâme en seroit sur lui. Cependant ils gardent inviolablement cette maxime, de ne recevoir personne, quelque mérite qu'il ait d'ailleurs, qu'il ne le demande. Je sais tout ce qu'on peut dire en faveur de ce réglement, & ne doute pas que ceux qui en ont été les premiers Auteurs, ne se fondassent alors sur des raisons, en effet très-considérables : mais je doute fort si le mal qu'il peut produire aujourd'hui, n'est point plus grand que l'utilité qu'on en peut attendre. Car s'il en faut parler franchement, il en arrive une chose de très-dangereuse conséquence. C'est que presque personne ne se présente pour être reçû, qui avant que de rien proposer en public, ne s'assure des suffrages en particulier, où la civilité ordinaire ne permet qu'à peine de résister aux prières d'un ami. Je veux bien que toutes les places vacantes aient été remplies jusques-ici, aussi-bien qu'on le pouvoit souhaiter. J'en vois même entre les derniers venus, que cette Compagnie compte parmi ses premiers, & ses plus grands ornemens. Mais qui nous assure qu'il en soit de même à l'avenir, & qui ne sait que la corruption ne se glisse toujours que trop tôt en toutes les institutions humaines, lors même qu'on n'a rien oublié pour les en défendre ? Ceux qui seront les moins capables de cet emploi, seront peut-être les plus ardens à le rechercher, & l'obtiendront aisément en un pays, & en un siecle où l'on ne sait rien refuser que ce qui regarde l'argent, & l'intérêt particulier. Plusieurs autres au contraire, que l'Académie devroit souhaiter pour ses membres, se tiendront à l'écart, ou par quelque pudeur naturelle, ou par cette fierté honnête, qui accompagne d'ordinaire la vertu & le mérite. On aura beau nous dire qu'ils n'en font point, parce qu'ils ne s'en mettent point en peine. La Postérité ne recevra point cette excuse : & si elle voit paroître sur ce théatre de petits ou de médiocres Acteurs, pendant que d'autres qui étoient capables des premiers rôles, seront demeurez cachez derrière; elle blâmera sans doute le jugement qui aura fait un si mauvais choix.

Mais si cette Compagnie subsiste long-temps, & avec le même honneur qu'elle a fait jusques-ici; quand même elle ne donneroit point les œuvres qu'on en attend, il est impossible que la France n'en retire beaucoup d'avantage.

Tant d'hommes d'esprit & de savoir ne peuvent pas s'assembler toutes les semaines sans s'exciter les uns les autres au travail & à l'étude des belles Lettres, sans profiter beaucoup dans ces conversations, & sans répandre insensiblement le profit qu'ils auront fait pour eux-mêmes, sur tout Paris, & sur tout le reste du Royaume.

Quant à moi, tel que je suis, j'avoue que je me suis formé dès l'enfance, ou dans les écrits, ou dans la conversation de quelques-uns de ce Corps, qui ont été mes premiers maîtres. Ce que vous trouverez de plus supportable au style & en la manière de cet ouvrage, vous le devez à l'Académie. Mais si l'Académie elle-même n'est point marrie que je me sois donné cette occupation, elle saura qu'elle vous le doit, & que sans notre amitié, & sans votre louable curiosité, je n'aurois point écrit son Histoire.

OUVRAGES DES ACADÉMICIENS

Reçus jusqu'en 1652, & dont il n'est point parlé dans le Tome II.

D'ABLANCOURT.

I. Préface de l'*Honnête Femme*. Paris, 4. 1632.
II. Traité de la Bataille des Romains, *à la fin de son Frontin*. Paris, 4. 1664.
III. Discours sur l'immortalité de l'ame, & six Lettres à M. Patru, *à la fin des œuvres de Patru.* 1681.

Traductions.

I. L'Octavius de Minutius Félix. *Paris*, 8. 1637.
II. Oraisons de Cicéron pour Quintius, pour la loi Manilia, pour Ligarius, & pour Marcellus, *dans le Recueil intitulé* Huit Oraisons de Cicéron. *Paris*, 4. 1638.

III. Les Annales de Tacite. *Paris*, 8. Tom. I. 1640. II. 1644.

IV. Les Guerres d'Alexandre, par Arrian. *Paris*, 8. 1646.

V. La Retraite des dix mille, de Xénophon. *Paris*, 8. 1648.

VI. Les Commentaires de Céſar. *Paris*. 4. 1650.

VII. L'Hiſtoire de Tacite, ou la ſuite de ſes Annales. *Paris*, 8. 1651.

VIII. Lucien. *Paris*, 4. Tom. I, 1654. II, 1655.

IX. L'Hiſtoire de Thucydide, continuée par Xénophon. *Paris, fol.* 1662.

X. Les Apophtegmes des Anciens, tirez de Plutarque, de Diogéne Laërce, d'Elien, d'Athénée, de Stobée, de Macrobe, & de quelques autres : & les Stratagémes de Frontin. *Paris*, 4. 1664.

XI. La Deſcription de l'Afrique, &c. *traduite de l'Eſpagnol de Marmol.* Trois volumes. *Paris*, 4. 1667.

D'ARBAUD DE PORCHERES.

I. Paraphraſe des Pſeaumes Graduels, par François d'Arbaud, Ecuyer, Sieur de Porchéres : *& à la fin du même volume*, Poëſies du même ſur divers ſujets. *Paris*, 8. 1633.

II. Les Pſeaumes de la Pénitence de David, traduits en François. *Grenoble*, 12. 1651.

III. Poëſies diverſes, *dans les Recueils intitulez*, les Muſes ralliées, le Parnaſſe Royal, *&* le Cabinet des Muſes.

BALLESDENS.

I. Les Vies des très-illustres & très-saintes Dames Vierges & Martyres de l'Eglise, recueillies en plus grand nombre, & mises en meilleur style, &c. *Paris*, 8. 1635.

II. Le Miroir des Pécheurs pénitens : *traduit de l'Italien.* Paris, 12. 1641.

III. Les Fables d'Esope Phrygien, traduites en François, & accompagnées de maximes morales & politiques pour la conduite de la vie. *Paris*, 8. 1644.

IV. Epîtres de sainte Catherine de Sienne, avec sa Vie. *Paris*, 4. 1644.

V. Exercice spirituel, où le Chrétien apprend la manière de bien employer le temps. *Paris*, 12. 1645.

VI. Lettre à Messieurs de l'Académie, *pour les prier de lui préférer M. Corneille.* Paris, 8. 1647.

VII. *Lettre à M. de l'Estoile sur la* Comédie des Filoux, *à la tête de cette Comédie*, 1648.

VIII. *Le Procès de la Jalousie, avec l'Avis* de M. Ballesdens à M. le Chancelier. *Paris*, 12. 1661.

IX. *Lettre sur la mort du P. Fronteau*, dans le volume intitulé, *Joan. Frontonis memoria*, &c. Paris, 4. 1663.

Ouvrages qu'il a publiez, & où il n'y a de lui que des épîtres dédicatoires, des préfaces, des remarques.

I. *Chartiludium Logica, seu Logica poëtica,*

vel memorativa Thomæ Murner. Ordinis Minorum. Paris, 8. 1629.

II. *In quatuor sacrosancta Jesu-Christi Evangelia, necnon actus apostolicos, facillima clarissimaque Scholia. Auctore Joanne Gagneio.* Paris, 8. 1631.

III. *Guillelmi Postelli de Republica & Magistratibus Atheniensium liber.* Paris, 24. 1635.

IV. *Rudimenta* (de Pierre Seguier) *cognitionis Dei & sui.* Paris, 12. 1636.

V. *Joannis Papirii Massonis Elogia.* Deux volumes. Paris, 8. 1638.

VI. Le Transport du Dauphiné, fait à la Maison & Couronne de France par M. le Dauphin du Viennois l'an 1343. *Paris*, 8. 1639.

VII. *Gregorii Episcopi Turonici opera pia.* Deux volumes. *Paris*, 12. 1640.

VIII. Traité de l'eau de vie, ou Anatomie théorique & pratique du vin, par Jean Brouaut. *Paris*, 4. 1646.

IX. Plusieurs Opuscules de Jérôme Savonarola, citez par le P. Niceron, Tom. 21.

BARDIN.

I. Le grand Chambellan de France, *Paris, fol.* 1623.

II. Essai sur l'Ecclésiaste de Salomon. *Paris*, 8. 1626.

III. Pensées morales sur l'Ecclésiaste de Salomon. *Paris*, 8. 1629.

IV. Le Lycée, où en plusieurs promenades il est traité des connoissances, des actions, & des plaisirs d'un honnête homme. *Deux volumes.* Paris, 8. Tom. I. 1632. II. 1634.

V. Lettre

V. Lettre sur la possession des Religieuses de Loudun, *citée par M. Pellisson.*

BARO.

I. La Conclusion & dernière partie de l'Astrée. *Paris*, 8. 1627.
II. Ode (*de 120 vers*) sur la mort du Maréchal de Schomberg, *dans le Recueil de* 1633.
III. Contre l'auteur d'un libelle, Ode (*d'environ 200 vers*) pour M. le Cardinal de Richelieu, *Paris*, 4. 1637.

Pièces de Théatre.

I. Célinde, Poëme héroïque (*il est de cinq Actes, divisez en Scènes : le tout en prose, hors trois cents vers, qui font partie d'une Tragédie d'Holopherne, & qui sont amenez ici dans le troisième Acte.*) *Paris*, 8. 1629.
II. Clorise, Pastorale. *Paris*, 8. 1632.
III. Parthénie, Tragédie. *Paris*, 4. 1642.
IV. Clarimonde, Tragédie. *Paris*, 4. 1643.
V. Le Prince fugitif, Poëme dramatique. *Paris*, 4. 1649.
VI. Saint Eustache, Martyr, Poëme dramatique. *Paris*, 4. 1649.
VII. Cariste, ou les charmes de la beauté, Poëme dramatique. *Paris*, 4. 1651.
VIII. Rosemonde, Tragédie. *Paris*, 4. 1651.
IX. L'Amante vindicative, Poëme dramatique. *Paris*, 4. 1652.

BAUDOIN.

I. Les larmes d'Héraclite. *Poëme d'environ 600 vers.* Lyon, 12. 1609.
II. L'entrée de M. le Duc de Pastrana, Ambassadeur extraordinaire de sa Majesté Catholique, faite à Paris le 13. d'Août, pour le mariage d'Elizabeth de France, sœur du Roi, & de Philippes Dominique Victor, fils aîné d'Espagne. Paris, 8. 1612.
III. Discours (*pp. 15*) d'un fidelle François, sur la Majorité du Roi. Paris, 8. 1614.
IV. Poësies diverses, *dans divers Recueils, principalement dans celui dont il est l'éditeur, & qui a pour titre :* Le second livre des Délices de la Poësie Françoise, &c. Paris, 8. 1620.
V. Diversitez historiques, ou Nouvelles Relations de quelques Histoires de ce temps. Paris, 8. 1621.
VI. Les Avantures de la Cour de Perse, divisées en sept journées : où sous des noms étrangers sont racontées plusieurs histoires d'amour & de guerre arrivées de notre temps. Paris, 8. 1629.
VII. Histoire Négrepontique. Paris, 8. 1631. Voyez Ouvrages de Boissat, dans le Tom. II. de cette Histoire, *num. I.*
VIII. Recueil d'Emblêmes divers. *Deux volumes.* Paris, 8. 1638.
IX. Quatrains *au bas des Portraits qui sont dans la grande Histoire de Mézeray.* 1643.
X. Les saintes Métamorphoses, ou les changemens miraculeux de quelques grands Saints. Paris, 4. 1644.

XI. Les Pénitentes illustres, avec des avis aux Dames de toutes conditions. *Paris*, 8. 1647.

XII. Préfaces diverses, *à la tête de quelques Comédies, & de quelques Recueils de vers.*

Traductions.

I. L'Histoire de Dion Cassius de Nicée, contenant les Vies des vingt-six Empereurs qui ont régné depuis Jules-César. *Paris*, 4. 1610.

II. C. Suétone Tranquille, De la vie des douze Césars. *Paris*, 4. 1611.

III. La Métamorphose du Vertueux : *tirée de l'Italien de Laurens Selva.* Paris, 8. 1611.

IV. Essais politiques & moraux de Messire François Bacon. *Paris*, 12. 1611. *Augmenté, & réimprimé sous le titre* d'Oeuvres morales & Politiques de Fr. Bacon. *Paris*, 8. 1626.

V. La Lice Chrétienne, ou l'Amphithéatre de la vie & de la mort : *traduit de l'Espagnol de Pierre de Oña.* Paris, 4. 1612.

VI. Les œuvres de Lucien, illustrées d'annotations. *Paris*, 4. 1613.

VII. Discours moraux sur les sept Pseaumes pénitentiels : *traduits de l'Italien d'Innocent Cibo Chisi.* Deux volumes. *Paris*, 8. 1614.

VIII. L'Histoire Romaine de Velleius Paterculus. *Paris*, 4. 1616.

IX. *Traduction de* Salluste. *Paris*, 4. 1617.

X. Pratique pour bien prêcher, *traduite de l'Italien du R. P. Jules Mazarini.* Paris, 12. 1618.

XI. Les Oeuvres de Corn. Tacitus, de nouveau traduites, & illuftrées d'annotations ; avec des Difcours politiques, tirez de l'Italien de Scipion Amirato. *Paris*, 4. 1619.

XII. Nouvelles morales: *de l'Efpagnol de Dom Diégo Agreda.* Paris, 8. 1621.

XIII. La Cité de Dieu incarné, décrite en 75 doctes leçons fur le Pfeaume XLVII. *Traduit de l'Italien de Vincentio Gilberto.* Quatre volumes. *Paris*, 8. 1622.

XIV. L'Arcadie de la Comteffe de Pembrok: *traduite de l'Anglois du Chevalier Sidney.* Trois volumes. *Paris*, 8. I, & II, 1624. III, 1625.

XV. Jérufalem délivrée, Poëme héroïque de Torquato Taffo. *Paris*, 8. 1626.

XVI. Le Cenfeur Chrétien du P. Hiacinthe Capucin. *Paris*, 8. 1629.

XVII. Hiftoire de la rebellion des Rochelois, & de leur réduction à l'obéiffance du Roi; tirée du Latin du Sieur de Sainte-Marthe l'aîné. *Paris*, 8. 1629.

XVIII. Les Vies des Saints & des Saintes de l'Ordre de S. Jean de Jérufalem : *traduites de l'Italien de Bozio.* Paris, 8. 1631.

XIX. Hiftoire apologétique d'Abbas Roi de Perfe, &c. *Traduite de l'Italien de Pierre de la Vallée.* Paris, 12. 1631.

XX. Sermons Théologiques & Moraux fur les Evangiles de toutes les folennitez de Notre-Seigneur & des Saints de l'année : *traduits de l'Italien de D. Hippolite Chizzola, Chanoine Régulier de Latran.* Paris, 8. 1631.

XXI. Les Morales du Taffo, *Paris*, 8. 1632.

XXII. L'Efprit, ou l'Ambaffadeur ; le Secrètaire, & le Pére de famille ; *Traitez de T. Taffo.* Paris, 8. 1632.

XXIII. Les Fables d'Efope, Phrygien : illuſtrées de diſcours moraux, philoſophiques, & politiques. *Paris*, 8. 1633. Voyez l'article de BOISSAT, Tom. II.

XXIV. De la Nobleſſe : *Dialogue de T. Taſſo.* Paris, 8. 1633.

XXV. Le Commentaire Royal, ou l'Hiſtoire des Yncas, Rois du Péru, *par l'Ynca Garcillaſſo de la Véga.* Paris, 4. 1633.

XXVI. Iconologie, ou explication de pluſieurs images, emblêmes, & autres figures hiéroglyphiques, *tirée de Céſar Ripa.* Paris, *fol.* 1636.

XXVII. Lindamire, Hiſtoire Indienne, *tirée de l'Eſpagnol.* Paris, 8. 1638.

XXVIII. Défenſe des droits & des prérogatives des Rois de France (*c'eſt une verſion des* Vindiciæ Gallicæ *de Priézac*) Paris, 8. 1639.

XXIX. Le Miniſtre fidelle, repréſenté en la perſonne de l'Abbé Suger : *tiré du Manuſcrit Latin de F. Guillaume, &c.* Paris, 8. 1640.

XXX. L'Artiſan de la fortune : enſemble les antithèſes des choſes, les ſophiſmes, & les caractères de l'eſprit. *Traitez du Chancelier Bacon.* Paris, 12. 1640.

XXXI. Les Homélies du Bréviaire, avec les leçons des Fêtes des Saints. *Deux volumes.* Paris, 8. 1640.

XXXII. La Sageſſe Myſtérieuſe des Anciens : *traduite du Latin de Fr. Bacon.* Paris, 12. 1641.

XXXIII. Hiſtoire des guerres civiles de France : *traduite de l'Italien de Davila.* Deux volumes. Paris, fol. 1642.

XXXIV. La Cretidée de Manzini, *traduite de l'Italien.* Paris, 8. 1644.

XXXV. Les Aphorismes du Droit : *traduits du Latin de F. Bacon.* Paris, 12. 1646.

XXXVI. Histoire de la vie & de la mort ; *traduite du Latin de F. Bacon.* Paris, 8. 1647.

XXXVII. L'Homme dans la Lune, ou le Voyage chimérique fait au monde de la Lune par Don Gonzalès : *traduit de l'Espagnol.* Paris, 8. 1648.

XXXVIII. Histoire des Vents : *traduit du Latin de F. Bacon.* Paris, 8. 1649.

XXXIX. Les Fables de Philelphe, traduites & moralisées. Paris, 8. 1647.

XL. Le Prince parfait ; avec des conseils & des exemples moraux & politiques : *tirez de Juste Lipse.* Paris, 4. 1650.

XLI. Histoire des guerres civiles des Espagnols dans les Indes : *traduite de l'Espagnol de l'Ynca Garcillasso de la Véga.* Paris, 4. 1650.

XLII. Négociations, ou lettres d'affaires ecclésiastiques & politiques, écrites par Hippolyte d'Est, Cardinal de Ferrare, Légat en France au commencement des guerres civiles : *traduites de l'Italien, avec des annotations en marge, qui marquent la conformité de ces Mémoires avec l'Histoire de Davila.* Paris, 4. 1650.

XLIII. Deux Avertissemens de Vincent de Lérins, *avec des annotations tirées du Commentaire de Jean Filesac, Docteur de Sorbonne.* Paris, 8. 1651.

Ouvrages d'autrui, publiez, augmentez, ou corrigez par BAUDOIN.

I. Mythologie, *ci-devant traduite par J. de Montlyard; exactement revûe, & augmentée d'un* Traité des Muses, *par J. Baudoin.* Paris, fol. 1627.

II. Histoire des Chevaliers de l'Ordre de S. Jean de Jérusalem, *écrite par le feu Sieur* D. B. S. D. L. (*de Boissat, Sieur de Licieu*) *réimprimée, & commentée par J. Baudoin.* Paris, fol. 1629.

III. Catéchisme du Cardinal Bellarmin, *traduit par le P. A. Pacot ; augmenté d'exemples & histoires traduites de l'Espagnol, par J. Baudoin.* Paris, 12. 1635.

IV. Les Oeuvres de Sénéque, *traduites par Matthieu de Chalvet : augmentées de plusieurs traitez non encore vûs, & fidélement traduits par J. Baudoin.* Paris, fol. 1638.

V. Les Fleurs des Vies des Saints, *composées en Espagnol par Ribadénéira, traduites en François par Gautier, revûes, corrigées, & mises dans la pureté de notre langue par J. Baudoin.* Paris, fol. 1642.

DE BEZONS.

I. Traité fait à Prague entre l'Empereur & le Duc de Saxe, *mis en François.* Paris, 4. 1635.

II. Discours (*pp. 7.*) de M. de Bezons, Intendant de la Province de Languedoc, prononcé à l'ouverture des Etats de Carcassonne, le 29 Novembre 1666.

III. Discours (*pp.* 10) sur la demande du Don gratuit, prononcé (*aux mêmes Etats*) le 22 Décembre 1666.

BOURBON.

I. *S. Cyrilli, Alexandriæ Archiepiscopi, adversus Julianum liber primus, Græcè nunc primùm editus, cum interpretatione Nicolai Borbonii.* Paris, fol. 1619.

II. *Poëmatia exposita, &c.* Paris, 12. 1630. Cette édition comprend toutes celles de ses Poësies, qui avoient paru jusqu'alors en feuilles volantes : excepté celle qui a pour titre, *Indignatio Valeriana, sive Parisiensis Academia querela.*

III. Une Lettre Latine à M. de Balzac, imprimée parmi les Lettres Françoises de ce dernier, en 1730.

IV. *Apologetica commentationes ad Phyllarchum.* Paris, 4. 1636.

V. *Opera omnia ; Poëmata, Orationes, Epistolæ, Versiones è Græco.* Paris, 12. 1651.

VI. *Epistolæ*, à la suite de *Caroli Ogerii Ephemerides*. Paris, 8. 1656.

DE BOURZEYS.

I. *Amabilis Burzæi Augurium epithalamium in nuptiis DD. Thaddæi Barberini, & Annæ Columnæ.* Romæ, 8. 1629.

II. Discours à M. le Prince Palatin, pour l'exhorte

l'exhorter à entrer dans la communion de l'Eglise Catholique. *Paris*, 4. 1646.

III. L'Excellence de l'Eglise Catholique, & les raisons qui nous obligent à ne nous en séparer jamais. *Paris*, 4. 1648.

IV. Lettre d'un Abbé à un Evêque, sur la conformité de Saint Augustin avec le Concile de Trente, dans la doctrine de la Grace. *Paris*, 4. 1649.

V. Lettre d'un Abbé à un Abbé, sur la conformité de Saint Augustin avec le Concile de Trente, touchant la possibilité des commandemens divins. *Paris*, 4. 1649.

VI. Lettre d'un Abbé à un Président, sur la conformité de Saint Augustin avec le Concile de Trente, touchant la manière dont les Justes peuvent délaisser Dieu, & être ensuite délaissez de lui. *Paris*, 4. 1649.

VII. Conférences de deux Théologiens Molinistes, sur un libelle faussement intitulé: *Les sentimens de Saint Augustin & de toute l'Eglise*. Paris, 4. 1650.

VIII. Apologie du Concile de Trente & de Saint Augustin, contre les nouvelles opinions du Censeur latin de la Lettre françoise d'un Abbé à un Evêque. *Paris*, 4. 1650.

IX. Contre l'Adversaire du Concile de Trente & de Saint Augustin: Dialogue premier, où l'on découvre les contradictions étranges des Dogmes Théologiques du P. Petau. *Par Amable de Volvic* (Amable *étoit son nom de baptême*: Volvic, *le nom du village où il étoit né*) Paris, 4. 1650.

X. Saint Augustin victorieux de Calvin & de Molina, ou Réfutation d'un livre intitulé: *Le secret du Jansénisme, &c.* Paris, 4. 1652.

XI. Sermons sur divers Mystères de la Religion, & plusieurs Fêtes des Saints. *Deux volumes.* Paris, 8. 1672.

DE LA CHAMBRE.

I. Nouvelles pensées sur les causes de la lumière, du débordement du Nil, & de l'amour d'inclination. *Paris*, 4. 1634.

II. Nouvelles conjectures sur la digestion. *Paris*, 4. 1636.

III. Les Caractères des Passions. *Paris*, 4. Tom. I, 1640. II, 1645. III, & IV, 1659. V, 1662.

IV. Traité de la connoissance des Animaux. *Paris*, 4. 1648.

V. Nouvelles observations & conjectures sur l'Iris. *Paris*, 4. 1650.

VI. Observations de Philalethe *sur un livre intitulé*, Optatus Gallus, *imprimées à la fin des Oeuvres posthumes de Guy Coquille.* 1650.

VII. Discours sur les principes de la Chiromance. *Paris*, 8. 1653.

VIII. *Nova methodi pro explanandis Hippocrate & Aristotele specimen.* Paris, 4. 1655. *Et à la fin de ce volume on trouve le premier livre de la* Physique d'Aristote, *traduit en françois.*

IX. *Traité* de la Lumière. *Paris*, 4. 1657.

X. L'art de connoître les hommes, où sont contenus les discours préliminaires qui servent à cette science. *Paris*, 4. 1659.

XI. Le Système de l'Ame: *seconde partie de l'Art de connoître les hommes.* Paris, 4. 1664.

XII. Recueil des Epîtres, Lettres, & Préfaces de M. de la Chambre. *Paris*, 12. 1664.

XIII. Discours sur les causes du débordement du Nil : avec un Discours de la nature divine, selon la Philosophie Platonique. *Paris*, 4. 1665.

XIV. L'Art de connoître les hommes : *troisième partie*, qui contient la défense de l'extension & des parties libres de l'Ame. *Paris*, 4. 1666.

XV. Discours (*fait à l'Académie en* 1635) où il est prouvé que les François sont les plus capables de tous les peuples, de la perfection de l'Eloquence. *Paris*, 4. 1686.

CHARPENTIER.

I. La Vie de Socrate. *Paris*, 8. 1650.

II. Les choses mémorables de Socrate : ouvrage de Xénophon, traduit en François. *Paris*, 8. 1650.

III. La Cyropédie, ou l'Histoire de Cyrus, avec l'éloge d'Agésilaus, traduit du Grec de Xénophon. *Paris*, fol. 1659.

IV. Louis, Eglogue Royale (*d'environ* 300 *vers*) *Paris*, 4. 1663.

V. Discours d'un fidelle sujet du Roi, touchant l'établissement d'une Compagnie Françoise pour le commerce des Indes Orientales. *Paris*, 4. 1664.

VI. Relation de l'établissement de la Compagnie Françoise pour le commerce des Indes Orientales. *Paris*, 4. 1665.

VII. Ode. (*d'environ* 400 *vers*) au Roi. *Paris*, 4. 1667.

VIII. Le Voyage du Vallon tranquille, Nouvelle hiſtorique. *Paris*, 12. 1673.
IX. Défenſe de la langue Françoiſe pour l'inſcription de l'Arc de triomphe. *Paris*, 12. 1676.
X. Verſion (*en vers*) du Pſeaume XIX, & du Pſeaume L. *Paris*, 4. 1678.
XI. Panégyrique du Roi ſur la Paix, *prononcé dans l'Académie*. Paris, 4. 1679.
XII. De l'excellence de la langue Françoiſe. *Deux volumes*. Paris, 12. 1683.
XIII. Diſcours de l'excellence & de l'utilité des exercices Académiques. *Paris*, 4. 1695.
XIV. Carpentariana, ou Remarques d'Hiſtoire, de Morale, de Critique, &c. *attribuees à M. Charpentier*. Paris, 1724.

DU CHASTELET.

I. Obſervations ſur la vie & la condamnation du Maréchal de Marillac. *Paris*, 4. 1633.
II. *Préface du* Recueil de diverſes pièces pour ſervir à l'Hiſtoire. *Paris*, *fol*. 1635.
III. Hiſtoire de Bertrand du Gueſclin, Connétable de France, &c. *Paris*, *fol*. 1666.
IV. Pièces diverſes, mentionnées ci-deſſus, pag. 224, & 226.

COLLETET.

I. Chant paſtoral (*d'environ 600. vers*) ſur la mort de Scévole de Sainte-Marthe. *Paris*, 4. 1623.
II. Les Divertiſſemens (*ou Poëſies diverſes*) de Colletet. *Paris*, 8. 1631.

III. Poëme (*d'environ 400. vers*) sur la naissance de M. le Dauphin. *Paris*, 4. 1638.

IV. Ode (*de 610 vers*) sur l'alliance des deux illustres maisons de Béthune & de Seguier. *Paris*, 4. 1640.

V. Cyminde, ou les deux Victimes, Tragicomédie. *Paris*, 4. 1642.

VI. La Vie de Raymond Lulle. *Paris*, 8. 1646.

VII. Le bonheur de la vie solitaire, représenté dans la Retraite des anciens Ermites (*Du Housset s'y trouve*) du Mont Valérien. *Paris*, 8. 1647.

VIII. Discours (*en vers*) à M. Seguier, Chancelier de France. *Paris*, 8. 1648.

IX. La Vie de Nicolas Vignier, Historiographe de France, *à la tête du Tome IV. de la Bibliotheque Historiale de Vignier*. *Paris*, fol. 1650.

X. Epigrammes du Sieur Colletet, avec un Discours de l'Epigramme. *Paris*, 12. 1653.

XI. L'Ecole des Muses, dans laquelle sont enseignées toutes les règles qui concernent la Poësie (*la versification*) Françoise. *Paris*, 12. 1656.

XII. Poësies diverses, contenant des sujets héroïques, des passions amoureuses, & d'autres matières burlesques, & enjouées. *Paris*, 12. 1656.

XIII. Traité de la Poësie morale & sententieuse. *Paris*, 12. 1657.

XIV. Discours du Poëme Bucolique, où il est traité de l'Eglogue, de l'Idyle, & de la Bergerie. *Paris*, 12. 1657.

XV. Nouvelle Morale, contenant plusieurs

Quatrains moraux & sententiaux. *Paris*, 4. 1658.

XVI. Traité du Sonnet. *Paris*, 12. 1658.

XVII. Discours (*fait à l'Académie en 1636*) de l'Eloquence, & de l'imitation des Anciens. *Paris*, 12. 1658.

XVIII. Apologie de la Solitude sacrée : ensemble l'abrégé de la vie des Reclus du Mont Valérien, & de Senart. *Paris*, 12. 1662.

Traductions.

I. Les Avantures amoureuses d'Isméne & d'Isménie, Histoire Grecque d'Eustathius. *Paris*, 8. 1625.

II. Le Monarque parfait, ou le Devoir d'un Prince Chrétien : *du latin du Cardinal Bellarmin.* *Paris*, 8. 1625.

III. Les Couches sacrées de la Vierge : Poëme héroïque de Sannazar, mis en prose françoise. *Paris*, 8. 1634.

IV. La Doctrine Chrétienne de saint Augustin, divisée en quatre livres : avec le Manuel adressé à Laurentius. *Paris*, 12. 1636.

V. Les Elémens de la connoissance de Dieu & de soi-même : *du Latin de Pierre Seguier.* Paris, 12. 1637.

VI. Eloges des Hommes illustres : *du Latin de M. de Sainte-Marthe.* Paris, 4. 1644.

VII. Question célèbre : *S'il est nécessaire, ou non, que les Filles soient savantes ?* Traduite du latin d'Anne-Marie de Schurman, & d'André Rivet. *Paris*, 8. 1646.

VIII. Les devoirs mutuels des grands Seigneurs, & de ceux qui les servent ; ou l'Art de vivre à la Cour : *du latin de Jean de la Casa.* Paris, 8. 1648.

IX. Homélies du Bréviaire, *citées par M. Pelliſſon.*

COLOMBY.

I. Partie du livre premier des Annales de Tacite, avec des obſervations politiques, topographiques, & hiſtoriques. *Paris*, 8. 1613.

II. Réfutation de l'Aſtrologie Judiciaire. *Paris*, 12. 1614.

III. L'Hiſtoire de Juſtin, traduite en François par le commandement du Roi. *Tours*, 8. 1616.

IV. Plainte (*c'eſt un Poëme d'environ 300 vers*) de la belle Caliſton au grand Ariſtarque durant ſa captivité. *Paris*, 12. 1616.

V. Lettre (*pp.* 19) à M. le Chancelier : par Meſſire François de Cauvigny, Seigneur de Coulomby, Conſeiller du Roi en ſes Conſeils d'Etat & Privé, & ſon Orateur pour les Diſcours d'Etat. *Paris*, 8. 1624.

VI. Trois autres Lettres, *dans le Recueil de Faret : la première*, Diſcours de conſolation au Préſident Jeannin : *la ſeconde*, Lettre d'Etat ſur le ſujet de la main-levée du temporel des Eccléſiaſtiques de Béarn : *la troiſième*, au Roi, ſur l'utilité de lire l'Hiſtoire. 1627.

VII. De l'autorité des Rois : premier Diſcours (*le ſeul qui ait paru*) Paris, 4. 1631.

VIII. Poëſies diverſes, *dans les Recueils de ſon temps.*

DOUJAT.

I. Dictionnaire de la langue Touloufaine. *Toulouſe*, 8. 1638.

II. Grammaire Eſpagnole abrégée. *Paris*, 12. 1644.

III. Moyen aiſé (*pp.* 44) d'apprendre les langues qui par leur origine ont de la conformité avec celles que nous ſavons : mis en pratique ſur la langue Eſpagnole. *Paris*, 12. 1646.

IV. *De Pace à Ludovico XIV conſtituta*, Oratio panegyrica. Paris, 1660.

V. *Hiſtorica Juris Pontificii Synopſis* : à la tête des *Inſtitutiones Juris Canonici* de Jean-Paul Lancelot. *Paris*, 12. 1670.

VI. *Synopſis Conciliorum, & Chronologia Patrum, Pontificum, Imperatorum, &c.* Paris, 12. 1671.

VII. *Traduction latine du* Panégyrique du Roi, de M. Pelliſſon. Paris, 4. 1671.

VIII. La Clef du grand Pouillé de France. *Paris*, 12. 1671.

IX. Abrégé de l'Hiſtoire Romaine & Grecque, en partie traduit de Velléius Paterculus. *Paris*, 12. 1672.

X. *Specimen Juris Eccleſiaſtici apud Gallos uſu recepti.* Deux volumes. Paris, 12. 1671. *Ejuſdem editio ſecunda, à priori diverſa, aliiſque ejuſdem materia tractatibus conſtans.* Paris, 12. 1674.

XI. Hiſtoire du Droit Canonique, avec l'explication des lieux qui ont donné le nom aux Conciles, & le ſurnom aux Auteurs

Ecclésiastiques, & une Chronologie Canonique *Paris*, 12. 1675.

XII. *Historia Juris Civilis Romanorum, &c.* Paris, 12. 1668.

XIII. Extrait touchant un passage contesté de Tite-Live, *dans le Journal des Savans.* Décembre 1685.

XIV. *Prænotionum Canonicarum libri quinque.* Paris, 12. 1687.

XV. Eloges (*en vers*) des personnes illustres de l'ancien Testament, pour donner quelque teinture de l'Histoire sacrée : à l'usage de M. le Duc de Bourgogne. *Paris*, 8. 1688.

XVI. Réponse (*pp.* 80) à M. Furetiére. *La Haye*, 12. 1688.

XVII. Poësies, & Latines, & Françoises, *en feuilles volantes.*

Ouvrages d'autrui, qu'il a revûs, & commentez.

I. *Joannis Dartis Opera Canonica.* Paris, fol. 1656.

II. *Martini Bracarensis Episcopi Collectio Canonum Orientalium.* Dans la *Bibliotheca Juris Canonici veteris.* Paris, fol. 1661.

III. *Francisci Florentis Opera Canonica, & Juridica.* Paris, deux vol. 4. 1679.

IV. *T. Livius, cum supplementis Joannis Freinshemii, in usum Delphini.* Paris, six vol. 4. 1679.

V. *Theophili Antecessoris Institutionum, libri quatuor, ex Jacobi Curtii latina interpretatione : Joannes Doujatius interpretationem correxit ; opus ipsum, tum selectis Cujacii & Fabroti, tum suis notis illustravit.* Deux volumes. Paris, 12. 1681.

VI. *Institutiones Juris Canonici à J. P. Lancelotto Perusino conscripta.* Paris, deux vol. 12. 1685.

ESPRIT.

I. Paraphrases de quelques Pseaumes, *citées par M. Pellisson.*

II. La Fausseté des vertus humaines. *Deux volumes. Paris,* 12. 1678.

DE L'ESTOILE.

I. La belle Esclave, *Tragi-comédie.* Paris, 4. 1643.

II. L'Intrigue des Filoux, *Comédie.* Paris, 12. 1648.

III. Poësies diverses, *dans les Recueils de son temps.*

FARET.

I. Histoire chronologique des Ottomans : *à la fin de* l'Histoire de Georges Castriot, recueillie par Jacques de Lavardin. *Paris,* 4. 1621.

II. Histoire Romaine d'Eutropius, traduite en François. *Paris,* 18. 1621.

III. Des vertus nécessaires à un Prince pour bien gouverner ses Sujets. *Paris,* 4. 1623.

IV. Recueil de Lettres nouvelles, *où Faret en a inséré dix des siennes.* Paris, 8. 1627.

Le même, augmenté, en deux volumes. Paris, 8. 1634.

V. Préface *à la tête des* Oeuvres de Saint-Amant. *Paris*, 4. 1629.

VI. L'Honnête-Homme, ou l'Art de plaire à la Cour. *Paris*, 8. 1630.

VII. Poësies diverses, *dans les Recueils de son temps, & à la tête de la* Vesontio *de Chifflet.*

GIRY.

I. Pierre de touche politique, tirée du Mont-Parnasse, où il est traité du gouvernement des principales parties du monde : *traduite de l'Italien de Trajano Boccalini.* Paris, 8. 1626.

II. Des causes de la corruption de l'Eloquence : *Dialogue traduit du Latin.* Paris, 4. 1630.

III. Apologétique, ou défense des Chrétiens contre les accusations des Gentils, de Tertullien. *Paris*, 8. 1636.

IV. Quatrième Catilinaire : *dans le volume intitulé*, Huit Oraisons de Cicéron. *Paris*, 4. 1638.

V. Trois Harangues, *une de Symmaque, & deux de Saint Ambroise*, sur le sujet de la démolition de l'Autel de la Victoire. *Paris*, 12. 1639.

VI. Isocrate, de la louange d'Héléne : *avec la louange de Busire, traduite par du Ryer.* Paris, 12. 1640.

VII. De l'union de l'Eglise avec l'Etat : *Ouvrage composé en latin contre le livre d'Optatus Gallus, par Isaac Habert, & mis*

en François par L. Giry. Paris, 8. 1641.
VIII. Apologie de Socrate; & Criton, Dialogue : *Ouvrages de Platon traduits en François.* Paris, 12. 1643.
IX. Histoire Sacrée de Sulpice Sévére : *traduite.* Paris, 12. 1652.
X. Des Orateurs illustres, *Dialogue de Cicéron, intitulé* Brutus, *traduit.* Paris, 12. 1652.
XI. Epîtres choisies de Saint Augustin, *cinq volumes.* Paris, 12. Tom. I, & II, 1653. III, 1656. IV, 1658. V. 1659.
XII. De la Chair de Jesus-Christ, & de la résurrection de la Chair : *Ouvrages de Tertullien mis en François.* Paris, 12. 1661.
XIII. Saint Augustin, de la Cité de Dieu. *Deux volumes, qui ne contiennent que les dix premiers livres.* Paris, 8. Tom. I, 1665. II, 1667.

GODEAU.

I. Discours sur les Oeuvres de Malherbe. Paris, 4. 1629.
II. Préface *du Dialogue des causes de la corruption de l'Eloquence, traduit par Giry.* Paris, 4. 1630.
III. Oeuvres Chrétiennes. Paris, 8. 1633. *Augmenté de deux volumes dans l'édition de* 1641.
IV. Paraphrase sur les Epîtres aux Corinthiens, Galates, & Ephésiens. Paris, 4. 1632.
V. . . . Sur l'Epître aux Romains. Paris, 4. 1635.

VI. . . . Sur l'Epître aux Hébreux. *Paris*, 12. 1637.

VII. . . . Sur les Epîtres Canoniques. *Paris*, 12. 1640.

VIII. . . . Sur les Epîtres aux Thessaloniciens, à Timothée, à Tite, & à Philémon. *Paris*, 12. 1641.

IX. Oraison funèbre de Louis le Juste. *Paris*, 4. 1643.

X. Instructions & Ordonnances Synodales pour la Confrérie du Saint Sacrement, &c. *Paris*, 12. 1644.

XI. Avis à Messieurs de Paris, pour le culte du Saint Sacrement dans les Paroisses, & la façon de le porter aux malades. *Paris*, 8. 1644.

XII. L'Institution du Prince Chrétien. *Paris*, 4. 1644.

XIII. Ordonnances & Instructions Synodales. *Paris*, 8. 1644.

XIV. L'idée du bon Magistrat en la vie & en la mort de M. de Cordes, Conseiller au Châtelet. *Paris*, 12. 1645.

XV. *Elogium Petri Aurelii.* Paris, 4. 1645.

XVI. Oraison funèbre de M. l'Evêque de Bazas. *Paris*, 12. 1646.

XVII. Vie de Saint Paul Apôtre. *Paris*, 4. 1647.

XVIII. Paraphrase des Pseaumes en vers. *Paris*, 4. 1648.

XIX. Discours aux Pénitens de la ville de Grasse, avec leurs nouveaux Statuts. *Paris*, 12. 1651.

XX. Remontrance du Clergé de France, faite au Roi. *Paris*, 4. 1651.

XXI. Discours de la Tonsure Cléricale, &

des dispositions avec lesquelles il la faut recevoir. *Paris*, 12. 1651.

XXII. Exhortation aux Parisiens touchant l'aumône & la charité envers les pauvres. *Paris*, 4. 1652.

XXIII. Avis aux Parisiens sur la descente de la Châsse de Sainte Géneviève. *Paris*, 8. 1652.

XXIV. La Vie de Saint Augustin. *Paris*, 4. 1652.

XXV. Discours de la Vocation à l'Etat Ecclésiastique. *Paris*, 12. 1652.

XXVI. Elévations à Jesus-Christ, en forme de Méditations & de nouvelle Paraphrase sur l'Epitre aux Hébreux. *Paris*, 12. 1652.

XXVII. Discours sur les Ordres Sacrez. *Paris*, 12. 1653.

XXVIII. Du Jubilé, & des dispositions avec lesquelles il le faut gagner. *Paris*, 12. 1653.

XXIX. Oraison funèbre de Jean-Pierre Camus, Evêque de Belley. *Paris*, 4. 1653.

XXX. Panégyrique de Saint Augustin. *Paris*, 12. 1653.

XXXI. Histoire de l'Eglise. *Paris*, *fol*. Tome I, & II, 1653. III, & IV, 1663. V. 1678.

XXXII. Saint Paul, Poëme Chrétien. *Paris*, 12. 1654.

XXXIII. Les Tableaux de la Pénitence. *Paris*, 4. 1654.

XXXIV. Oraison funèbre de Matthieu Molé, Garde des Sceaux. *Paris*, 4. 1656.

XXXV. . . . de Jean IV, Roi de Portugal. *Paris*, 4. 1657.

XXXVI. . . . de Pompone de Belliévre, premier Président. *Paris*, 4. 1657.

XXXVII. De l'utilité des Missions dans le pays des Infidéles, & de l'obligation qu'ont les Chrétiens d'y contribuer. *Paris*, 12. 1657.

XXXVIII. La Vie de Saint Charles Borromée. *Paris*, 8. 1657.

XXXIX. Harangue faite au Roi dans la ville de Lyon. *Aix*, 4. 1658.

XL. Discours fait au Cardinal Mazarin dans la ville de Lyon. *Aix*, 4. 1658.

XLI. Oeuvres Chrétiennes & Morales en prose. *Deux volumes. Paris*, 8. 1658.

XLII. Traité des Séminaires. *Aix*, 12. 1660.

XLIII. De l'usage que les Chrétiens doivent faire de la Paix. *Paris*, 12. 1660.

XLIV. Poësies Chrétiennes & Morales, *dont la pluspart avoient été auparavant imprimées séparément. Paris*, 12. Tome I, 1660. II, & III, 1663.

XLV. Eloge de Saint François de Sales. *Paris*, 12. 1663.

XLVI. Méditations sur le Saint Sacrement de l'Autel. *Paris*, 12. 1664.

XLVII. Eloges des Evêques qui dans tous les siècles de l'Eglise ont fleuri en doctrine & en piété. *Paris*, 4. 1665.

XLVIII. Eloges historiques des Empereurs, des Rois, des Princes, des Impératrices, des Reines, & des Princesses, qui dans tous les siècles ont excellé en piété. *Paris*, 4. 1667.

XLIX. Version expliquée du Nouveau Testament. *Deux volumes. Paris*, 8. 1668.

L. Les Fastes de l'Eglise pour les douze mois de l'année, *en vers. Paris*, 12. 1674.

LI. Homélies sur les Dimanches & Fêtes de

l'année, pour servir aux Curez de formulaire d'instructions qu'ils doivent faire à leur Prône. *Paris*, 4. 1682.

LII. Morale Chrétienne. *Trois volumes. Paris*, 12. 1709.

LIII. Lettres sur divers sujets. *Paris*, 12. 1713.

DE GOMBERVILLE.

I. Tableau du bonheur de la Vieillesse, opposé au malheur de la Jeunesse : composé en Quatrains par Marin le Roi. *Paris*, 8. 1614.

II. Discours des vertus & des vices de l'Histoire : *avec un Traité* de l'origine des François. *Paris*, 4. 1620.

III. La Caritée, *Roman*, contenant sous des temps, des provinces, & des noms supposez, plusieurs rares & véritables histoires de notre temps. *Paris*, 8. 1621.

IV. Remarques sur la vie du Roi, & sur celle d'Alexandre Sévére, contenant la comparaison de ces deux grands Princes, & comme les prophéties de l'heureux régne du Roi. *Paris*, 4. 1622.

V. Polexandre, *Roman*, *en quatre parties*. Paris, 4. *Tome* I, *&* II. 1632. III, *&* IV, 1637. *Il y en a deux autres éditions, fort différentes de la première, & différentes l'une de l'autre, en cinq volumes*. Paris, 8. 1638, *&* 1641.

VI. La Cythérée, *Roman, en quatre volumes.* Paris, 8. *Tom.* I, *&* II, 1640. III, 1641. IV, 1642.

VII. La Doctrine des Mœurs, tirées de la Philosophie

Philosophie des Stoïques, représentée en cent Tableaux, & expliquée en cent Discours. *Paris, fol.* 1646.

VIII. Préface *au devant des Poësies de Maynard.* Paris, 4. 1646.

IX. La jeune Alcidiane, *Roman, dont il n'y a d'imprimé que la prem.ière partie.* Paris, 8. 1651.

X. Préface *à la tête des Mémoires des Duc de Nevers.* Paris, fol. 1665.

XI. Rèlation de la Rivière des Amazones, traduite sur l'original Espagnol. *Quatre volumes.* Paris, 12. 1682.

XII. Poësies diverses, *dans les Recueils de son temps.*

HABERT, Germain.

I. La Métamorphose (*pièce d'environ 700 vers*) des Yeux de Philis en astres. *Paris,* 8. 1639.

II. La Vie du Cardinal de Bérulle. *Paris,* 4. 1646.

III. Poësies diverses, *en feuilles volantes, & dans les Recueils de son temps.*

HABERT, Philippe.

I. Le Temple de la Mort : Poëme, *d'environ 300 vers.* Paris, 8. 1637.

HABERT DE MONTMOR.

I. Préface latine, *à la tête du Gassendi de Lyon in-folio,* 1658.

II. Poësies diverses, *dans les Recueils de son temps.*

LAUGIER DE PORCHERES.

I. Le Camp de la Place Royale, ou Relation de ce qui s'est passé pour la publication des Mariages du Roi & de Madame, avec l'Infante & le Prince d'Espagne. *Paris*, 4. 1612.
II. Cent Lettres d'amour, écrites d'Erandre à Cléanthe. *Paris*, 8. 1646.
III. Poësies diverses, *dans les Recueils de son temps.*

DE MALLEVILLE.

I. Epîtres à l'imitation de celles d'Ovide, *en prose*. Paris, 8. 1620.
II. Recueil de Lettres d'amour, *cité par M. Pellisson.*
III. Poësies. *Paris*, 4. 1649.

DES MARESTS.

I. Ariane, *Roman*. Paris, 4. 1632.
II. Aspasie, Comédie. *Paris*, 4. 1636.
III. Les amours du Compas & de la Règle, & ceux du Soleil & de l'Ombre : *pièce d'environ* 200 *vers.* Paris, 4. 1637.
IV. Scipion, Tragi-comédie. *Paris*, 4. 1639.
V. Rosane, Histoire tirée de celle des Romains & des Perses : première partie (*la seule qui ait paru*) Paris, 8. 1639.

VI. Ouverture du Théatre de la grande Salle du Palais-Cardinal, MIRAME, Tragi-comédie. *Paris*, 4. 1639.

VII. Roxane, Tragi-comédie. *Paris*, 4. 1640.

VIII. Les Visionnaires, Comédie. *Paris*, 4. 1640.

IX. Pseaumes de David paraphrasez (*en vers*) & accommodez au règne de Louis le Juste. *Paris*, 4. 1640.

X. L'Erigone, Tragi-comédie. *Paris*, 12. 1642.

XI. Europe, Comédie héroïque. *Paris*, 4. 1645.

XII. Tombeau du grand Cardinal de Richelieu (*Ode de 270 vers*) Paris, 4. 1643.

XIII. Les Jeux de Cartes des Rois de France, des Reines renommées, de la Géographie, & des Fables. *Paris*, 16. 1644.

XIV. Lettre (*pp. 60*) d'une Dame de Rennes à M. des Marests sur le Jeu des Reines renommées, avec la réponse de M. des Marests. *Paris*, 8. 1645.

XV. L'Office de la Vierge Marie, mis en vers, avec plusieurs autres Priéres. *Paris*, 12. 1645.

XVI. Priéres (*en prose*) & Instructions Chrétiennes. *Paris*, 12. 1645.

XVII. La Vérité des Fables, ou l'Histoire des Dieux de l'Antiquité. *Deux volumes. Paris*, 8. 1648.

XVIII. Les Morales d'Epictéte, de Socrate, de Plutarque, & de Sénèque. *Au Château de Richelieu*, 8. 1653.

XIX. Les Promenades de Richelieu, ou les Vertus Chrétiennes: *Poëme en huit chants. Paris*, 12. 1653.

XX. Les quatre livres de l'Imitation de Jesus-Christ, *traduits en vers*. Paris, 12. 1654.

XXI. Le Combat Spirituel, ou De la perfection de la vie Chrétienne. Traduction, faite en vers. *Au Château de Richelieu*, 12. 1654.

XXII. Clovis, ou la France Chrétienne. Poëme héroïque. *Paris*, 4. 1654. *L'édition de Paris*, 8. 1673, *est augmentée d'un* Discours pour prouver que les sujets chrétiens sont les seuls propres à la Poësie héroïque; *& d'un* Traité des Poëtes Grecs, Latins, & François.

XXIII. Le Cantique des Cantiques, représentant le Myftére des Myftéres. Dialogue amoureux de Jesus-Christ avec la Volonté de son Epouse, qui s'unit à lui en la réception du Saint Sacrement. *Paris*, 12. 1656.

XXIV. Le Cantique des degrez, ou les quinze Pseaumes Graduels, contenant les quinze degrez par lesquels l'Ame s'élève à Dieu. *Paris*, 12. 1657.

XXV. Les délices de l'Esprit. *Paris, fol.* 1658.

XXVI. La Vie & les Oeuvres de Sainte Catherine de Gênes. *Paris*, 12. 1661.

XXVII. Le chemin de la Paix, & celui de l'Inquiétude. *Paris*, 12. 1665.

XXVIII. *Idem.* Seconde partie, contenant l'Exode, ou la sortie des ames de la captivité spirituelle de l'Egypte. *Paris*, 12. 1666.

XXIX. Réponse à l'insolente Apologie des Religieuses de Port-royal, avec la découverte de la fausse Eglise des Jansénistes, & de leur fausse éloquence. *Paris*, 8. 1666.

XXX. Seconde partie de la Réponse à l'insolente Apologie des Religieuses de Port-royal, avec la découverte de la fausse éloquence des Jansénistes, & de leur fausse Eglise nouvelle : & la Réponse aux Lettres visionnaires. *Paris*, 12. 1666.

XXXI. Troisième partie de la Réponse à l'insolente Apologie des Religieuses de Port-royal, & aux lettres & libelles des Jansénistes : avec la découverte de leur arcenal sur le grand chemin de Charenton. *Paris*, 12. 1669.

XXXII. Quatrième partie de la Réponse aux insolentes Apologies de Port-royal, contenant l'Histoire & les Dialogues présentez au Roi : avec les Remarques générales & particulières sur la Traduction du Nouveau Testament de Mons. *Paris*, 12. 1668.

XXXIII. Sur la Conquête de la Franche-Comté, Poëme (*d'environ 130 vers*) *Paris*, 4. 1668.

XXXIV. Marie Madelène, ou le Triomphe de la Grace, Poëme. *Paris*, 12. 1669.

XXXV. La comparaison de la Langue & de la Poësie Françoise avec la Grecque & la Latine ; & des Poëtes Grecs, Latins, & François. Et les Amours de Protée & de Physis (*Poëme en six chants*) *Paris*, 12. 1670.

XXXVI. Esther, Poëme héroïque (*en quatre Chants*) par le Sieur de Boisval (*nom supposé*) *Paris*, 4. 1670. *Le même, en sept Chants, sous le vrai nom de l'Auteur.* *Paris*, 12. 1673.

XXXVII. Le Triomphe de Louis, & de son siècle. Poëme Lyrique (*en six chants*) *Paris*, 4. 1674.

XXXVIII. La défense du Poëme héroïque, avec quelques Remarques sur les œuvres Satyriques du Sieur Despréaux : *Dialogue en vers & en prose*. Paris, 4. 1674.

XXXIX. La Défense de la Poësie & de la langue Françoise, avec des vers dithyrambiques *sur le même sujet*, à M. Perrault. *Paris*, 8. 1675.

XL. Poësies diverses, *en feuilles volantes, & à la suite de ses pièces de Théatre*.

MAYNARD.

I. Le Philandre (*c'est un Poëme en Stances de six vers, divisé en cinq livres, & qui est d'environ trois mille vers*) Paris, 12. 1623.

II. Les Oeuvres (*Poëtiques*) de Maynard. *Paris*, 4. 1646.

III. Les Lettres du Président Maynard. *Paris*, 4. 1653.

DE MÉZIRIAC

I. Problèmes plaisans & délectables, qui se font par les nombres. *Bourg en Bresse.* 8. 1613.

II. Chansons dévotes & saintes sur toutes les principales Fêtes de l'année, &c. *Dijon*, 8. 1615.

III. *Virginis Deiparæ ad Christum filium epistola, necnon & alia quædam poëmatia.* Bourg, 8. 1616.

IV. *Rime Toscane.* In Borgo, 8. 1616.

V. *Diophanti Alexandrini Arithmeticorum libri sex, & de numeris multangulis liber unus : nunc primùm Græcè & Latinè editi, atque absolutissimis commentariis illustrati.* Paris, fol. 1621.

VI. Les Epîtres d'Ovide en vers François, avec des Commentaires fort curieux ; première partie (*la seule qui ait paru*) Bourg, 8. 1626.

VII. Poësies Françoises, *dans les Recueils de* 1621, & 1627.

VIII. La Vie du B. Alexandre Luzague, Gentilhomme de Bresse : *traduite de l'Italien.* Bourg, 12. 1628.

IX. Traité de la Tribulation, *traduit de l'Italien de Cacciaguerra.* Bourg, 16. 1630.

X. La Vie d'Æsope, *tirée des anciens Auteurs.* Bourg, 16. 1632.

XI. Discours (*envoyé à l'Académie en* 1635) de la Traduction : *imprimé pour la première fois dans le Menagiana de M. de la Monnoye.* Paris, 12. 1715.

XII. Remarques sur l'origine du mot *Lugdunum*, & sur un passage de Pline : *imprimées pour la première fois à la tête de ses Commentaires sur les Epîtres d'Ovide.* La Haye, 8. 1716.

XIII. Remarques sur la Vie de Thésée, sur celle de Numa, & sur celle de Fabius Maximus : *dans le Plutarque de M. Dacier.* Paris, 4. 1721.

DE PRIEZAC.

I. *Vindiciæ Gallicæ adversùs Alexandrum Patricium Armachanum.* Paris, 8. 1638.

II. Observations sur un livre intitulé : *Phi-*

lippe le Prudent, fils de Charles-le-Quint, vérifié Roi légitime de Portugal, des Algarves, des Indes, & du Bresil: composé en latin par D. Jean Caramuel Lobkowitz, Religieux de l'Ordre de Citeaux, Docteur de Louvain, & Abbé de Milrose. *Paris*, 8. 1640.

III. Paraphrase (*en vers*) sur les Pseaumes (*il n'y a que cinq Pseaumes, & l'Hymne* Ave maris stella) *Paris*, 12. 1643.

IV. Les Priviléges de la Vierge Mére de Dieu. *Paris*, 8. Tome I, 1648. II, 1650. III, 1651.

V. Discours Politiques. *Deux volumes. Paris*, 4. I, 1652. II, 1654.

VI. Miscellaneorum libri duo (*où se trouvent les* Vindiciæ Gallicæ, &c.) *Paris*, 4. 1658.

VII. Le Chemin de la Gloire. *Paris*, 12. 1660.

VIII. Tribonianus à censura sospes. *Paris*, 4. 1660.

DU RYER.

Pièces de Théatre.

I. Argénis & Poliarque, ou Théocrine, première journée: *avec un Recueil d'autres Oeuvres Poëtiques du même Auteur.* Paris. 8. 1630.

II. Argénis, &c. Seconde journée. *Paris*, 8. 1631.

III. Lisandre & Calliste, Tragi-comédie. *Paris*, 8. 1632.

IV. Alcimédon, Tragédie. *Paris*, 8. 1635.

V. Cléomédon,

V. Cléomédon, Tragi-comédie. *Paris*, 4. 1636.
VI. Les Vendanges de Suresne, Comédie. *Paris*, 4. 1636.
VII. Lucrèce, Tragédie. *Paris*, 4. 1638.
VIII. Clarigéne, Tragi-comédie. *Paris*, 4. 1639.
IX. Alcinoé, Tragédie. *Paris*, 4. 1640.
X. Saül, Tragédie. *Paris*, 4. 1642.
XI. Esther, Tragédie. *Paris*, 4. 1644.
XII. Bérénice, Tragi-comédie, *en prose*. *Paris*, 4. 1645.
XIII. Scévole, Tragédie. *Paris*, 4. 1647.
XIV. Thémistocle, Tragédie. *Paris*, 4. 1648.
XV. Nitocris, Reine de Babilone, Tragi-comédie. *Paris*, 4. 1650.
XVI. Amarillis, Pastorale. *Paris*, 4. 1650.
XVII. Dynamis, Reine de Carie, Tragi-comédie. *Paris*, 4. 1653.
XVIII. Anaxandre, Tragi-comédie. *Paris*, 4. 1655.

Traductions.

I. Traité de la Providence de Dieu, *traduit du Latin de Salvian*. *Paris*, 8. 1634.
II. Isocrate, de la louange de Busire, *avec la louange d'Héléne, traduite par Giry*. *Paris*, 12. 1640.
III. Les Pseaumes de D. Antoine, Roi de Portugal, où le Pécheur confesse ses fautes, & implore la grace de Dieu. *Paris*, 12. 1645.
IV. Histoire de la guerre de Flandres, *traduite du Latin de Strada*. Deux volu-

mes. *Paris*, fol. I, 1644. II, 1649.

V. Les Histoires d'Hérodote. *Paris, fol.* 1645.

VI. Les Supplémens de Freinshémius, *à la tête du Quinte-Curce de Vaugelas.* Paris, 4. 1647.

VII. La Vie de Saint Martin, par Sévére Sulpice. Paris, 12. 1650.

VIII. Les Décades de Tite-Live, avec les Supplémens de Freinshémius. *Deux volumes.* Paris, fol. 1653.

IX. Les Histoires de Polybe, avec les fragmens, &c. *Paris, fol.* 1655.

X. Histoire de M. de Thou, des choses arrivées de son temps. *Trois volumes.* Paris, fol. 1659.

XI. Les Métamorphoses d'Ovide, avec de nouvelles explications historiques, morales, & politiques. *Paris, fol.* 1660.

XII. *Presque toutes les Oeuvres de* Cicéron, *savoir le Traité* du meilleur genre d'Orateurs, *la pluspart des* Oraisons, les Epîtres familiéres, les Tusculanes, la Nature des Dieux, les Offices, la Vieillesse, l'Amitié, les Paradoxes. *Douze volumes imprimez séparément en diverses années.*

XIII. *Toutes les Oeuvres de Sénéque, hors ce que Malherbe & Lesfargues en ont traduit.* Neuf petits volumes imprimez séparément en diverses années.

SAINT-AMANT.

I. Oeuvres (*Poëtiques*) *Trois volumes.* Paris, 4. I, 1627. II, 1643. III, 1649.

II. Stances (*il y en a six de 9 vers*) sur la

grossesse de la Reine de Pologne & de Suède. 1650.

III. Moyse sauvé, *Idyle Héroïque.* Paris, 4. 1653.

IV. Stances (*il y en a 70 de 6 vers*) à M. Corneille, sur son Imitation de Jesus-Christ. *Paris*, 4. 1656.

SALOMON.

I. Paraphrase d'un Pseaume *en vers, citée par* M. Pellisson.

II. Discours d'Etat à M. Grotius, sur l'Histoire du Cardinal Bentivoglio. *Paris*, 8. 1640.

III. *De judiciis & pœnis : item de officiis vitæ civilis Romanorum*, libri duo. Bordeaux, 12. 1665.

SCUDERY.

I. Le Temple : Poëme (*d'environ 500 vers*) à la gloire du Roi, & de M. le Cardinal Duc de Richelieu. *Paris, fol.* 1633.

II. Observations sur le Cid. *Paris*, 8. 1637.

III. Lettre de M. de Scudéry à l'illustre Académie. *Paris*, 8. 1637.

IV. La preuve des passages alléguez dans les Observations sur le Cid. *Paris*, 8. 1637.

V. Lettre à Messieurs de l'Académie Françoise, sur le jugement qu'ils ont fait du Cid, & de ses Observations. *Paris*, 8. 1638.

VI. Réponse *sur le même sujet* à M. de Balzac. *Paris*, 8. 1638.

VII. L'Apologie du Théatre. *Paris*, 4. 1639.
VIII. Les Harangues, ou Discours Académiques de Jean-Baptiste Manzini, *traduites de l'Italien*. Paris, 8. 1640.
IX. Le Cabinet de M. de Scudéry: première partie (*la seule qui ait paru : c'est un mélange de vers sur des Portraits & des Statues, dont il suppose qu'un Cabinet est orné.*) Paris, 4. 1646.
X. Discours politiques des Rois. *Paris*, 4. 1648.
XI. Poësies diverses, *où ne sont point comprises celles qui se trouvent à la suite de ses pièces de Théatre, & qui, selon M. Pellisson, montent à dix ou douze mille vers.* Paris, 4. 1649.
XII. Alaric, ou Rome vaincue, Poëme Héroïque. *Paris, fol.* 1654.
XIII. Le Calloandre fidelle, traduit de l'Italien. *Trois volumes*. Paris, 8. 1668.

Pièces de Théatre.

I. Ligdamon & Lydias, ou la Ressemblance, Tragi-comédie. *Paris*, 8. 1631.
II. Le Trompeur puni, ou l'Histoire Septentrionale, Tragi-comédie. *Paris*, 8. 1635.
III. L'Amour caché par l'Amour: *Pièce en trois Actes, précédée de la* Comédie des Comédiens, *pièce en deux Actes.* Paris, 8. 1635.
IV. Le Vassal généreux, Poëme Tragi-comique. *Paris*, 8. 1636.
V. Orante, Tragi-comédie. *Paris*, 8. 1636.
VI. Le Fils supposé, Comédie. *Paris*, 8. 1636.

VII. Le Prince déguisé, Tragi-comédie. *Paris*, 8. 1636.

VIII. La Mort de César, Tragédie, *suivie d'autres Oeuvres poëtiques*. *Paris*, 4. 1636.

IX. Didon, Tragédie. *Paris*, 4. 1637.

X. L'Amant libéral, Tragi-comédie. *Paris*, 4. 1638.

XI. L'Amour tyrannique, Tragi-comédie. *Paris*, 4. 1638.

XII. Eudoxe, Tragi-comédie. *Paris*, 4. 1641.

XIII. Andromire, Tragi-comédie. *Paris*, 4. 1641.

XIV. Ibrahim, ou l'illustre Bassa, Tragi-comédie. *Paris*, 4. 1643.

XV. Axiane, Tragi-comédie *en prose*. *Paris*, 4. 1644.

XVI. Arminius, ou les Fréres ennemis, Tragi-comédie. *Paris*, 4. 1644.

SERVIEN.

I. Harangue (*pp.* 18) de M. le Comte de la Roche-Servien, Conseiller du Roi en ses Conseils, & son Ambassadeur extraordinaire pour la Paix générale : faite à la Haye en l'assemblée des Etats généraux. *Paris*, 4. 1647.

II. Lettres de Messieurs d'Avaux & Servien, Ambassadeurs en l'assemblée de Munster, pour la Paix générale. *Cologne*, 8. 1650.

III. *Quelques écrits dans le Recueil intitulé :* Divers Mémoires concernant les dernières guerres d'Italie. *Paris*, 12. 1669.

IV. *Autres écrits, dans le Recueil intitulé :* Négociations secrettes touchant la Paix de Munster & d'Osnabrug, &c. *La Haye*, *fol.* 1725.

SILHON.

I. Les deux Véritez de Silhon; l'une, de Dieu, & de sa Providence; l'autre, de l'immortalité de l'Ame. *Paris*, 8. 1626.

II. *Trois lettres, dont la dernière contient le plan d'un ouvrage qu'il méditoit sur la Vérité de la Religion :* dans le Recueil de Faret. 1627.

III. Panégyrique au Cardinal de Richelieu, sur ce qui s'est passé aux derniers troubles de France. *Paris*, 4. 1629.

IV. Le Ministre d'Etat, avec le véritable usage de la Politique moderne. *Deux volumes. Paris*, 4. Tom. I, 1631. II, 1643.

V. Histoires remarquables, tirées de la seconde Partie du *Ministre d'Etat* : avec un Discours des conditions de l'Histoire. *Paris*, 8. 1632.

VI. De l'immortalité de l'Ame. *Paris*, 4. 1634.

VII. *Préface du* Parfait Capitaine *du Duc de Rohan. Paris*, 4. 1638.

VIII. Eclaircissement de quelques difficultez touchant l'administration du Cardinal Mazarin. *Paris*, *fol.* 1650.

IX. De la certitude des connoissances humaines : première partie (*la seule qui ait paru*) *Paris*, 4. 1661.

X. *Trois Traitez.* I, Du Traité de Monçon. II, De l'acquisition de Pignerol. III, De la guerre que la République de Venise à faite aux Archiducs de Grets : *imprimez dans les deux volumes, intitulez,* Divers Mémoires concernant les dernières guerres d'Italie. *Paris,* 12. 1669.

SIRMOND.

I. Confolation (*pp.* 48) à M. le Maréchal d'Ancre, fur la mort de Madamoifelle fa fille. *Paris,* 8. 1617.

II. Difcours (*pp.* 103) au Roi, fur l'excellence de fes vertus incomparables, & de fes actions héroïques : divifé en deux parties. Première partie (*la feule qui ait paru*) Paris, 8. 1624.

III. La Lettre déchiffrée : *c'eft un éloge du Cardinal de Richelieu, publié auffi fous le titre de* Lettre de Pimandre à Theopompe. *Paris.,* 8. 1631.

IV. Le Coup d'Etat de Louis XIII. *Paris,* 8. 1631.

V. Avertiffement aux Provinces fur les nouveaux mouvemens du Royaume, *fous le nom fuppofé de Cléonville.* Paris, 8. 1631.

VI. La Vie du Cardinal d'Amboife : enfuite de laquelle font traitez quelques points fur les affaires du temps, *fous le nom fuppofé du Sieur des Montagnes.* Paris, 8. 1631.

VII. La Défenfe du Roi, & de fes Miniftres, contre le Manifefte, que fous le nom de Monfieur, on fait courir parmi le peuple. *Par le Sieur des Montagnes (nom fuppofé)* Paris, 8. 1631.

VIII. Relation de la paix de Quérasque. *Paris*, 8. 1631.

IX. Première lettre de change de Sabin (*nom supposé*.) à Nicocléon. *Paris*, 8. 1632.

X. Le bon Génie de la France à Monsieur (*lettre pour exhorter Monsieur, frère du Roi, à mettre bas les armes*) Paris, 8. 1632.

XI. L'Homme du Pape & du Roi : ou Reparties véritables, &c. *Paris*, 8. 1634.

XII. Avis du François fidelle aux mécontens nouvellement retirez de la Cour. *Paris*, 8. 1637.

XIII. La Chimére défaite, ou Réfutation d'un Libelle seditieux (d'*Optatus Gallus*) tendant à troubler l'Etat sous prétexte d'y prévenir un Schisme. *Par Sulpice de Mandriny, Sieur de Gazonval (nom supposé*) Paris, 4. 1640.

XIV. *Le même en Latin sous ce titre :* Chimæra excisa, sive Confutatio libelli seditiosi, cujus auctor, ut schisma politicum excitet in Gallia, Ecclesiasticum ab ea se fingit avertere. *Paris*, 4. 1641.

XV. Consolation (*pp.* 64) à la Reine Régente, sur la mort du feu Roi. *Paris*, 4. 1643.

XVI. *Joannis Sirmondi Carminum libri duo : quorum prior heroïcorum est, posterior elegiarum.* Paris, 8. 1653.

TALLEMANT.

I. Les Vies des Hommes illustres de Plutarque, *traduites du Grec. Huit volumes.* Paris, 12. 1663, &c.

II. Histoire de Venise, *traduite de l'Italien de Baptiste Nani. Quatre volumes.* Paris, 12. Tome I, & II, 1679. III, & IV, 1680.

III. Lettre concernant Furetière, *dans le Mercure Galant, Mai 1688.*

TRISTAN.

I. Les Amours (*ou Poësies galantes*) Paris, 4. 1638.

II. La Lyre (*ou mélange de Poësies*) Paris, 4. 1641.

III. Lettres mêlées (*en prose*) Paris, 8. 1642.

IV. Plaidoyers historiques, ou Discours de controverse. *Paris, 8. 1643.*

V. Le Page disgracié. *Deux volumes.* Paris, 8. 1643.

VI. Les Vers héroïques du Sieur Tristan l'Hermite. *Paris, 4. 1648.*

VII. La Renommée, à S. A. de Guise, Ode (*d'environ 200 vers*) Paris, 12. 1654.

VIII. La Carte du Royaume d'Amour : *petit ouvrage attribué dans la Bibl. Fr. de Sorel à Tristan l'Hermite, & imprimé dans le premier Tome du* Recueil de pièces en prose, les plus agréables de ce temps. *Paris, 12. 1658.*

IX. Les Heures de la Sainte Vierge, accompagnées de Prières, Méditations, & Instructions Chrétiennes, tant en vers qu'en prose. *Paris, 12. 1653.*

Piéces de Théatre.

I. Mariane, Tragédie. *Paris*, 4. 1637.
II. Panthée, Tragédie. *Paris*, 4. 1639.
III. La Folie du Sage, Tragi-comédie. *Paris*, 4. 1645.
IV. La Mort de Sénèque, Tragédie. *Paris*, 4. 1645.
V. La Mort de Chrispe, ou les Malheurs domestiques du grand Constantin, Tragédie. *Paris*, 4. 1645.
VI. La Mort du grand Osmar, Tragédie, *citée par M. Pellisson.*
VII. Amarillis, *Pastorale de Rotrou, retouchée par Tristan.* Paris, 4. 1653.
VIII. Le Parasite, Comédie. *Paris*, 4. 1654.
IX. Osman, Tragédie. *Paris*, 12. 1656.

DE VAUGELAS.

I. Remarques sur la Langue Françoise. *Paris*, 4. 1647.
II. Quinte-Curce, de la Vie & des actions d'Alexandre le Grand. *Première édition revûe par Messieurs Conrart & Chapelain.* Paris, 4. 1653. *Troisième édition faite sur une nouvelle copie de l'Auteur, & revûe par M. Patru.* Paris, 4. 1659.
III. Nouvelles Remarques sur la Langue Françoise. *Paris*, 12. 1690.

VOITURE.

I. Hymnus Virginis, seu Astrææ: *pièce d'environ* 120 *vers.* Paris, 4. 1612.
II. Mars, à Monseigneur, frére unique du Roi : *Stances.* Paris, 12. 1614.
III. Oeuvres diverses. *Paris*, 4. 1649.
IV. Nouvelles Oeuvres. *Paris*, 4. 1658.

Fin du Tome I.

Fautes à corriger.

Page 118, ligne 6, *arrêta*, lisez, *arrêtât*.
Page 219, ligne 9, *le perdit*, lisez, *se perdit*.